Max. NICOL
Chanoine honoraire

Mgr Bécel

Évêque de Vannes

VANNES

LAFOLYE FRÈRES, Éd.

2, Place des Lices

1904

Mgr BÉCEL

Évêque de Vannes

MONSEIGNEUR J.-M. BÉCEL

ÉVÊQUE DE VANNES

1866-1897

Max. NICOL

Chanoine honoraire

Mgr Bécel

Evêque de Vannes

VANNES

LAFOLYE FRÈRES, Éditeurs

2, Place des Lices, 2

1903

LETTRE DE S. G. MGR LATIEULE

Évêque de Vannes

A L'AUTEUR.

Vannes, le *21 juillet 1903.*

CHER MONSIEUR LE CHANOINE,

J'achève la lecture du beau volume que vous consacrez à Mgr Bécel, de si douce et vénérée mémoire. Cette Vie, impatiemment attendue, sera accueillie, n'en doutez pas, avec une vive satisfaction.

Un épiscopat de plus de trente ans est un événement assez rare, et qui laisse d'ordinaire une trace ineffaçable. Aussi le diocèse de Vannes gardera-t-il toujours le souvenir de celui de Mgr Bécel que la Providence fit naître dans son sein, et qu'elle préposa, durant un tiers de siècle, à ses religieuses destinées.

Que d'œuvres mémorables accomplies pendant le cours de ces années fécondes ! Le grand

séminaire bâti, le petit séminaire de Sainte-
Anne transformé, le collège Saint-Stanislas, à
Ploërmel, devenu petit séminaire, et surtout la
merveilleuse basilique élevée en l'honneur de la
Patronne des Bretons marqueront à jamais son
passage sur le siège de saint Patern.

La prodigieuse activité de Mgr Bécel, son
dévouement sans bornes à notre Saint-Père le
Pape, son amour pour le clergé et les fidèles
confiés à sa vigilance pastorale ; son zèle toujours en éveil, répondant à tous les besoins ; ses
nombreuses relations, qu'il faisait servir au bien
de son diocèse, vous racontez tout cela avec la
sincérité d'un témoin oculaire et d'un historien
que la seule vérité inspire. Evitant l'exagération dans la louange, votre plume délicate et
exercée fait passer sous les yeux du lecteur
toutes les péripéties de cette belle et glorieuse
existence, qui se déroule à une époque des plus
critiques de notre histoire et de l'histoire de
l'Eglise.

Je vous sais gré surtout, et les nombreux
admirateurs de votre héros partageront ce sentiment, d'avoir mis en lumière la piété, la bonté
et tout ce qu'il y avait d'exquises vertus dans
cette âme d'élite, prédestinée de Dieu aux
redoutables fonctions de l'épiscopat.

Partout, j'en suis sûr, on savourera ces
belles pages, reflétant la douce physionomie
d'un des Pontifes les plus justement aimés

dans la seconde moitié du dernier siècle.

Recevez mes félicitations et mes vifs remerciements, cher monsieur le Chanoine, avec l'expression sincère de mon affectueux dévouement en Notre-Seigneur.

† A. JEAN,
Évêque de Vannes.

PRÉFACE

On dit que les longues préfaces sont comme les longs poèmes — qui font peur. Celle-ci sera courte. Le pieux évêque 'dont nous racontons la vie avait défendu tout discours, au jour de ses obsèques et aux services qui seraient célébrés pour le repos de son âme. Aucun discours n'a été prononcé.

Ce désir, qu'il exprimait humblement, nous l'étendons jusqu'à sa biographie.

Notre ouvrage ne ressemble pas à un discours ; il n'est pas non plus un éloge.

C'est de l'histoire.

Un jour que nous étions seul près de notre bon évêque, il nous conduisit dans sa chambre, et nous dit, en nous montrant plusieurs tiroirs fermés : « Si vous avez à parler de moi, quelque jour, vous trouverez ici des documents, qui pourront vous être utiles. »

Ces documents, très utiles, nous les avons eus, *avec beaucoup d'autres,* et nous nous en sommes servi avec joie, parce qu'ils contribuaient à faire connaître la vérité.

Dans la vie de tout homme occupant une haute situation, il y a des périodes obscures, parce qu'on n'a pas les éléments voulus pour les apprécier.

En compulsant les écrits que nous avons eus sous les yeux, la lumière s'est faite, même pour ces périodes, plus ou moins inconnues chez nous ; et il y aura là, pour beaucoup, de véritables révélations.

Nous savions que la première qualité de l'historien est l'impartialité ; et, bien qu'il ne doive pas être de marbre, puisqu'il lui est permis de garder ses sentiments pourvu qu'il les contrôle, nous avons tenu à nous entourer de toutes les garanties nécessaires.

Trois choses ont été la base de notre œuvre :

Les paroles et les écrits du prélat ; plus encore, ses actes, desquels on a souvent pu dire : *Opera laudant ;* enfin, et surtout, les affirmations des témoins de sa vie. En ce dernier cas, notre choix a été aussi minutieux que sévère : nous n'avons cité que des hommes connus — quelques-uns célèbres — dont le témoignage ne peut pas être mis en doute.

Nos souvenirs personnels des trente années pendant lesquelles nous avons connu et apprécié notre évêque, surtout dans la dernière période où nous l'avons vu de plus près, nous ont aussi été utiles.

En publiant ce volume, nous n'avons qu'un

but : faire revivre les exemples et perpétuer le souvenir de l'homme de bien dont l'épiscopat a été, pendant plus de trente ans, une bénédiction pour notre diocèse.

Nos lecteurs, nous l'espérons du moins, nous rendront cette justice que nous avons voulu concilier notre devoir d'historien et la vénération qu'avec l'ensemble du peuple morbihannais, lui conserve notre cœur reconnaissant (1).

M. N.

(1) A part quelques lettres pastorales et deux ou trois lettres particulières, tous les documents que nous citons sont inédits.

AVANT L'ÉPISCOPAT

I

PREMIÈRES ANNÉES

Le doyenné de Beignon. — Paysages et souvenirs. — La famille Bécel. — Les liards de Sainte-Reine. — Foyer chrétien. — A l'école. — Dans la grange. — Pour les pauvres. — Première communion. — Un grand secret. — Projets d'avenir. — Le bon Père Deshayes. — Les leçons du vicaire.

1825-1838.

Le futur évêque de Vannes naquit, en 1825, à Beignon, importante bourgade appartenant au diocèse dont il devait être le pasteur.

Avant qu'un caprice révolutionnaire, supprimant nos anciennes provinces, eût fait de la France, divisée en départements, un vaste et bizarre échiquier, la paroisse de Beignon était le centre d'un doyenné et la résidence du recteur-doyen, qui étendait sa juridiction sur vingt-et-une paroisses. Elle formait, au point de vue temporel, une baronnie dont l'évêque de Saint-Malo (1) était le seigneur.

(1) Beignon faisait partie de ce diocèse avant le Concordat.

A une courte distance du bourg, d'autant plus animé, avant l'introduction des chemins de fer dans notre pays, qu'il est traversé par la route de Ploërmel à Rennes, s'élevait le manoir épiscopal, dans une véritable oasis qui s'appelle toujours Saint-Malo de Beignon. Les paroisses voisines l'entourent de glorieux souvenirs : dans l'Ille-et-Vilaine, Plélan garde le culte du martyr saint Salomon, roi de Bretagne ; la célèbre abbaye de Paimpont s'élève, tout à côté, au milieu d'un paysage splendide ; dans le Morbihan, Guer honore saint Gurval, qui y vécut humble et solitaire, avant d'aller mourir dans la forêt de Camors ; Campénéac est fier d'avoir donné le jour à la Bonne Armelle, qui mérita d'être appelée « la servante de l'Amour divin » ; Porcaro se glorifie de Madeleine Morice, dont la vie étonnante offrirait à un théologien un admirable sujet d'étude ; et, plus loin, la tombe rééditée de la « sainte de Néant » rappelle la vie angélique de Mlle de Volvire, qui se fit la servante des pauvres.

La paroisse de Beignon était digne de ce voisinage et de son passé. Pendant les jours sombres de la Terreur, elle conserva énergiquement sa foi, et, malgré les périls sans cesse renaissants, elle abrita huit de ses prêtres, qui purent se livrer dans l'ombre aux travaux de leur ministère, sans craindre qu'il se trouvât parmi les fidèles un traître pour les dénoncer.

Dans cette population ferme et croyante, la famille Bécel pouvait compter parmi les meilleures. Au siècle dernier, elle avait eu l'honneur de donner deux prêtres à l'Eglise, et, chose remarquable, ces deux prêtres, l'oncle et le neveu, s'étaient succédé comme doyens de Beignon, et ils avaient fait le bien au milieu de leurs compatriotes, en dépit du vieux proverbe : « Nul n'est prophète dans son pays. » Celui qui devait être la gloire de leur famille a prouvé, d'une manière bien plus éclatante encore, qu'à cette règle il peut y avoir des exceptions.

Le premier des deux doyens, « missire » Michel Bécel, survécut jusqu'en 1772 à son neveu, missire Jean-Marie Bécel, qui lui succéda en 1768 et mourut en 1770. Les archives départementales nous disent qu'en 1765, « ce très digne prestre » bénit le mariage de Jeanne-Françoise-Servanne Bécel et de maître Pierre-Marie de la Noë, notaire. Elles signalent aussi un autre fait assez curieux : « fondation faite par Joseph, Pierre et Raoul Bécel, de la paroisse de Beignon, qui constitue au profit de la chapelle de Sainte-Reine, sise en ladite paroisse, la somme de 40 livres de rente annuelle et perpétuelle, moyennant celle de 800 livres de principal payée auxdits Bécel en *liards* provenant des oblations de cette chapelle. »(1) Il faut croire que les liards s'écoulaient presque aussi difficilement alors que les centimes aujourd'hui ; et, sans doute, les fondateurs de cette rente, constituée *au profit* de Sainte-Reine, avaient eu, ne pouvant faire un simple échange, la chari-

____

(1) 17 avril 1764. — *Archives du Morbihan*, série E, GG 9, liasse.

table idée de débarrasser la chapelle du billon qui l'encombrait.

Le nom de *Jean-Marie* devait être de tradition dans la famille, et nous le comprenons sans peine : N'est-elle pas charmante cette association dans un même patronage de la mère de Jésus et du disciple bien aimé ? Toujours est-il qu'après le grand-oncle, doyen, il fut donné aussi au père du futur évêque, qui voulut le transmettre à son fils.

Jean-Marie Bécel avait épousé, en 1824, Anne-Marie Echelard, une pieuse jeune fille de la même paroisse, qui devait apporter au nouveau foyer le charme de ses douces vertus. Maladive, un peu timide, elle avait besoin de s'appuyer, dans la direction de sa maison, sur un bras solide et fort. Elle le trouva chez l'homme de cœur qui l'avait choisie. Chrétien de vieille roche, accomplissant simplement tous ses devoirs, il joignait à une nature élevée une remarquable intelligence qui le mettait bien au-dessus de sa situation modeste. En lui tout était pondéré : ferme sans être brusque, il avait la douceur dans la force et imposait à tous le respect, en même temps qu'il attirait l'estime.

Il n'était pas riche pourtant ; mais il vivait à l'aise, grâce à l'humble patrimoine qui lui venait de ses ancêtres et au commerce dont il s'occupait avec ardeur, car il fallait songer à l'avenir. Près de la maison, vieille et petite, qui est toujours debout, s'étendait un courtil entouré d'arbres, augmenté, dans le voisinage, de quelques arpents de terre : les clients abondaient dans la boutique, et l'avenir se préparait tranquillement, sous le regard de Dieu que les pieux époux priaient chaque jour.

Lorsque, le 1ᵉʳ août 1825, il leur donna un fils, leur premier-né, ils ne purent pas comprendre la grandeur de la bénédiction qu'il leur accordait. D'ailleurs, ils n'étaient pas de ceux qui, près d'un berceau, font des rêves chimériques. En remerciant Dieu de les avoir bénis, ils n'eurent qu'une seule préoccupation : élever chrétiennement, selon les traditions de la famille, le petit enfant qui devait être suivi de plusieurs autres (1).

Près de leur maison, il y en avait une autre qui semblait la compléter pour n'en faire qu'une avec elle. La sœur du mari, Rosalie Bécel, avait épousé Jean-François Crosnier, excellent homme, qui exerçait la même industrie que son beau-frère. Dans bien des familles, cette similitude d'occupations eût été une cause de rivalité : la concurrence produit bien vite la jalousie et la division.

Là, il n'en était rien : l'harmonie la plus parfaite existait entre les deux ménages, et il n'y avait de rivalité que dans les marques d'affection qu'on se donnait et dans les services qu'on pouvait se rendre.

Les Crosnier avaient une petite fille, nommée Rosalie comme sa mère et de quelques mois plus âgée

______

(1) Marie, qui est aujourd'hui Mᵐᵉ Bréger, Mathurin et Gabriel, morts tous les deux — ce dernier, maire de Beignon — et Pierre, chanoine honoraire, ancien curé-doyen de Questembert.

que son cousin Jean-Marie. Habitant porte à porte
et vivant ensemble tous les jours, les deux enfants
grandirent dans une intimité fraternelle, ne se dou-
tant pas, alors que dans leurs entretiens familiers
ils ébauchaient des plans d'avenir, de quelle façon
toute providentielle ils se retrouveraient après les
longues années de la séparation.

Jean-Marie avait cinq ans lorsque ses parents l'en-
voyèrent à l'école : « Je ne le mettrai pas chez l'ins-
tituteur, dit énergiquement son père, car il ne se
tient pas bien à l'église. » Il le confia aux soins d'une
pieuse tertiaire qui, pour rendre service aux familles
chrétiennes, faisait la classe aux petits garçons.

Vif et remuant, le nouvel élève aimait le jeu et
s'en donnait à cœur joie, aux heures de loisir ; mais
il aimait aussi le travail, et ses progrès, qu'il fallait bien
constater, effrayaient sa cousine Rosalie, qui allait à
l'école chez les Sœurs. Comme elle était son aînée,
elle se croyait le droit et le devoir de le dépasser
en tout. Mais, un jour, elle s'aperçut, à sa grande confusion, qu'il était plus fort au moins dans la lecture
du latin. Elle avait commis une faute en chantant
avec lui les psaumes des Vêpres, et la leçon qu'il lui
donna fut si triomphante et si verte qu'elle se garda
bien de recommencer.

La reproduction des cérémonies religieuses était
leur amusement ordinaire ou, pour mieux dire,
leur occupation favorite. Le dimanche, après la
grand'messe, Jean-Marie se faisait un devoir de
répéter devant la famille réunie le sermon qu'il ve-

nait d'entendre ; il y mettait toute son âme, et tous l'écoutaient avec autant de plaisir que de recueillement. S'il hésitait quelquefois, Rosalie l'aidait de ses souvenirs. Dans l'après-midi, alors que les clients venus des villages de la paroisse remplissaient les deux maisons, les enfants transformaient par la pensée en chapelle une grange située tout auprès.

Oubliant alors ses camarades et les jeux bruyants qu'il aimait, le petit garçon *disait la messe* gravement, pieusement, comme s'il avait entrevu déjà l'avenir que Dieu lui destinait. Les Vêpres venaient ensuite, puis l'on commençait des processions interminables en chantant les litanies des Saints, et en demandant le « saint amour de Dieu ».

Ils ne sont pas rares les enfants qui, après avoir obéi, dans leurs premières années, à cet attrait des choses du ciel, oublient en grandissant et se lancent dans une voie souvent toute différente ; mais, pour les deux cousins, il y avait là, ce semble — on l'a vu plus tard — un signe manifeste de leur vocation.

A mesure que le petit Jean-Marie grandissait et que son intelligence s'ouvrait aux choses de l'instruction élémentaire, ses parents suivaient avec joie l'épanouissement des qualités de son cœur. Très ouvert, plein de droiture et de générosité, il ne reculait pas devant une discussion avec ses camarades, et une bataille en règle n'eût pas effrayé son courage ; mais il était bon, il était juste, et, avouant ses torts aussi simplement qu'il revendiquait ses droits, il ne savait pas garder rancune.

Un jour qu'un de ses amis, dans l'animation de la lutte, lui avait fait quelques égratignures, sa cousine accabla de reproches le pauvre vainqueur et reprocha au vaincu de n'avoir pas su se défendre : mais lui, trouvant, sans doute, après réflexion qu'il avait eu tort : — Laisse-le donc, s'écria-t-il. S'il m'a fait mal, c'est que je l'ai cherché ; mais c'est fini, vois-tu.

Dès lors, sa générosité se traduisait par un grand amour pour les pauvres. Lorsqu'ils venaient prier à la porte de la maison paternelle, il était heureux de leur porter du pain. L'argent n'avait pour lui de valeur que s'il pouvait s'en servir pour faire du bien aux autres ; et sa petite bourse, dont le contenu était conquis à force de sagesse et de travail, était toujours ouverte à ses amis, mais avec un juste discernement — qu'il ne montrait peut-être plus dans les dernières années de sa vie, où son grand cœur ne savait rien refuser.

Il n'avait pas encore neuf ans lorsque Mgr de la Motte, évêque de Vannes, s'arrêta à Guer, au cours de la visite pastorale. Sur le témoignage qu'on lui rendit de cet enfant, qui donnait le bon exemple et savait parfaitement le catéchisme, le bon évêque l'admit au nombre des confirmands ; mais, n'ayant pas encore l'âge requis par le règlement diocésain, il ne put faire sa première communion que l'année suivante.

Ce grand acte, qu'il accomplit avec une pieuse ferveur, fut peut-être pour lui le point départ de sa vocation. Il est certain que, peu après, ayant re-

pris avec sa cousine leurs chères cérémonies, auxquelles ils admettaient parfois quelques camarades, il
s'arrêta, un jour, au beau milieu d'un de ces pieux
exercices et dit à Rosalie :

— Viens, j'ai un secret.

Quand ils furent seuls :

— Tu ne sais pas, ajouta-t-il d'un air mystérieux,
ce que j'ai pensé aujourd'hui pendant la grand'-
messe ?

— Non.

— Eh bien ! c'est que je serai prêtre et toi religieuse. Veux-tu ?

— Bien sûr que je le veux.

Et elle ajouta d'un ton quelque peu triomphant :
— C'est seulement aujourd'hui que tu t'en es aperçu !
Il y a bien longtemps que j'y pense, moi.

Et ils rejoignirent leurs petits compagnons, pour
continuer avec une ferveur plus grande la cérémonie
interrompue.

Dieu voulait vraiment ces deux âmes, auxquelles
il devait imposer de lourds et glorieux fardeaux.
Voilà pourquoi les pieux enfants de Beignon se sont
retrouvés, au bout de trente ans, voisins presque
comme autrefois, l'un évêque de Vannes, dans l'ancien couvent des Carmes, l'autre, dans le vieux monastère du Père-Éternel, supérieure générale de la
congrégation vannetaise des sœurs de la Charité de
Saint-Louis.

Un autre souvenir qui resta toujours vivant au
cœur de l'humble enfant de Beignon qu'attendaient

de si hautes destinées, ce fut celui d'un de ses compatriotes, le R. P. Gabriel Deshayes, qui compte parmi les gloires religieuses non seulement de sa paroisse natale mais du diocèse tout entier. Cet homme intelligent, actif, zélé avait une âme d'apôtre. Né en 1767, il avait vu les horreurs de la Révolution, et, la paix rétablie, il cherchait les moyens les plus efficaces pour en réparer les ruines. Curé d'Auray en 1805, il s'entendit avec le vénéré Père Jean de Lamennais pour jeter les bases d'une association religieuse qui donnerait aux petites paroisses rurales des instituteurs chrétiens.

M. Deshayes, reprenant l'idée que le B. de Montfort n'avait pu qu'ébaucher, avait réalisé le projet du grand missionnaire. Qu'on l'appelle fondateur ou restaurateur de la Congrégation des Frères de Saint-Gabriel — à laquelle il donna son nom — peu importe ! Son œuvre est devenue prospère, et celle du P. de La Mennais, après une entente très amicale et très sage, s'est développée d'une manière admirable, jusqu'à la persécution d'aujourd'hui. En 1821, M. Deshayes fut nommé supérieur général des Sœurs de la Sagesse et des Frères, dont les maisons-mères étaient à Saint-Laurent-sur-Sèvre.

Cet excellent prêtre avait pris en affection le petit Jean-Marie Bécel, comme s'il avait eu l'intuition de son avenir.

Dans les visites qu'il faisait au pays natal, il le choyait, et lui donnait, avec de paternels conseils, qui ne furent pas oubliés, des bonbons et des images, qui étaient fort bien reçus. Le bon Père mourut en 1841, alors que son jeune compatriote se préparait au cours d'Humanités. Bien souvent, l'évêque, en nous rappelant ces choses lointaines, se répandait en éloges sur les vertus et les œuvres du saint religieux, dont il était fier pour son pays.

Il y avait alors à Beignon un autre prêtre qu'il n'oublia jamais. Le vicaire de la paroisse, M. Lépine, avait remarqué la sagesse et l'intelligence de l'enfant ; il proposa à son père de lui donner des leçons plus complètes de français, afin de le préparer aux études latines. Cette proposition fut acceptée avec reconnaissance, et le bon vicaire s'attacha, dans ses entretiens de chaque jour, à cultiver l'esprit de son élève, dont les bonnes dispositions le charmaient (1).

(1) Il suivit avec une affectueuse sollicitude la carrière de son ancien élève, qui ne cessa jamais, avec la délicatesse dont il était coutumier, de lui témoigner sa gratitude. Devenu recteur de Beignon, M. Lépine eut la joie de voir sur le siège de saint Patern le petit écolier d'autrefois ; et Mgr Bécel, qui l'avait nommé chanoine honoraire de sa cathédrale, se plut, jusqu'à sa mort, à lui donner des marques de son affection.

II

JUSQU'AU SACERDOCE

1838-1851.

Jean-Marie avait treize ans, lorsqu'il entra, en
cinquième, au petit séminaire de Sainte-Anne. Quoique
bien jeune encore, il fut heureux de se trouver sur
cette terre illustrée par tant de prodiges et de vivre
à l'ombre de la vieille chapelle où règne la patronne
des Bretons. Lorsque, pendant son épiscopat, il parlait de ce temps lointain, on sentait à l'émotion de
sa voix quelle reconnaissance il gardait à ses anciens
maîtres, auxquels il unissait dans une même gratitude son premier professeur.

Le petit séminaire de Sainte-Anne était loin d'être
en 1838 ce qu'il est aujourd'hui. Les élèves, dont le
nombre était forcément restreint grâce à l'arbitraire
gouvernemental, se mouvaient à l'aise dans le vieux
monastère des Carmes. Lorsque la loi de 1850 pro-
clama, quoique d'une manière insuffisante, la li-

berté de l'enseignement, ils devinrent de plus en plus nombreux, et il fallut songer à une restauration complète. Les 400 élèves d'aujourd'hui jouissent, dans les vastes bâtiments agrandis et transformés, d'un confortable que ne connaissaient pas leurs *anciens* d'il y a cinquante ans. C'est sous l'épiscopat de Mgr Bécel que s'est opérée cette transformation : l'évêque n'oubliait pas le temps où il était petit écolier.

Un charmant épisode se rattache au long voyage qu'il fit, avec son père, de Beignon à Sainte-Anne, le jour de la rentrée. Ils s'étaient arrêtés à Vannes, et, en se promenant par les rues, ils passèrent près d'une maison où se lisait sur une enseigne : Bécel, loueur de voitures. L'enfant s'en aperçut :

— Regardez donc, mon père : voilà notre nom.

Ils entrèrent, désireux de connaître ces homonymes, qui se trouvaient si loin de leur pays. Après les premières explications, le loueur de voitures, qui leur avait fait le plus aimable accueil, leur apprit que sa famille habitait autrefois Beignon. Y avait-il entre eux quelque parenté? Ils ne réussirent pas à résoudre ce problème ; mais, depuis cette première entrevue, ils se lièrent d'une amitié qui fut durable, et le jeune élève, devenu évêque de Vannes, se montra toujours, pour cette bonne et honnête famille, plein d'égards et de bonté.

En quittant son père, l'enfant sentit profondément la tristesse de la séparation. Mais, grâce à son heureux caractère, il se fit promptement à sa vie nouvelle. Dans ses lettres à la *maison*, il racontait simplement, et déjà avec une facilité de bon augure, les détails de chaque journée : les cérémonies religieuses qu'il aimait tant, ses occupations ordinaires, le travail que le succès récompensait souvent, la lutte contre ses émules ; il y en avait deux qu'il déclarait *invincibles*. Les années s'écoulaient pour lui heureuses, dans cette vie de prière et d'étude. Tout à son devoir, il ne négligeait aucune branche des connaissances classiques ; cependant les belles-lettres l'attiraient de préférence : il le prouva pendant son année de *seconde*. Aussi ne nous expliquons-nous pas comment, l'année suivante, c'est aux mathématiques qu'il dut tous ses succès. Ce n'était pourtant pas un *calculateur* : tous ceux qui l'ont connu le savent bien. Il est vrai que les sciences exactes, qui contribuent à la rectitude de l'esprit, n'ont pas pour effet nécessaire d'éteindre le sentiment et de fermer le cœur.

Un an avant la fin de ses études, il fut soumis à la plus douloureuse de toutes les épreuves : il perdit sa mère. Bien qu'il n'eût que 17 ans, son âme, déjà si généreuse, sembla grandir dans la douleur, et il eut, pour consoler son père et tous les siens, des paroles de foi ardente et de chrétienne soumission, que les jeunes gens de son âge ne peuvent que rarement exprimer avec cette énergie résignée et cette intensité de sentiment qui indiquent une maturité précoce.

Ses camarades connaissaient bien la loyauté de ce cœur qui ne savait pas aimer à demi. Parmi eux il ne trouva que sympathie et amitié ; sa piété

simple et fervente, sa délicatesse, son caractère franc
et aimable lui avaient gagné bien vite leur affection et
leur estime. Plusieurs vivent encore, et sont heureux
de rendre ce témoignage à celui qui fut leur chef
tout en restant leur ami. L'un d'eux, avec qui il
forma, dès le collège, les liens d'une intimité très
douce, devait être appelé un jour, après avoir noblement *servi* les marins de France, le « vaillant »
évêque de Séez.

Bien des fois, aux pieds de sainte Anne, dans
l'humble sanctuaire que remplace la splendide basilique d'aujourd'hui, le pieux étudiant avait songé à
l'avenir. Dès son enfance, Dieu semblait lui avoir
tracé la voie ; la « Bonne Mère » répondit sans
doute à sa confiance par des grâces nombreuses, et
lui montra clairement sa vocation. Que d'âmes ont,
comme lui, trouvé près d'elle la solution de ce grand
problème et l'aide nécessaire pour répondre à l'appel divin !

Pendant la dernière année qu'il passa au petit séminaire, il fut le héros d'une histoire que l'on
raconte encore aux environs de Sainte-Anne avec les
légendes d'autrefois. Alors quelques femmes du vil-
lage, s'improvisant marchandes de fruits, suivaient
les élèves en promenade et les rejoignaient au bon
moment avec des paniers de pommes ou des ruchées
de cerises.

« Or, une fois, la vieille Louison aborda un groupe
de jeunes rhétoriciens et leur proposa des pommes.
Mais ni la couleur appétissante de ses fruits ni son

éloquence insinuante ne réussissaient à ouvrir les bourses. A la fin, à bout de raisons, elle en interpelle un directement : « Vous du moins, qui êtes un beau jeune homme, et qui avez la figure rose comme mes jolies pommes, achetez-en pour deux sous,... car vous savez que je suis pauvre ! »

« J.-M. Bécel, car c'était lui, avait son livre en main ; et, tout absorbé dans sa lecture, il n'avait pris jusque-là aucune part à la conversation. A ces mots, il leva les yeux.

— « Allons, mon bon jeune homme, achetez, et je prierai pour que vous deveniez évêque !

— « Louison, répliqua-t-il, je suis pauvre moi-même, et je n'ai que trois sous en poche. Prenez-les cependant, et priez pour que je sois prêtre.

— « Hé ! oui, mon Dieu, je prierai bien sûr. Et que ferez-vous alors ?

— « Je donnerai davantage aux pauvres gens comme vous.

— « O Sainte Anne bénie ! je disais bien, c'est évêque qu'il faudra que vous soyez ! » (1)

La bonne vieille ne croyait pas si bien dire. Elle eût été fière et heureuse vingt-cinq ans plus tard, si elle avait pu voir sous la mitre le jeune homme « à la figure rose » qui lui avait donné ses trois sous.

Nous savons, nous tous qui l'avons aimé, si l'évêque a tenu la promesse de l'étudiant.

---

(1) J. Le Digabel, *Mgr Bécel et Sainte-Anne*, Bulletin de l'association des anciens élèves, 1898.

En quittant le petit séminaire de Sainte-Anne, Jean-Marie Bécel n'hésita pas : Dieu l'appelait, il voulait devenir prêtre et il entra au grand séminaire de Vannes, au mois de septembre 1843.

Cette vie nouvelle, plus austère, plus studieuse encore, n'avait rien qui pût déconcerter ses goûts ; au contraire. Chez lui, la vivacité quelque peu batailleuse de l'enfant s'était calmée pendant sa vie de collège ; il était resté ouvert, bon, généreux, mais on remarquait en lui, dès lors, une réserve plus grande où l'on sentait déjà quelque chose de la dignité aimable qui devait le caractériser plus tard.

Le séminariste continua, avec une régularité plus parfaite, la vie studieuse de l'écolier. La première année, il se livra avec ardeur à l'étude de la philosophie ; et celles qui suivirent, uniquement consacrées à la théologie, passèrent rapidement pour le pieux lévite qui, jusque dans ses dernières années, nous parlait avec plaisir de ces jours heureux. Son travail acharné trouva une première récompense dans l'estime de ses directeurs et dans les succès qu'il obtint. Nous le voyons par le bref mais significatif document que lui remit son vénérable supérieur, après les années trop courtes qui sont le noviciat de la vie sacerdotale. Mgr de la Motte voulut le compléter par quelques mots écrits de sa main (1).

(1) « Je, soussigné, certifie que M. l'abbé Bécel Jean-Marie, sous-diacre, a suivi *avec succès* — c'est le supérieur qui souligne — les cours de philosophie et de théologie du grand séminaire de Vannes, durant trois ans consécutifs, et qu'il a tenu

Trois jours auparavant, l'abbé Bécel avait fait, en recevant le sous-diaconat, le pas définitif qui le séparait du monde. Il avait **21** ans, et devait attendre trois années encore avant d'être ordonné prêtre. Ses supérieurs lui proposèrent d'entrer, comme maître d'étude, au petit séminaire de Sainte-Anne. Malgré le doux et profond souvenir que lui laissait le temps passé dans cette maison bénie, il refusa, « ne voulant pas, disait-il, se voir obligé de punir ceux qui avaient été ses condisciples ». Mais, heureux de ne pas rester dans l'inaction, il accepta volontiers un préceptorat dans la famille Paray de Sainte-Ville, qui habitait, près d'Amboise, le château des Arpentis.

Pour le jeune Breton, qui ne connaissait guère que sa paroisse et les séminaires où il avait vécu si heureux, le départ dut ressembler à un exil. Mais il se fit rapidement à sa vie nouvelle : le milieu dans lequel il se trouvait brusquement transplanté avait cette distinction réelle qui caractérise le vrai *monde*. Très simplement et comme naturellement, le jeune sous-diacre y prit sa place et s'y fit hautement appré-

une conduite très édifiante pendant tout le temps qu'il a passé dans cette maison. En foi de quoi je lui délivre le présent certificat.

« Vannes, 20 septembre 1846.

« LOUER, *Supérieur du Séminaire.* »

« Je donne volontiers à M. l'abbé Bécel la même attestation.

« Vannes, le 20 septembre 1846.

† CH., *Ev. de Vannes.* »

cier. Sa bonté, sa condescendance qui restait toujours très digne, son zèle de tous les instants lui gagnèrent le cœur de son élève et la sympathie de tous les membres de la famille. Docile et studieux parce que le travail lui avait été rendu facile, l'enfant suivait avec confiance la ligne que lui traçait son professeur : il se sentait aimé et il aimait.

Deux années s'écoulèrent ainsi. Le petit élève, ayant fait sa première communion, fut mis au collège ; mais cette éducation première porta ses fruits, et « M. l'abbé », nous l'avons vu bien des années après, resta l'ami de l'excellente famille à laquelle il avait donné les prémices de son enseignement.

Le dévoué précepteur avait sans doute pris goût à cette vie austère qui, pour lui, se résumait en deux mots : le développement d'une intelligence et la formation d'une âme. Bien qu'il eût reçu le diaconat, le 16 mars 1849, et que l'époque de son ordination à la prêtrise fût proche, il céda aux instances d'une famille amie des Sainte-Ville, qui, l'ayant vu à l'œuvre, désirait grandement lui confier l'éducation d'un nouvel élève. L'évêque de Vannes souscrivit très aimablement à cette demande, et l'abbé Bécel entra chez M. Saint-Bris, où il devait passer les plus belles années de sa jeunesse sacerdotale.

Il arriva, au mois d'octobre 1849, dans la demeure de cette famille patriarcale, où il trouva groupés autour de la vénérable bisaïeule, la grand'mère, sa digne fille par les qualités de l'esprit comme par celles du cœur ; le grand-père, M. Saint-Bris, leur fils et leur belle-fille : l'un, souffrant déjà de la maladie qui devait bientôt l'enlever à l'affection des siens : l'autre, bonne et dévouée, qui, près de son lit de douleur, était heureuse de confier leur enfant au jeune précepteur dont elle connaissait le dévouement et le mérite ; enfin, le nouvel élève, le petit Georges, âgé de neuf ans, qui devait bénéficier de l'affection à toute épreuve que lui témoigna l'abbé Bécel.

Pieuse, aimable et aimante, résignée comme une héroïque chrétienne au milieu des deuils successifs qui avaient broyé son cœur, l'aïeule était comme le centre de la famille. Douée d'une rare intelligence, nous le verrons par ses lettres qu'avivait une piété admirable et simple, elle se faisait toute à tous, conseillant, dirigeant, préparant l'avenir, et demeurait forte dans les plus douloureuses épreuves.

Dès le premier jour, le précepteur avait organisé sa vie et celle de son élève ; heures de travail, récréations, promenades, exercices de piété, tout fut réglé avec un soin intelligent.

Ferme sans raideur et bon sans faiblesse, l'abbé Bécel s'adonnait à sa délicate mission avec autant de dévouement que d'intelligence, et il montra bien vite toutes les qualités d'un véritable éducateur. Patient comme il faut l'être avec tout esprit qui s'ouvre aux premières notions du savoir, mais récompensé de sa patience par un réel succès, il multipliait avec une ingéniosité remarquable les procédés et les méthodes, pour tenir en éveil l'attention de son élève ;

et la leçon, donnée dans le cabinet de travail, se
poursuivait, sous mille formes, pendant les promenades, en de charmantes causeries, où le maître s'étudiait à former le cœur de l'enfant.

Le château de la Noraye, qu'habitait alors la famille Saint-Bris, avait été autrefois un couvent de
Franciscains. Entouré de grands bois et situé au milieu de ces riches campagnes qui sont l'orgueil de la
Touraine, il avait ajouté une page pieuse à l'histoire
de ce coin de terre où les souvenirs se pressaient en
foule : souvenirs historiques à Amboise, où rois,
princes et grands seigneurs avaient vécu ; souvenirs littéraires au vieux manoir qu'habita l'étrange
auteur du *Virgile travesti,* avant que sa femme devînt la célèbre marquise de Maintenon ; souvenirs
artistiques au Clos-Lucé où vint mourir le grand
peintre Léonard de Vinci.

Dans ce pays, nouveau pour lui, et dans ce monde
encore plus nouveau, où s'affinait sa nature délicate,
le jeune Breton trouvait des charmes, tout en poursuivant avec une exactitude rigoureuse le programme qu'il s'était tracé. Il se plaisait à ce travail
persévérant. Mais son labeur de chaque jour, la
société d'élite qu'il fréquentait et les paysages splendides qu'il aimait à contempler ne pouvaient lui
faire oublier l'humble foyer où il avait vécu, ni les
champs de blé noir ou les landes qui avoisinaient les
sites pittoresques de son pays natal.

Il aurait pu recevoir la prêtrise un an plus tôt, et
il le désirait vivement ; mais il lui eût fallu revenir

à Vannes pour quelques mois, et le dévouement le
retint dans la chrétienne famille où il était aimé.
M. Saint-Bris, souffrant toujours, s'acheminait lentement vers la tombe, et le jeune diacre resta, pour
les consoler, près de ceux qui pleuraient de le voir
souffrir.

Lorsque le malade mourut, au commencement de
1851, M. Bécel se prépara plus spécialement à la
joie du grand jour.

Il fut ordonné prêtre, le 5 avril de la même année,
par Mgr de la Motte, évêque de Vannes, qui, connaissant les qualités de son diocésain, se promettait de
lui assigner un poste, peu de temps après l'ordination.

La Providence allait en décider autrement.

La famille Saint-Bris qui, depuis près de trois ans,
le voyait à l'œuvre et constatait avec bonheur le
succès de ses leçons, supplia le vénérable évêque de
ne pas le rappeler encore : son départ eût renou-
velé en quelque sorte le deuil qui venait de les attris-
ter, et l'enfant avait tant besoin de ses utiles leçons !

L'évêque céda à des instances si honorables pour
le jeune prêtre, qui reprit ses modestes occupations,
sans songer que ce retour à la Noraye devait être le
point de départ d'un avenir que personne, alors, n'aurait pu prévoir. La vénérable aïeule, presque septua-
génaire, trouvant en lui un auxiliaire précieux, le
soutint dans l'accomplissement de sa tâche avec une
hauteur de vues à laquelle s'unissait un sentiment
quasi maternel.

III

AMBOISE ET PARIS.

Premier ouvrage. — Les hôtes de la Noraye. — Le prisonnier du château d'Amboise. — Deux amis. — Une initiative
délicate. — Saint-Nicolas des Chaamps. — Progrès de
l'élève. — Supérieur et professeurs. — En vacances. — Un
quiproquo. — Commencement d'apostolat. — La paroisse du
Bout-des-Ponts. — Un guide. — Livres bien accueillis.

1851-1858.

On comprend quelle place devait occuper M. Bécel dans cette famille qui le regardait vraiment
comme un de ses membres. Ce n'était plus le précepteur qui part au bout de quelques années, sa tâche
provisoire étant accomplie ; c'était l'ami éprouvé qui
reste au foyer familial où, sans lui, il y aurait un
grand vide.

Cette même année, il prépara son élève au grand
acte de la première communion. Pénétré de cette
pensée que les grâces et les impressions de ce jour
béni ont une influence féconde sur la vie entière, le
précepteur s'appliqua à lui rappeler, en toute circonstance, la sublimité de l'acte qu'il allait accomplir, et dont il devait se rendre digne par une conduite encore plus édifiante. Il composa même, pour
son instruction, un recueil de lettres, qui parut

trois ans après, sous le titre : *Souvenirs de première communion et de confirmation.*

Cette vie sanctifiée par la prière et l'étude plaisait au jeune prêtre, qui disait en souriant combien il était heureux de voir, dans l'antique monastère complétement transformé, revivre les pieuses traditions des fils de saint François.

Les heures lui semblaient très courtes, et le temps passait, rempli, après le travail, par d'agréables distractions.

A la Noraye, où se succédaient des hôtes choisis, parfois même célèbres, il fit la connaissance de plusieurs hommes de grande valeur, dont il aimait jusque dans sa vieillesse à rappeler le souvenir. C'était, entre autres, le fondateur, à Amboise, de la conférence de S. Vincent de Paul dont le précepteur et son élève étaient membres, M. Etienne Cartier, écrivain de talent, chrétien exemplaire, qui composa de remarquables ouvrages d'esthétique religieuse et se retira à Solesmes, près de son ami dom Guéranger, pour y vivre en bénédictin, — M. de Metz, l'éminent créateur de la colonie de Mettray, qui fut un vrai philanthrope et un éducateur éminent, — et le violoncelliste Franchomme, qui aimait à prodiguer, dans cette maison amie, son merveilleux talent. Bien que M. Bécel n'eût pas, surtout en musique, ce je ne sais quoi — don assez rare, d'ailleurs, — qui distingue l'artiste et que les Anciens appelaient *mens divinior*, il aimait le beau et savait le goûter dans ses manifestations diverses. Aussi se plaisait-il à

écouter le célèbre virtuose, comme longtemps
après, chez d'autres amis très chers, il aimait à
applaudir le chansonnier non moins célèbre, Gustave
Nadaud.

Un personnage, d'un genre tout différent, avait
laissé aussi un profond souvenir dans l'esprit du
futur évêque. Le fanatique héros des guerres afri-
caines, Abd-el-Kader, était alors interné au château
d'Amboise, rongeant son frein sans doute, mais ad-
mirant malgré tout cette France chevaleresque qui
traitait avec honneur le noble vaincu. Droit et loyal,
l'émir s'était attiré des sympathies, au lieu même de
sa captivité ; et le précepteur eut plusieurs fois l'occasion de le voir au presbytère de Saint-Denys d'Amboise, dont le curé était devenu son ami.

A Amboise, où il se rendait chaque jour pour
célébrer la messe, l'abbé Bécel était grandement
apprécié par ce vénérable prêtre qui eut vite
pour lui autant d'affection que d'estime. Il se lia
aussi d'une étroite amitié avec un jeune professeur, à
peu près de son âge, M. l'abbé Brisacier, dont la
nature loyale et les sentiments élevés plaisaient
au prêtre breton. Douze ans plus tard, le curé et le professeur, devenu un architecte de grand talent, que
ses belles restaurations d'églises ont rendu célèbre
dans le diocèse de Vannes et ailleurs, applaudis-
saient à l'élévation de leur ami.

Les années s'écoulaient ainsi dans un travail continuel, et les liens qui unissaient le dévoué précepteur à la famille Saint-Bris devenaient chaque

jour plus étroits. (1) Le moment vint pourtant où il se crut, en conscience, obligé de les rompre.

L'élève grandissait, et son intelligence, cultivée avec une sollicitude de tous les instants, se développait de manière à donner les plus heureuses espérances.

L'abbé Bécel, qui en jouissait avec une affection presque égale à celle de la mère et de l'aïeule, eût été heureux de poursuivre son œuvre jusqu'au bout. Mais, délicat comme il l'était, il se serait reproché d'entraver l'essor de cet esprit bien doué, et il proposa, le premier, de mettre l'enfant au collège, pour fortifier sa volonté et activer son intelligence en

(1) Toute la famille s'intéressait au travail de l'enfant, qui faisait honneur à la sollicitude du maître. En 1854, M. Th. Dupont-White, oncle de son élève, écrivait à M. Bécel :

« Vous élevez le neveu à ravir, mais vous gâtez l'oncle avec tant de choses bonnes et obligeantes ajoutées au thème de Georges. Voici une lettre pour notre lauréat, où il verra quel cas je fais de ses œuvres et des excellentes leçons qui l'ont mis en état de si bien faire. Madame Théodore a lieu d'être fière des unes et heureuse des autres. Au surplus, elle ne se trompe pas : c'est un plaisir pour moi de revoir du latin, surtout le latin triomphant et couronné de mon ami Georges.

« Ce plaisir m'a été vif, même au milieu de la première communion de Cécile, qui s'est passée le mieux du monde, avec un peu de fatigue, beaucoup de sérieux, d'émotion même, et avec de bons effets qui l'ont précédée et suivie. Je compte pour les éterniser sur les *Souvenirs de première communion et de confirmation*, c'est-à-dire sur du naturel et du touchant, sans parler des autres mérites que je prévois dans ce livre et dont j'épargne le détail à la modestie de l'auteur. »

La pieuse enfant qui venait de faire sa première communion est devenue Mme Sadi Carnot.

lui donnant des émules. La vie en commun a cela de bon qu'elle prépare, par le contact avec des natures très diverses, aux difficultés de l'avenir.

Ce ne fut pas sans peine que le précepteur, qui s'oubliait lui-même, eut gain de cause. Son avis finit cependant par prévaloir, et il fut décidé, en famille, que le jeune étudiant entrerait, dès le début de l'année scolaire, au petit séminaire de Paris, Notre-Dame des Champs. Il était de force à suivre le cours d'humanités.

L'ancien maître et l'élève ne furent pourtant pas séparés. Par une dérogation très exceptionnelle au réglement, il fut permis à M. Bécel d'habiter le petit séminaire et de continuer près du jeune étudiant son rôle de tuteur, qu'il avait rempli depuis dix ans avec une affection si dévouée.

Le supérieur de cette maison était alors un prêtre aussi distingué que pieux, M. l'abbé Foulon, qui devait devenir plus tard évèque de Nancy, puis archevèque de Lyon et cardinal. Il comprit bien vite tout ce que son nouveau commensal avait de bonté dans le cœur et d'élévation dans le caractère ; et dès lors se noua entre ces deux âmes une amitié solide, qui devait survivre à la séparation et à la mort.

Parmi les professeurs, qui tous témoignèrent à l'abbé Bécel autant de sympathie que d'estime, plusieurs devinrent pour lui des amis véritables, entre autres M. Tapie, un Basque au grand cœur, qui apprécia dès le début les qualités du prêtre breton.

Ces dernières années d'études passèrent rapidement, dans un travail poursuivi sans défaillance, où, grâce à la sollicitude éclairée de son guide, l'élève s'acheminait avec courage vers le succès définitif qui devait les couronner.

D'ordinaire, les vacances s'écoulaient en famille, et l'on se retrouvait avec joie dans le beau pays de Touraine, au milieu des nombreux amis et des paysages familiers. Une année cependant, le *tuteur* et le pupille qui avait mérité cette récompense, firent, à travers les montagnes et les lacs de la Suisse, un charmant voyage dont le premier, longtemps après, se plaisait à nous raconter les détails variés et les incidents pittoresques. On l'avait autorisé à prendre l'habit civil pour ne pas attirer l'attention dans ce pays où le calvinisme intolérant dominait en maître plus encore qu'aujourd'hui. Or, un jour qu'ils visitaient un monastère, dont le supérieur leur avait fait le plus aimable accueil, le religieux, qui avait voulu leur servir de guide dans son petit domaine, fut charmé par la conversation de son hôte de passage et lui donna, en le quittant, des éloges et des conseils pour l'encourager à persévérer.

Le jeune prêtre lui écrivit, au retour, en se faisant connaître, pour le remercier de son accueil tout paternel. Bien des années après, l'évêque de Vannes prenait plaisir, on le voyait, à nous rappeler cet épisode de voyage, qui gardait pour lui le charme des vieux souvenirs.

Pendant ses années de préceptorat, l'abbé Bécel s'était attaché à la mission qu'il remplissait près d'une âme capable de profiter de son zèle. Mais ce labeur, quelque utile qu'il fût, ne suffisait plus aux aspirations de son cœur, et il ne songeait pas à s'éterniser dans une situation qu'il avait prolongée par affection pour la chrétienne famille qui le regardait comme un de ses membres. Prêtre, il voulait être un apôtre, et les difficultés, les fatigues, les épreuves même, que l'on rencontre dans le ministère paroissial, loin d'effrayer son courage, sollicitaient son dévouement.

A Amboise, il en avait fait l'apprentissage, avec une ardeur qui provoqua dans une paroisse de cette ville un sentiment durable de reconnaissance et d'admiration. Voici dans quelles circonstances il fit ce début, qui donnait pour l'avenir des espérances, si heureusement justifiées.

Le curé de la petite paroisse du Bout-des-Ponts, M. Paimparé, étant resté pendant près d'un an sérieusement malade, M. Bécel le remplaça avec une abnégation et un dévouement qui firent l'admiration de tous. « Pendant de longs mois, nous disait naguère un témoin de son zèle (1), il prodigua les instructions, administra les sacrements, visita les malades, secourut les pauvres, si bien qu'il remplit, et amplement, la mission d'un véritable pasteur. Toujours sur la brèche, il multiplia les exercices religieux, se dépensa de toute manière pour attirer les âmes et fit vraiment passer sur toute la paroisse un souffle

______

(1) M. le chanoine Brisacier, de Tours.

de piété fervente. Le mouvement fut si vif qu'on eût dit une mission qui se prolongeait. »

Quand le curé put reprendre ses fonctions, les paroissiens, voulant exprimer leur reconnaissance au prêtre dévoué qui s'était fait si généreusement son auxiliaire, se cotisèrent pour lui offrir un calice qu'il conserva depuis comme un de ses plus précieux souvenirs.

L'excellent curé, qui avait la mémoire du cœur, lui écrivait plus tard : (1)

« Le souvenir de votre dévouement généreux, de votre zèle ardent, du mouvement religieux que vous avez su imprimer à ma paroisse, presque au début de votre ministère sacerdotal, y est toujours si vivace et intime dans les cœurs que vos joies sont celle du foyer de chaque famille et que votre nom y est toujours prononcé avec une sorte d'épanouissement de respectueuse estime et d'affectueuse gratitude, qui me touche profondément...

« Pour moi je n'oublierai jamais avec quel cordial empressement vous veniez me remplacer auprès de mes ouailles dans mes longs jours d'épreuves et de souffrance, où c'était pour le pauvre malade une si douce consolation de vous céder l'étole pastorale. »

Très apprécié à Amboise, à Paris il n'était pas un inconnu. Pendant ses séjours assez fréquents dans cette ville, la famille Saint-Bris habitait la paroisse de Saint-Louis d'Antin, où l'abbé Bécel trouva dans

____

(1) Le 3 janvier 1866.

le vénérable curé un ami et un guide. Très distingué
par son intelligence et son savoir, comme par la
sûreté de son jugement et la fermeté de sa doctrine,
M. l'abbé Martin de Noirlieu avait composé plusieurs
ouvrages où il montrait un talent égal à sa piété.

Le jeune prêtre conquit rapidement son estime
par la correction de son attitude. Plein de déférence
pour le zélé pasteur, il se mettait à sa disposition,
toutes les fois qu'il pouvait être utile, et continua
sous sa direction l'apostolat si bien commencé à Amboise. Entre autres œuvres auxquelles il collabora,
celle des catéchismes avait pour lui un grand attrait.
Aimant les âmes, il comprenait le besoin pour l'enfant d'une forte instruction chrétienne et la nécessité
de graver d'une manière durable dans son esprit le
trésor divin des vérités qui peuvent s'obscurcir au
cours de l'existence, mais qui surnagent toujours et
reviennent pour l'éclairer après les erreurs, les fautes
et les illusions.

A cet important ministère, qui demande une sérieuse préparation, il se livrait tout entier. Depuis
longtemps, d'ailleurs, il s'y était préparé par un travail assidu, comme on peut le voir en parcourant les
pieux ouvrages qu'il publia de 1854 à 1857 : *Souvenirs
de première communion et de confirmation, — Les
Devoirs d'une bonne petite fille, — Souvenirs de catéchisme, conférences à l'usage des jeunes gens, —
L'Age de raison.*

Ces petits volumes, où il mit sa piété, son savoir et
son cœur, furent favorablement accueillis du public :

et, sans avoir besoin de recourir aux articles élogieux
que leur consacrèrent plusieurs Revues, nous en
trouvons la raison dans les lettres que lui écrivirent
deux prêtres de ses amis, incapables l'un et l'autre
de déguiser leur pensée :

« Je joins avec empressement mes suffrages à ceux
qui ont déjà été donnés à vos *Souvenirs de première
communion et de confirmation.* Ce livre est rempli
d'une doctrine solide ; il est très propre à faire naître
dans le cœur des jeunes gens une piété durable,
parce qu'elle reposera tout ensemble sur l'onction
du cœur et l'instruction de l'esprit. On pourrait peut-
être trouver quelques chapitres un peu sérieux, ceux
par exemple intitulés : *Ce que nous sommes et comment
nous connaître, De la doctrine de la Croix* ; mais il ne
faut pas oublier que vous n'avez pas écrit uniquement pour l'époque de la première communion (1). »

« Vous ouvrez votre cœur et laissez couler la
source, et on y puise à longs traits. Ni cette onction
que j'ai goûtée, ni ce don de causerie aimable que
vous possédez à un haut degré n'empêchent la solidité de la doctrine. C'est une nourriture solide et
saine que vous donnez à vos enfants, mais après
l'avoir *amollie,* comme fait, dit-on, la colombe. Vous
entrez dans une bonne voie, vous avez la bonne manière, et vous savez — votre opuscule sur les *Devoirs d'une bonne petite fille* me l'a aussi prouvé
— comment on peut charmer l'enfance. Je ne puis,

(1) M. l'abbé de Noirlieu, 1er mai 1855.

en vous félicitant, que vous engager à poursuivre
comme vous avez commencé (1). »

Les *Souvenirs* sont, croyons-nous, le plus instructif et le plus pratique de ses ouvrages. Il offre à la
piété des enfants, et des autres, un aliment subs-
tantiel : exposition dogmatique du mystère de l'Eucharistie ; préparation éloignée à la réception de ce
sacrement ; préparation prochaine, par une retraite
fervente et une bonne confession ; joies du grand
jour, craintes et espérances pour l'avenir, rien n'y
manque de ce qui peut instruire et toucher les âmes,
pour les conduire à Dieu. Une dernière partie traite
de la sollicitude maternelle de l'Eglise à l'égard du
chrétien, de la dévotion à la sainte Vierge, du sacrement de confirmation, de la Croix, moyens merveilleux que ménage la bonté divine à l'âme du chrétien
pour assurer sa persévérance (2).

Les autres volumes dont nous avons donné les
titres furent accueillis avec la même sympathie.
L'auteur joignait à une piété communicative un
talent qu'il eût développé d'une manière remarquable si l'activité tout apostolique qui remplit, à
partir de 1860, sa vie entière, lui avait laissé les
loisirs et la tranquillité qu'exige le travail de la composition.

(1) 24 mai de la même année, — l'abbé Lagrange, professeur,
à l'Institution Notre-Dame, à Auteuil, mort évêque de Chartres.

(2) La 2ᵉ édition, publiée en 1858, était depuis longtemps
épuisée, lorsque l'imprimeur de l'Evêché de Vannes eut la
bonne pensée d'en publier une troisième, qui parut au mois de

IV

A SAINT-LOUIS D'ANTIN ET A LA TRINITÉ

A propos d'un sermon. — Aimables critiques. — Chapelain de
Sainte-Geneviève ? — La volonté de Dieu. — Avances du
cardinal Morlot. — La sainte indifférence. — Pas d'exeat. —
Une retraite au diocèse de Vannes. — Charité, s'il vous plaît !
— Séparation. — Lettres de l'aïeule.

1858-1860

Voulant mettre en œuvre tous les moyens d'apostolat, M. Bécel se livrait aussi avec zèle à la prédication, et nous trouvons, dans deux lettres du mois
de janvier 1859, quelques appréciations sur l'un de
ses discours. M. L'abbé Foulon, supérieur du petit
séminaire, lui en parle dans une lettre charmante
que nous reproduisons presque intégralement, car
elle montre quelles relations de bonne amitié s'étaient

mars 1882. Le pieux auteur s'était prêté bien volontiers à ce
désir, espérant que ce petit livre, écrit surtout pour les premiers communiants, pourrait servir à raviver dans d'autres âmes
le souvenir du plus beau jour de la vie.

Il avait raison. Quelques mois plus tard, un inconnu lui écrivait, d'une grande ville du Midi, que cet ouvrage, tombé par
hasard sous sa main, venait d'être l'instrument de son retour à
Dieu : — Voilà ma plus belle récompense ! nous dit alors le
bon évêque, pour qui cette conversion fut une véritable joie.

établies entre le futur cardinal et le futur évêque :
« Je suis bien honteux d'avoir tardé si longtemps à
répondre à vos souhaits de bonne année. N'en ac-
cusez qu'une paresse indomptable qui m'a fait accu-
muler, depuis le 1ᵉʳ janvier, quantité de lettres auxquelles je n'ai point encore fait réponse. Je commence
par vous — à tout seigneur tout honneur — et je vous
envoie par la poste la plus cordiale accolade qu'on
se puisse donner, avec une ou plusieurs poignées de
main à vous briser les os. Ce signe *sensible* vous
dira bien des choses que vous savez déjà. La principale
est, sans aucune périphrase, que je vous aime de
tout mon cœur. Voilà qui est clair et point du tout
conforme aux règles de la rhétorique. Prenez-le comme
je vous le dis, sans ellipse et sans amphibologie.

« J'aime — toujours sans périphrase — le discours
que vous m'avez envoyé. C'est une improvisation
pleine de cœur et de talent. Je vous entends, je vous
vois, et j'aurais voulu pouvoir être assis au banc d'œuvre en face de vous, le jour où vous avez « commis »
ce morceau d'éloquence, qui m'a vraiment touché.

« On me dit que vous arriverez à Paris pour le
mois de février. Tant mieux, car il y a longtemps que
je vous désire. Nous causerons longuement au coin
du feu ou au bois de Boulogne. J'ai médité de vous
en faire faire le tour à pied. C'est trois heures de
conversation bien comptées (1). »

(1) En post-scriptum, M. Foulon ajoute, à propos d'un ami
commun, qui était alors à Rome, ce détail humoristique :
« L'abbé Postel m'a écrit. Je lui avais demandé de m'obtenir

A propos des succès oratoires de l'abbé Bécel, M. de Noirlieu, dont l'affection semblait prendre à cœur de le diriger à ses débuts, lui parle avec l'autorité d'un guide, et nous révèle un projet qui, sans avoir encore une grande consistance, venait de germer dans l'esprit du jeune prêtre :

« Je vous dirai, sans le moindre compliment, que je suis fort content du fond et de la forme. Le style est oratoire, mais sans exagération. C'est un dicours *chrétien*, ce qui devient rare de nos jours quand on traite des sujets de cette nature. Vous faites un emploi fréquent, et toujours justement appliqué, de l'Ecriture-Sainte. C'était la méthode du grand siècle.

« Je pense donc que vous pourriez prêcher avec distinction et, ce qui vaut mieux encore, avec fruit. Mais je dois vous dire, je le sais par expérience, qu'il faut aussi, pour être prédicateur, de la force et une bonne santé : la chaire fatigue extrêmement. Quant au concours pour devenir chapelain de Sainte-Geneviève, comme je suis examinateur, je puis vous assurer que vous seriez reçu au premier rang. Ceux que nous avons admis, cette année, ne vous valent pas (1). »

Que se passa-t-il pendant les cinq mois qui sui-

l'autorisation d'indulgencier des chapelets ; il m'a envoyé celle de lire et de garder chez moi les livres défendus. Est-ce qu'il aurait envie de se faire mettre à l'*Index*, et a-t-il pris des précautions *ad hoc ?* » Lettre du 16 janvier 1859. M. Postel, mort prélat romain, s'est fait connaître par plusieurs ouvrages qui ont eu leurs jours de succès.

(1) Lettre du 14 janvier 1859.

virent ? Une nouvelle lettre du curé de Saint-Louis d'Antin nous le dit d'une manière très nette. Fidèle à la résolution que nous avons prise de laisser parler, dans les circonstances importantes, les témoins de la vie que nous racontons, nous la citons encore textuellement :

« Vous êtes dans les meilleures dispositions possibles, puisque vous ne voulez faire que la sainte volonté de Dieu (1).

« L'archevêque de Paris ne peut vous soustraire à la juridiction de votre évêque qu'en vous donnant un *titre* dans son diocèse, et il n'est pas probable qu'il vous fasse débuter ainsi. Il faudra donc que les deux prélats s'entendent, l'un pour vous demander, l'autre pour vous céder.

« Devez-vous tout simplement vous mettre à la disposition de votre évêque, en répondant à l'archevêque de Paris que vous croyez devoir retourner à Vannes ? Je ne le pense pas, car, dans ce cas, vous décideriez vous-même de votre avenir. Or, je ne puis m'empêcher de trouver quelque chose de *providentiel* dans la proposition que vous a faite l'archevêque de Paris.

« A vous parler franchement, si vous retournez à Vannes et que votre évêque vous donne un poste considérable, je redouterais pour vous la jalousie de

---

(1) Avant comme pendant son épiscopat, nous le verrons, Mgr Bécel eut toujours ces sentiments de complet abandon à la volonté divine ; quand son directeur avait décidé, il n'hésitait plus et agissait.

vos confrères : on vous reprochera votre longue absence du diocèse... (1).

Le cardinal Morlot, alors archevêque de Paris, était, avant d'occuper cette haute situation, archevêque de Tours. S'il insistait pour attacher le jeune prêtre à son diocèse, c'est qu'il avait été à même d'apprécier, en Touraine, son ardeur au travail, l'élévation de son caractère et son désintéressement. Il savait aussi le zèle dévoué qu'il avait mis, en maintes circonstances, au service du vénérable curé de Saint-Louis d'Antin, et il ne cachait pas le vif désir qu'il avait de garder à sa *vigne* un pareil *ouvrier* ; mais ces décisions ne se prennent pas à la légère, et M. Bécel attendait sans impatience la manifestation de la volonté de Dieu.

A la même époque, d'autres propositions semblent lui avoir été faites d'un autre côté. L'abbé de Noirlieu y fait allusion dans la même lettre :

« Je vous ferai ensuite observer que, si M. Maret voulait vous nommer son *vicaire général*, je ne vous en féliciterais pas. Ce poste honorable est trop précaire : l'évêque vient-il à mourir ou à être transféré, on n'est plus rien, le plus souvent, dans le diocèse. »

Cette considération, qui semble au premier abord quelque peu humaine, a bien son importance lorsqu'un prêtre assume cette haute mission dans un diocèse qui n'est pas le sien ; mais l'abbé Bécel avait l'âme assez grande pour ne pas reculer, s'il avait

______

(1) Lettre du 22 juillet 1859.

cru en acceptant entrer dans une voie tracée par la Providence. Son confident, qui le connaissait bien, ne l'ignorait pas. Mais il me semble, à la manière brève dont il écrit : « Je ne vous en féliciterais pas », qu'on peut deviner, entre les lignes, un autre motif qu'il se proposait peut-être de formuler de vive voix.

M. l'abbé Maret, professeur à la Sorbonne, était un prêtre très digne, joignant à une parfaite correction une véritable science ; et n'eussent été les idées ultra gallicanes, qu'il exprima, très malheureusement, dix ans plus tard, dans un livre qui fit grand bruit, personne n'eût été surpris de le voir arriver à l'épiscopat. On y songeait sans doute, en 1859, puisque, à ce moment, il semblait se préoccuper de choisir un vicaire général. Nous ne croyons pas qu'il eût trouvé un auxiliaire en complète communion d'idées avec lui, dans le prêtre, très Breton, qui ne comprit jamais qu'on pût affaiblir l'autorité du Pape ni diminuer les droits de l'Eglise.

L'année suivante, Mgr de la Motte étant mort, le gouvernement impérial « nomma » M. Maret évêque de Vannes (1) ; mais cette candidature, impossible d'ailleurs pour un diocèse qui se fait gloire d'être catholique sans restriction, fut écartée par le Saint-Siège. qui consentit, peu après, à la nomination du distingué professeur comme évêque de Sura, *in partibus infidelium.*

(1) Sa nomination fut même insérée à *l'Officiel.*

L'abbé de Noirlieu termine sa lettre par de graves
conseils, auxquels il ajoute une preuve nouvelle de
son affection pour son jeune correspondant :

« Enfin, pour tout vous dire, je vous souhaite de
rester à Paris, où vous pourrez faire tant de bien et
vous former mieux que partout ailleurs aux fonctions
du saint ministère.

« En résumé, mon cher abbé, priez et demeurez
autant que possible dans la sainte indifférence.
Écrivez à M. Buquet (1) que vos engagements de précepteur vont se rompre, et que, si la divine Providence vous appelle à rester à Paris, vous l'en bénirez,
mais que vous ne voulez pas vous-même décider
sur votre sort. En vous parlant ainsi je mets de côté
tout intérêt *personnel* ; car, si vous restiez à Paris,
je vous demanderais pour Saint-Louis, où vous êtes
si bien apprécié du pasteur et de tous. »

Les honorables suffrages que nous venons de reproduire montrent en quelle estime était M. l'abbé
Bécel, avant même qu'il occupât une place dans le
clergé de Paris. Il fallait donc qu'il eût déjà acquis,
par son travail persévérant et son zèle, une valeur
remarquable, puisque des prêtres qui n'étaient
pourtant pas ses compatriotes se complaisaient à le
mettre ainsi en relief.

La Providence a ses voies mystérieuses, qui décon-
certent souvent les prévisions et les calculs des
hommes. Au milieu des incertitudes qui assaillaient

______

(1) Vicaire général de S. Em. le cardinal Morlot.

son âme, il priait avec confiance, en attendant l'heure
de prendre un parti définitif. Le vénérable évêque
de Vannes, Mgr de la Motte, n'avait jamais songé à
lui donner un *exeat* qu'il ne demandait pas. Très au
courant de tous les actes de son diocésain et de la
vive sympathie qu'il avait su conquérir, il maintenait
tous ses droits sur son prêtre ; et, s'il voulait bien
consentir à le *prêter* au diocèse de Paris, il entendait
aussi le reprendre quand il le jugerait utile.

Par là même, la question se simplifiait aux yeux de
l'abbé Bécel, qui aimait ardemment son pays natal ;
et s'il était heureux de se dévouer au milieu de ces
foules où le bien et le mal se heurtent et se mêlent
dans des proportions étonnantes, il était prêt à obéir
dès que la voix de son Pasteur lui ferait entendre
l'appel du devoir.

La mission du précepteur allait finir avec l'année
scolaire ; mais déjà, cédant à des instances qu'il ne
pouvait repousser, il avait accepté, pour quelques
mois, de diriger les études d'un cousin de son élève,
en attendant qu'on pût trouver un autre précepteur
capable et digne de le remplacer.

Sans doute, ses occupations étaient moins absor-
bantes puisque, au mois de février 1860, il put aller
dans son cher diocèse de Vannes travailler à une
retraite qu'un de ses amis, recteur aux environs de
Ploërmel, lui avait demandé de prêcher. C'était pour
lui un bonheur de préluder de la sorte à son prochain ministère. Avant de partir, il avait eu recours
aux prières de sa cousine, la sœur Marie-Fidèle,

celle-là même qui, pendant leur enfance, lui répondait la *messe* et dirigeait avec lui des processions triomphantes. Elle avait promis de faire une neuvaine pour le succès, et il lui répondit par l'envoi de quelques strophes facilement rimées sur le rythme difficile de la célèbre complainte de Châteaubriand : *Combien j'ai douce souvenance !* Elles avaient, en guise d'épigraphe, cette demande qui exprimait humblement son désir de bien travailler pour les âmes : *Charité pour le missionnaire, s'il vous plaît.* Les strophes suivantes indiquent le ton de ce modeste essai.

Votre charité m'accompagne
Au sein de ma chère Bretagne.
Crions au ciel : « Dieu des vertus,
  Regagne
Tout cœur contrit de n'aimer plus
  Jésus.
A la fin de votre neuvaine,
Sans doute plus d'une âme en peine
Verra briser avec bonheur
  Sa chaîne...
Nous bénirons Dieu de tout cœur,
  Ma sœur.

Il profita de son séjour dans le Morbihan pour faire un pèlerinage au sanctuaire béni de Sainte-Anne, qui avait été le berceau de sa vocation. En vrai Breton, il voulait mettre sous la protection de la Patronne de son pays la mission pénible et souvent difficile dont il allait assumer le fardeau. (1)

Enfin, après avoir longtemps prié et consulté, sa décision fut prise. Les vicaires capitulaires (2) accordèrent l'autorisation nécessaire et le cardinal Morlot le nomma vicaire à la Trinité.

Il fallut dire adieu à la famille Saint-Bris, et pour tous cette séparation fut pénible. L'excellente aïeule n'essaya pas de le dissimuler :

« Dimanche soir, lui écrivait-elle, mon cœur était bien triste, à la pensée que vous alliez quitter cette demeure où vous avez passé en faisant vraiment le bien. Tous, nous étions touchés de cette séparation ; vous aussi, j'en suis sûre, mais moi bien plus que tous et que vous-même. Vous vous êtes associé à toutes nos douleurs : je vous en récompense en vous associant dans mon cœur brisé au souvenir de mon enfant.

« Vous serez donc, comme lui, toujours présent dans ce cœur. J'ajoute seulement que pour moi il n'y a plus de distractions possibles ; je suis toute à la vie intérieure ; par conséquent, ce que j'éprouve doit être et plus profond et plus durable que pour ceux qui ont un présent actif et un avenir d'espérance.

« Dieu vous bénira : vous l'aimez trop, vous l'é-

(1) Dès son retour à Paris, il exposa, dans un discours plein de cœur, les gloires de sainte Anne et la piété touchante de ses pèlerins. Ce discours parut, la même année, sous le titre : *Souvenirs de Sainte-Anne-d'Auray*.

(2) Mgr de la Motte venait de mourir. Encore une circonstance providentielle : on nous affirme qu'il n'aurait pas accordé cette autorisation.

coutez trop bien pour qu'il ne vous protège pas. Il vous fera réussir dans la carrière de dévouement qui s'ouvre devant vous. Réussir pour vous, c'est faire le bien ; et j'espère que cette récompense à tant de zèle et à tant de piété ne vous manquera pas (1). »

Il avait trouvé, non loin de son église, un petit appartement, dont il fit la description à l'un de ses vieux amis du séminaire dans une lettre charmante que nous avons pu lire, il y a quelque trente ans, et qu'il a été impossible de retrouver (2). Toute la famille s'était intéressée à cette importante affaire, et quelque temps après, sa vénérable correspondante pouvait lui écrire :

« J'ai été contente d'avoir des détails sur votre installation. Vous me semblez fort bien casé, et, vu les difficultés actuelles de logement, on peut dire que vous avez du bonheur. Vous méritez que le bon Dieu simplifie pour vous les affaires de ménage, puisque vous lui consacrez avec tant de zèle et d'abnégation tout le temps dont vous pouvez disposer. Vous le rendez trop précieux, ce temps, pour qu'il soit perdu en détails d'intérieur ; et j'espère que votre ménagère vous en déchargera complètement.

« Merci, mon cher monsieur Bécel, de votre bonne petite lettre et de votre *offrande*. Dans l'une je trouve

(1) Lettre du 9 octobre 1860.

(2) Cette lettre, où le vicaire décrivait son nouveau logis avec un luxe de détails plein de bonne humeur, contenait aussi des vers, écrits sans prétention dans le genre de la *Chartreuse* de Gresset.

de bonnes paroles qui me font du bien au cœur, et l'autre ne peut me donner que de bien salutaires pensées. Dieu veuille que j'en profite ! Je n'ai plus qu'une chose à demander au bon Dieu : c'est la soumission entière, parfaite, à tout ce qu'il voudra pour moi et les *miens*, qui sont encore plus *moi*. Les années, les infirmités croissantes me rendent incapable de rien faire d'utile pour réparer l'inutilité de ma vie passée : il ne me reste que la volonté, et, malheureusement, elle est bien peu énergique pour le bien (1) ».

Dans cette correspondance où les sentiments élevés, joints à une humilité profonde, se traduisent d'une manière remarquable au point de vue littéraire, il y a, ce semble, comme un écho des lettres que Mme Swetchine écrivait au jeune comte de Montalembert. L'observation fine, piquante même, y apparaît quelquefois, très rarement d'ailleurs, car c'est la note grave qui domine. Mais dans ces confidences d'une âme que la douleur a visitée, on sent que la tristesse résignée n'empêche pas le sourire.

En voici un exemple dans ces lignes alertes où elle fait un malin croquis de son voisinage :

« E., très poli, très homme de salon, en costume de chasse, a fort demandé de vos nouvelles. Les G. vont bien : on chasse, on danse ; on gémit, le matin, sur les pauvres dignes jeunes gens qui ont péri en Italie ; mais on trouve que la matinée suffit à la tristesse, et qu'on peut bien donner le reste au

(1) Lettre du 20 octobre 1860.

monde. C'est comme cela toujours et partout ; aussi je ne blâme pas, je raconte.

« Quant à nous, nous vivons loin de tout cela, comme vous savez. G. n'est pas d'âge, son père n'est pas *de goût*, M. J. en aurait dégoût, et pour moi je suis tellement passée à l'histoire ancienne que rien du monde ne peut me regarder....

« Adieu, mon cher monsieur Bécel. Je ne vous écrirai pas souvent : mes yeux, vos occupations ne peuvent rendre la correspondance active. Mais ce que vous pouvez vous dire en toute assurance, c'est que votre souvenir vient, comme celui de mes chers bien aimés, pour lesquels vous avez été si bon, meubler ma solitude. Ils sont mes compagnons fidèles ; et, tout naturellement, vous qui avez partagé mes douleurs, vous êtes là aussi. Je sais que, dans votre silence même, votre cœur est toujours le même pour nous, et vous dit que vous avez laissé ici une vraie famille (1). »

De pareilles aïeules sont une bénédiction pour le foyer où elles perpétuent les bons exemples et les nobles traditions.

(1) Lettre du 20 octobre 1860.

V.

L'APOSTOLAT DU VICAIRE.

La veillée des armes. — Règlement de vie. — Visite d'un ami.
— Parole du curé. — Catéchisme. — Dans la mansarde. —
Une madeleine — Près d'un mourant. — Le cardinal Donnet.
— Pour un comice agricole. — Proposition flatteuse. — Vannes
et Avignon. — Mgr Gazailhan. — Le cas de conscience. —
Projet de Mgr Darboy.

1860-1865.

Au mois d'octobre, l'abbé Bécel prit possession de
son nouveau poste. Ce n'était ni les charmes ni la
vie mouvementée de Paris qui l'attiraient, mais le
désir ardent de faire du bien. Il prouva, très vite,
qu'il est facile de se créer une solitude au milieu
des foules et de se réserver, après les rudes labeurs,
un sanctuaire intime où l'on puise l'énergie nécessaire
pour accomplir sa tâche et la force de se dévouer.

Avant de se mettre à l'œuvre, il voulut regarder
en face la situation qui lui était faite, avec ses obligations, ses difficultés, ses consolations surnaturelles ; et il passa trois jours dans une profonde
retraite, véritable veillée des armes qu'il fit sous la
direction du bon Père Jouan, de la compagnie de
Jésus. C'était un Breton des Côtes-du-Nord, âme

droite, jugement sûr, intelligence élevée, joignant à la simplicité qui plaît la bonté qui attire. Toute sa vie, il resta le guide et l'ami de son cher compatriote, qui, chaque année, même au milieu des soucis de l'épiscopat, aimait à passer quelques jours près de lui, pour se retremper dans ce commerce spirituel qui lui avait été si utile au début de sa carrière.

Nous avons sous les yeux les notes que le jeune vicaire écrivit au courant de la plume, chaque jour de cette retraite, dans l'intervalle des pieux exercices. Il y fait, sans y penser, le portrait de son âme, qu'il ouvre tout entière devant Dieu avec une humilité profonde et une confiance filiale.

Ce sont des retours sur sa vie passée; des méditations sur le péché, sur la mort, sur le jugement; des effusions de son cœur vers Notre-Seigneur, la sainte Vierge et sainte Anne, ses deux mères du ciel, et saint Jean, son patron. Il se juge avec la sévérité des âmes droites et franches qui s'examinent en face des infinies perfections de Dieu. A l'entendre, on dirait un grand pécheur qui se convertit.

« Demain matin, écrit-il, le jeudi soir 4 octobre 1860, j'aurai le bonheur d'offrir un sacrifice d'action de grâce. Je demanderai de toute mon âme, par l'intercession de tous les saints et de leur aimable Reine, que le ciel bénisse mes résolutions et le ministère où je suis appelé dans des circonstances de temps et de lieu bien propres à me faire trembler (1).

(1) Voici le règlement de vie qu'il se traça comme conclusion de ces pieux exercices :

Après cette fervente retraite, le nouveau vicaire de la Trinité se mit à l'œuvre avec un zèle qui ne devait pas se démentir. Il occupait son poste depuis quelque temps déjà lorsqu'il reçut, un jour, la visite

Maison des R. P. Jésuites, rue de Sèvres, 4 octobre 1860, en la fête de Saint François d'Assise.

1° Je me lèverai à 5 heures et me coucherai à 10 heures.

2° Je ferai une demi-heure d'oraison, un quart d'heure de préparation à la sainte messe et un quart d'heure d'action de grâce.

3° Je réciterai mon office en temps convenable et avec plus de dévotion que je ne l'a fait jusqu'à ce jour.

4° Je réciterai le chapelet, ferai une lecture de piété et un quart d'heure d'examen particulier.

5° J'étudierai chaque jour l'Écriture sainte pendant une heure. Je consacrerai le même temps à la théologie et à l'histoire ecclésiastique.

6° Je donnerai le plus de temps possible à la préparation que demande la prédication, et n'attendrai pas, comme je l'ai fait trop souvent, le dernier moment pour m'y préparer. Cette négligence est indigne de Dieu, du prédicateur et de ses auditeurs.

7° Je perdrai le moins de temps possible en visites, et, avec la grâce de Dieu, je n'en ferai ni n'en recevrai de compromettantes.

8° Sauf empêchement indépendant de ma volonté, je ne rentrerai point chez moi après 9 heures.

9° Je m'appliquerai à remplir avec zèle, charité, paternité, dévouement le saint ministère.

Que Dieu m'accorde, en général, et dans certains cas particuliers et plus délicats, la prudence du serpent et la simplicité de la colombe !

10° Je me confesserai, *au plus tard*, tous les quinze jours, et je tâcherai de venir plus souvent demander conseil à mon directeur, s'il le permet.

Que le ciel et ses glorieux habitants, et tout particulièrement la *Reine des Anges et des* hommes, la *Reine des apôtres*, ma de son excellent ami d'Amboise, l'abbé Brisacier. L'ancien professeur avait quitté son collège, dans l'espoir de se consacrer aux missions étrangères : mais l'accomplissement d'un impérieux devoir était venu mettre obstacle à ses projets apostoliques.

« Restez à Paris, lui dit M. Bécel. Vous vouliez aller bien loin travailler au salut des âmes ; ici, vous trouverez amplement à exercer votre zèle. Jusqu'à ce que votre situation se décide, je serai heureux de vous offrir une fraternelle hospitalité ».

L'abbé accepta et le cardinal Morlot, qui avait une grande affection pour son jeune diocésain, le nomma provisoirement vicaire à la Trinité, en attendant son *exeat* qu'il devait demander à Tours. L'exeat ne fut pas accordé, l'archevêque ne voulant pas se séparer d'un prêtre dont les hautes qualités, auxquelles se joignait un remarquable talent d'architecte, pouvaient rendre à son diocèse de signalés services. Cette appréciation du prélat devait être dans l'avenir parfaitement justifiée.

La réponse, qui se fit quelque peu attendre, n'était pas encore parvenue à l'abbé Brisacier lorsqu'il se présenta au vénérable curé de la paroisse. Ici, nous lui laissons la parole : quand on a des témoignages de cette valeur, on ne les résume pas, on les cite :

mère et ma patronne, m'obtiennent d'être fidèle à ce règlement, vu et approuvé par mon directeur, le R. P. Jouan, à qui je conserverai toujours au fond de mon cœur le plus religieux souvenir de respect et de reconnaissance.

L'abbé J.-M. BÉCEL, miss. apost.

« M. le curé m' dit textuellement : « Vous êtes l'ami de l'abbé Bécel, vous devez être comme lui un apôtre, aussi je vous reçois à bras ouverts : j'aurai deux vicaires excellents. » Ce que j'appris, et surtout ce qu'il me fut donné de voir dans la suite, me confirma la complète exactitude de cette parole. L'abbé Bécel avait embrassé toutes les œuvres : catéchisme de persévérance (1), assistance des malades, formation d'un groupe de généreuses chrétiennes pour le sauvetage des filles abandonnées, etc... Pour ces œuvres et d'autres encore il avait recruté de nombreux auxiliaires, dont la charité était heureuse d'utiliser son infatigable dévouement. Reculant, sans compter avec la fatigue, les bornes du devoir, il était toujours prêt pour toutes les *besognes*, même les plus pénibles. Voici, entre autres, un fait qui m'a laissé le plus profond souvenir.

« Plusieurs dames zélatrices lui avaient déjà abondamment fourni l'occasion d'exercer son zèle

(1) Un de ses auditeurs, M. C. Dupuy, disait quelques années plus tard :

« Du jour où pour la première fois je l'ai vu présenter à notre jeunesse ces réunions de persévérance avec cette effusion du cœur qui entraîne, avec cette indulgente adresse qui fait vouloir parce que vous voulez, avec ce tact, cette urbanité, ce bon ton qui ne se retrouve que dans la meilleure compagnie, en voyant ces figures d'enfants et de mères s'épanouir et sembler lui dire : « Oui, nous aimerons cette religion que vous faites chérir dans votre personne », je n'ai plus douté que la Providence réservât à autre chose qu'à une réunion d'enfants un zèle déjà si heureux. » 7 janvier 1866.

— je dirais volontiers *dévorant*, — lorsqu'un jour,
il me dit :

— « Voulez-vous venir avec moi déposer une
prière près du lit de mort d'une personne à qui j'ai
administré, hier, les derniers sacrements ? »

« Nous sortîmes et, chemin faisant, il me raconta
sa navrante histoire. C'était une *poseuse* de profession
qui, aux jours prospères, avait été choyée, adulée,
mais qui, devenue phtisique et accablée par la souffrance, s'était trouvée abandonnée de tous, et n'avait
pas pour se réconforter les consolations religieuses.
Elle se rappelait à peine qu'elle était baptisée.

« En me donnant ces détails, mon ami ne me disait
pas comment, avec l'aide des dames zélatrices, il
avait adopté cette âme qui semblait perdue ; comment il lui avait, avec une admirable patience, in-
fusé, pour ainsi dire, la foi ; comment, █████████vrant
aux vérités et aux espérances █████████ il l'avait
préparée à bien mourir.

« Nous arrivâmes, au quatrième étage, dans une
chambrette qui gardait encore quelques restes de
son opulence relative. En ouvrant la porte, la garde-
malade, une vieille femme sceptique, s'était écrié :

— « Ah ! Messieurs, voyez, voyez : ce doit être
une sainte. Quand j'ai remarqué, après son dernier
soupir, ce sourire qu'elle a encore sur les lèvres et
ces beaux yeux fixés au ciel, je n'ai pas osé les fermer. C'est ma profession d'ensevelir les morts ; mais
jamais, jamais, je n'ai vu pareille chose ! »

« C'était vrai, et je puis dire aussi que jamais

je n'ai vu pareille expression dans la mort. L'émouvant spectacle que je contemplais était l'œuvre de l'abbé Bécel qui, d'une Madeleine, avait fait une vraie sainte, et ce n'était pas là un cas isolé.

« Le lendemain, nous conduisions l'heureuse convertie au cimetière des pauvres. La vieille garde-malade avait voulu nous accompagner (1). »

Notre vénéré correspondant ajoute :

« Que vous dirais-je encore de l'abbé Bécel, de son cœur, de son zèle, de sa charité ? L'évêque, vous le connaissez mieux que moi, et je vous félicite d'avoir à écrire la vie de Mgr Bécel, ce que vous pouvez faire sans avoir recours à la flatterie ou à l'exagération, cette monnaie du jour avec laquelle on transforme en héros et en saints des hommes médiocres, pour ne rien dire de plus (2). »

En 1861, un jour que le vicaire de la Trinité était de *semaine* et travaillait dans le salon attenant à la sacristie, prêt à répondre au premier appel, on vint le demander en toute hâte pour un malade qui se mourait. C'était le comte de Montblanc, un de ces gentilshommes qui partageaient leur vie entre la Belgique et la France, aimant d'un égal amour leurs deux patries. M. Bécel, qui jusque-là n'avait eu aucune relation avec cette noble famille, vit le malade, le consola dans ses souffrances et lui donna jusqu'à la fin le secours de son zèle.

(1) Lettre de M. le chanoine Brisacier, 3 janvier 1902.
(2) Ibid.

Profondément touchée de la charité délicate du jeune prêtre, Mme la comtesse de Montblanc lui demanda d'accompagner le corps du défunt au château d'Ingelmunster, en Belgique, où devaient avoir lieu les obsèques. Il se fit un devoir de se rendre à ce désir et prononça, à l'issue de la cérémonie funèbre, l'éloge du défunt dans un discours ému qui fit couler des larmes et resta dans la noble famille comme un précieux souvenir. Femme d'esprit et de cœur, la pieuse veuve était de celles qui ne savent pas oublier : l'abbé Bécel devint pour elle et les siens un ami véritable, et la mort seule put briser ces liens intimes créés dans la douleur. Nous avons pu voir, à Vannes même, dans une visite que fit à son vénérable ami le chef actuel de la famille, combien ces souvenirs des années lointaines étaient toujours vivants.

Mme de Montblanc était parente, par les Tascher de la Pagerie, de l'impératrice Joséphine, première femme de Napoléon (1).

Dans cette maison chrétienne, l'abbé Bécel rencontra plus d'une fois S. Em. le cardinal Donnet qui, dans sa jeunesse, avait été le secrétaire de Mgr de Montblanc, archevêque de Tours. Le prince de l'Église, qui cachait sous un extérieur souvent majestueux un esprit très vif et une grande bonté, ne tarda pas à apprécier le vicaire, dont il avait appris à connaître le dévouement. L'ayant apprécié il l'aima ;

(1) Un confrère de M. Bécel à la Trinité, M. l'abbé Vattemare, nous disait, en nous racontant ces détails : « Cette rencontre toute fortuite a été vraiment un coup de la Providence ».

et, voulant le nommer chanoine honoraire de sa cathédrale, il l'emmena à Bordeaux, pour lui procurer l'occasion de courtes vacances dans la maison de campagne où il aimait lui-même à se reposer.

Plusieurs fois, dans les conversations que la verve du cardinal rendait toujours très intéressantes, on avait parlé de la Bretagne, et M. Bécel avait dit, en rappelant l'histoire de sa paroisse natale, que Beignon était autrefois le chef-lieu d'une baronnie. Depuis lors, l'archevêque, qui n'avait pas oublié ce détail, trouvait charmant d'appeler son jeune ami *Monsieur le baron.*

Pendant son séjour à Bordeaux, Mgr Donnet, dont l'activité touchait à tout, fut invité à présider une réunion de comice agricole :

« M. le baron, dit-il à son hôte, je suis très occupé et le temps me manque pour composer l'allocution obligatoire en pareille circonstance. Enfermez-vous à la campagne, écrivez-la, je la prononcerai. »

Ainsi fut fait. L'abbé Bécel composa le discours, l'archevêque le prononça, et des malins — il y en a toujours qui n'épargnent pas même les hommes célèbres — ont prétendu qu'on pourrait le retrouver, revu sans doute et mis au point, dans les œuvres du cardinal.

C'est aussi dans la famille de Montblanc que le vicaire de la Trinité fit la connaissance d'un prêtre distingué pour qui l'archevêque de Bordeaux avait autant d'estime que d'affection. Toujours les voies de la Providence ! Professeur à la faculté bordelaise de

théologie, puis vicaire général, M. l'abbé Gazailhan
ne pouvait pas prévoir, quand ils se rencontrèrent, à
Paris et au bord de la Garonne, qu'il deviendrait
bientôt évêque de Vannes, et que le jeune prêtre
dont il fut à même d'apprécier le caractère, le rem-
placerait sur ce même siège quand sa carrière serait
si douloureusement brisée.

Vers la fin de 1862, une proposition, aussi flatteuse
qu'imprévue, vint surprendre l'abbé Bécel au milieu
des travaux accablants qu'il poursuivait sans défaillance. En acceptant, il trouvait l'occasion de rentrer
très honorablement dans son diocèse d'origine ; mais
il n'était pas de ceux qui se déterminent par des motifs humains : conformément à sa pieuse habitude, il
laissa de côté sa volonté propre pour n'obéir qu'à
celle de Dieu. Avant de répondre, il crut pourtant
devoir tout dire à Son Em. le cardinal Morlot, dont
il reçut la lettre suivante :

« Cher monsieur l'abbé, je suis très touché de
votre intéressante communication, qui m'est un
témoignage nouveau de confiance auquel je ne pou-
vais manquer d'être fort sensible.

« Je ne puis rien dire ni m'arrêter à aucune pensée avant que cette situation s'éclaircisse. Il nous
faut, par conséquent, attendre le retour de Mgr de
Vannes. Alors nous verrons quelle tournure prendront les choses ; et si elles devaient aboutir à une
séparation que je regretterais beaucoup pour moi,
qui serait aussi fort regrettable pour le diocèse, je
retrouverais dans la pensée que rien ne s'est fait sans

l'inspiration de la divine Providence, une consolation pour moi, et pour vous j'aurais la douce confiance que là, comme ici, vous seriez ce que vous avez toujours été : l'homme des principes et des sentiments qui animent tous les bons prêtres (1). »

Un passage de cette lettre semble dire que la situation n'était pas trop claire, puisqu'il fallait attendre le retour de l'évêque de Vannes pour voir quelle tournure les choses pourraient prendre. Ce que nous savons, c'est que Mgr Dubreil, ayant déjà arrêté dans son esprit la décision qu'il devait rendre publique à la fin de l'année scolaire, songeait à déplacer M. Jaffré, supérieur du petit séminaire de Sainte-Anne, et à lui donner pour successeur M. Bécel. Ce dernier, qui ne désirait rien, n'eut même pas à combattre contre sa propre volonté. Il ne se jugeait pas suffisamment préparé à prendre sur ses épaules un pareil fardeau ; et, dans les circonstances délicates où cette nomination devait se produire, il ne voulait pas remplacer le prêtre éminent qui avait conquis l'estime de tout le diocèse par son talent et sa vertu.

Les vrais amis qu'il consultait toujours, pour n'agir que *sous l'inspiration de la divine Providence*, agréèrent les raisons qu'il leur donna avec un désintéressement complet ; très heureux de rester à son humble poste de vicaire, il remercia l'évêque de Vannes et refusa.

Mgr Dubreil ne lui en sut pas mauvais gré, et le

(1) Lettre du 9 novembre 1862.

nomma, peu après, chanoine honoraire de sa cathédrale : « Je désire, lui écrivait-il, que vous ayez à
recevoir cette distinction, que je ne saurais mieux
placer, toute la satisfaction que je trouve à vous la
donner (1). »

L'année suivante, Mgr Dubreil qui, sur les entre-
faites, avait été transféré de l'évêché de Vannes à
l'archevêché d'Avignon, eut à l'endroit de M. Bécel une distraction heureuse, qu'il explique et ratifie dans une lettre fort agréablement écrite :

« Je n'aime pas mentir et je dois vous dire en
toute franchise que c'est sans y penser que j'ai écrit
à la suite de votre nom *chanoine d'Avignon*. Mais je
n'en ai aucun repentir, et ce que ma main a fait,
probablement parce que j'en avais eu souvent la
pensée, mon cœur le ratifie avec une vive satisfaction..... Puisse cet échelon vous aider à monter plus
haut ! Vous ne le désirez pas, je le désire pour vous.
Je sais que, si on vous élève, vous n'userez de votre
élévation que pour faire plus de bien. » (2).

L'archevêque ne pouvait être plus aimable : il
était, d'ailleurs, très sincère, et son estime pour le
zélé vicaire se montre éloquemment dans le vœu,
aux allures prophétiques, qui termine son charmant
billet.

Mgr Gazailhan, qui le remplaça sur le siège de
Vannes, n'avait pas oublié le jeune prêtre qui deve-

(1) Lettre du 19 juillet 1863.
(2) Lettre du 4 octobre 1864.

nait son diocésain. Il l'invita à son sacre ; mais l'abbé Bécel, retenu à Paris par d'impérieux devoirs, eut le regret de ne pouvoir pas y assister. Quelques jours plus tard, le nouvel évêque lui écrivait :

« Vous n'êtes pas venu au sacre ; vraiment vous avez perdu, et nous aussi. Il était splendide. Son Eminence était rajeunie de vingt ans. Les Bretons sont de dignes gens ; ils me témoignent tous la sympathie la plus vive. On dit que je leur conviens et qu'ils me trouvent plus Breton que Gascon ; je n'en suis pas jaloux pour mon pays, puisque Vannes est désormais ma patrie.

« Je commence dans quinze jours ma tournée pastorale. J'y recueillerai de grandes consolations. J'espère faire un peu de bien dans ce pays qui vous est cher et où vous avez beaucoup d'amis.

« Priez pour moi. » (1)

Cette vie, où les incidents étaient rares, se continuait sans bruit, avec ses occupations accablantes, ses œuvres multiples et son dévouement de chaque jour (2).

(1) Lettre écrite de Vannes, le 2 avril 1864.

(2) Le vicaire de la Trinité aimait à voir ses jeunes compatriotes que les hautes études attiraient à Paris. Il revivait avec eux les souvenirs du pays natal, et plusieurs nous ont dit le charme qu'ils trouvaient dans ces visites au bon prêtre dont le cœur était resté si breton. Parmi ceux qui l'ont connu alors et restent les témoins de son zèle, nous pouvons citer M. René Kerviler, inspecteur général des ponts et chaussées, alors à l'école polytechnique ; M. le chanoine Chauffier, élève de l'école des Chartes ; et M. l'abbé Lallemand, étudiant en droit, qui entra peu après dans la compagnie de Jésus.

En 1864, l'abbé Bécel fut chargé de soutenir le *Cas
de conscience*, dans une réunion très importante, où
les prêtres du clergé paroissial apportaient, après un
travail sérieux, tous les éléments d'une vigoureuse
discussion. M⁰ʳ Darboy présidait. Par la solidité
de son travail et la sûreté avec laquelle il répondit
aux objections qui lui furent faites, le conférencier
attira l'attention de l'archevêque. qui lui adressa,
devant tous ses confrères, les félicitations les plus
encourageantes. Il fit plus, et, le prenant à part, il
promit de lui donner, à Paris, une situation digne
de son mérite.

C'était flatteur, sans doute, et plus d'un n'aurait pas
tardé à rappeler au prélat ses bonnes paroles. Le
vicaire de la Trinité n'en fit rien, attendant sans
impatience, conformément à sa règle de conduite, la
manifestation de la volonté de Dieu.

Il n'attendit pas longtemps.

VI

« ASCENDE SUPERIUS ».

Curé de la cathédrale de Vannes. — Lettre à son prédécesseur.
— Première allocution. — L'empereur à Colpo. — En gare
de Vannes. — Maladie de Mgr Gazailhan. — Au conseil des
ministres. — *Brevitas imperatoria*. — L'évêque nommé
de Vannes. — Lettres peu banales.

1865-1866.

L'évêque de Vannes, qui suivait avec un intérêt
très vif les travaux apostoliques de son diocésain (1),
songea à le nommer curé-archiprêtre de la cathédrale, lorsqu'il enleva M. Fouchard à cette haute
et délicate situation pour faire de lui son vicaire
général.

On comprend dans quel émoi cette proposition,
aussi honorable qu'inattendue, jeta celui qui en était
l'objet. Pour s'éclairer il pria, il consulta et fut contraint de se soumettre.

Sa double nomination comme chanoine et comme
curé-archiprêtre fut agréée par décrets en date du

(1) M. Bécel tenait tellement à ne pas rompre avec son diocèse d'origine que, sous le titre même des volumes ou des brochures qu'il avait publiées, il était heureux d'ajouter à son nom :
prêtre du diocèse de Vannes.

14 juin 1865. Quelques jours après il écrivit à M.
Fouchard la lettre suivante, qui montre une fois de
plus sa délicatesse et sa loyauté :

« Monsieur le Vicaire Général,

« Si je me suis privé du plaisir de vous adresser
plus tôt mes sincères félicitations, c'est dans la crainte
de paraître trop empressé de me rendre à un poste
que vous occupiez avec tant de distinction, où j'étais
loin de prétendre, et que je n'ai accepté qu'après
avoir présenté à Mgr notre évêque toutes les objections qui pouvaient me soustraire à de semblables di-
gnités. J'ai fini par obéir, après huit jours d'hésitations
et sur les vives instances de mon directeur. Dieu me
donnera, j'aime à l'espérer, les grâces dont j'ai besoin pour faire honneur à mes nouvelles obligations.
J'ai su que vous aviez approuvé ma nomination.
Votre sufffrage a contribué à me déterminer.
Puissé-je répondre convenablement à la bonne opinion dont vous m'avez honoré en cette circonstance !
« .... Oserai-je, M. le vicaire général, vous prier
de me servir d'interprète auprès des membres du
chapitre, de M. le supérieur du grand séminaire, de
M. le curé de Saint-Patern ? Je me plais à reconnaître parmi vous plusieurs de mes anciens maîtres.
J'ai conservé d'eux le meilleur souvenir, et je me
ferai un devoir de leur exprimer de nouveau toute
ma reconnaissance. Si je n'ai pas toujours su profiter de leurs bonnes leçons, ils voudront bien me

le pardonner ! Je m'en suis repenti depuis que j'ai appris à calculer la valeur d'un sage conseil et d'une éducation sérieuse.

« Vous ne m'oublierez pas non plus, s'il vous plaît, auprès de MM. les vicaires de la cathédrale. Il me sera difficile, je n'en doute pas, d'adoucir les regrets que leur a causés votre séparation. Je me sens tout disposé à leur continuer l'estime, l'intérêt et l'affection que vous leur avez témoignés vous-même. Il dépendra d'eux de trouver en moi un ami loyal et dévoué. Je désire de toute mon âme que la plus parfaite harmonie règne entre nous, pour la plus grande gloire de Dieu et le salut des âmes ».

Les sentiments qu'il exprimait ainsi avec tant de bonne grâce et de simplicité, étaient propres à gagner au nouveau curé l'affectueuse estime de ses nouveaux confrères. Il avait à se faire pardonner ses longues années d'absence, et le fructueux ministère qu'il avait rempli loin de son diocèse d'origine ne suffisait peut-être pas à plusieurs pour expliquer son élévation brusque à un poste envié. Le tact qu'il montra toujours, et dont il eut plus que jamais besoin quelques mois plus tard, lui permit de vaincre certaines difficultés, moins apparentes que réelles.

L'installation du nouveau chanoine archiprêtre eut lieu le dimanche 2 juillet, solennité de la fête de saint Pierre, patron de la cathédrale (1 .

(1) Nous avons sous les yeux l'allocution qu'il prononça en cette circonstance, et nous en citons quelques passages :

« S'il a plu au premier pasteur de ce cher et beau diocèse

Aussitôt il se mit à l'œuvre, exact à tous ses devoirs, épuisant ses économies pour secourir les
pauvres, alors que, n'étant pas encore connu, il n'a-
vait pas à sa disposition les ressources par lesquelles
des âmes généreuses secondent d'ordinaire la charité
du pasteur.

d'aller chercher loin de vous un successeur au digne et respectable confrère qui occupait avec tant de distinction le poste
d'honneur où je suis appelé, je n'en étais pas moins l'un des
vôtres. J'ai toujours aimé à me considérer comme tel ; et jamais
les liens qui m'unissent au clergé de Vannes n'ont été brisés...
« Je vous avoue que j'ai hésité pendant huit jours à me
rendre aux paternelles instances de notre vénéré prélat. Je me
suis permis de présenter à Sa Grandeur toutes les objections
que m'inspiraient ma conscience et la connaissance que je peux
avoir acquise des hommes et des choses. Le spectacle édifiant
dont je jouis en ce moment m'a porté à vous faire cette confession publique. Vous ne me refuserez pas le pardon que je sol-
licite, d'autant plus que déjà je suis à vous de cœur et d'âme,
à la mort et à la vie. Dans l'espoir de mieux me prêter à tous
je me suis bien promis de ne me donner à personne... J'ai à
cœur de me montrer juste, conciliant, dévoué, tout à tous sans
acception de personnes, afin de donner chacun à Jésus-Christ. »
Et plus loin : « Il y a quelques jours à peine, en me donnant
mission de venir vers vous, le premier pasteur de notre diocèse
me parlait, avec une affection toute paternelle, de sa famille
adoptive et il me disait : « Allez, mon fils, et ne craignez rien.
Ce peuple qui m'est si cher, vous attend. Vous le connaissez, il
apprendra à vous connaître ; vous l'estimez, il vous estimera ;
vous l'aimez, il vous aimera ; vous lui ferez du bien, il vous le
rendra. »
En cette fête du premier pape, il ne pouvait oublier le pape
persécuté : « Rassurez-vous : si les puissances de l'enfer n'ont
pas tenté leur dernier effort, Dieu a dit son dernier mot : *Non
prævalebunt !* Des enfants dénaturés ont chargé d'une croix bien
lourde le saint pontife assis en ces jours d'épreuve sur la chaire

La connaissance se fit bien vite, et les qualités de l'archiprêtre étaient déjà appréciées des fidèles de la paroisse, lorsque, pour se mettre avec eux en un contact plus intime, il voulut assumer la fatigue de la prédication de l'Avent à la cathédrale.

Quelques jours après Noël, Dieu l'arrêta dans cette voie, qui ne devait être pour lui qu'une transition brève.

Peu auparavant avait eu lieu un fait qui attira vivement l'attention. L'empereur, étant allé à Colpo visiter la princesse Bacciochi sa cousine, s'arrêta quelques instants à la gare de Vannes, avant de retourner à Paris. On lui avait parlé de la restauration qu'on projetait alors du grand portail de la cathédrale, et il témoigna le désir de s'entretenir, à ce sujet, avec le curé-archiprêtre. L'entretien eut lieu sur la plate-forme du wagon impérial, en présence de la foule qui couvrait la cour et les quais. Dans cet échange de paroles, qui fut bref, Napoléon III ne laissa pas entrevoir à son interlocuteur les projets qu'il avait formés pour son avenir? Il voulait uniquement, ce semble, connaître par lui-même ce prêtre dont plusieurs personnages autorisés lui avaient fait l'éloge, et, conformément à ses habi-

de saint Pierre. Il la porte avec autant de dignité que d'espérance .. Partageons sa confiance en Dieu. Ses persécuteurs lui feraient volontiers, s'ils l'osaient, le sort du premier des papes ; mais la France le protège, et Dieu protège la France. »

On retrouve dans ces dernières lignes les sentiments d'amour filial pour le Souverain Pontife qu'il exprima si souvent pendant son épiscopat.

tudes, se faire une impression après avoir causé
avec lui.

Un grave événement venait de se produire : Mgr Gazailhan, après une visite qu'il avait faite, à Lorient,
aux malades que décimait une épidémie de typhus,
était tombé victime de sa charité. Il eut beau lutter
contre le mal et se soumettre à toutes les prescriptions
des docteurs : sa santé était trop gravement atteinte
pour qu'il pût espérer guérir, et il se résigna, brisé
de douleur, à quitter le peuple dont il avait, pendant
son épiscopat trop court, conquis l'affection et l'estime.

Sa démission ayant été acceptée à Rome et à Paris,
le digne évêque se retira noblement, après avoir fait
à son troupeau des adieux où se montrait toute la
générosité de son âme.

Le conseil des ministres où devait être nommé
son successeur se tint le 30 décembre 1865. Il y eut
une discussion assez longue. M. Baroche, ministre
des cultes, qui proposait le curé de la cathédrale de
Vannes, faisait valoir son zèle, sa prudence et le
bien qu'il ferait dans son diocèse natal où il était
aimé. M. Rouher défendait vigoureusement la candidature de Mgr Le Breton, évêque du Puy, qui eût été
heureux de se rapprocher de son pays.

L'empereur les laissa parler, sans prononcer une
parole. Enfin, relevant la tête, il dit d'un ton bref
où l'on sentait une volonté ferme : « J'ai vu M. Bécel,
qui est un prêtre intelligent et pieux. J'ai consulté
la nonciature et je sais que ce choix sera agréable

au Saint-Siège. M. Bécel sera évêque de Vannes. (1) »

C'était bien définitif; et, malgré des interventions malencontreuses, qui surgirent avant la préconisation, l'Empereur ne changea pas d'avis.

La nouvelle fut connue à Paris le jour même, et, dès le lendemain, elle s'était répandue dans tout le diocèse de Vannes. L'évêque nommé était plus apprécié à Paris, où on l'avait vu travailler avec un zèle très rare, que dans son diocèse, où quelques amis seulement étaient au courant de son laborieux ministère. Parmi les très nombreuses lettres que nous avons sous les yeux, nous n'en citerons que quelques-unes, — celles-là seulement qui, signées de noms connus, ne peuvent être suspectes ni de flatterie ni de banalité.

Voici, tout d'abord, Mgr l'archevêque de Paris :

« Je félicite le diocèse de Vannes bien plus que vous du choix que l'empereur vient de faire pour remplacer Mgr Gazailhan. Vos qualités d'esprit et de cœur vous ont désigné depuis longtemps à l'estime et à l'affection de ceux qui vous connaissent : elles vous aideront puissamment à faire le bien dans le poste où la Providence vous appelle. (2) »

« J'ai grande confiance en votre avenir : la fermeté

(1) Nous devons ces détails à l'obligeance de M. l'abbé R. Lallemand, qui les tenait lui-même de M. Léon Cornudet, conseiller d'État, ami et correspondant de Montalembert. C'était un excellent chrétien, qui fut un des initiateurs de l'Œuvre du Sacré-Cœur à Montmartre. M. Baroche lui avait tout raconté au sortir du conseil des ministres.

(2) 3 janvier 1866.

dans les doctrines, la mesure et la bienveillance dans l'application des principes portent bonheur ; et vous avez ce qu'il faut pour que ce bonheur vous soit acquis. (1) »

Ce qui suit est d'un ami sincère :

« Je voudrais que notre Eglise de France fut toute entière pourvue d'amis qui vous ressemblent. Vous me permettrez, *même sous la pourpre*, de me dire votre ami : c'est un titre auquel je ne renoncerais pas aisément. On va se réjouir à Paris et autres lieux de votre promotion ; mais attendez-vous à des étonnements et à des félicitations intéressées.

« Quant à moi, je vous félicite sans m'étonner, et je serais presque tenté de ne pas vous féliciter, car l'Episcopat est de nos jours un grand fardeau, et il ne faut pas trop le souhaiter à ceux qui veulent vivre tranquilles (2). Vous ne l'avez jamais voulu, car vous voulez des choses qui ne laissent pas tranquilles les gens qui s'en occupent : le bien des âmes et la gloire de Dieu. Veuillez-les toujours, et veuillez aussi me réserver la même place dans votre amitié ; croyez que vous ne perdrez jamais la vôtre auprès de moi (3). »

Rien de banal dans ces lignes ; rien de banal non plus, ni de compassé, ni d'efaux dans celles que nous allons reproduire.

« Dieu vous rendra en bénédictions les sacrifices

(1) 9 avril 1866.

(2) Celui qui parlait ainsi devait porter ce fardeau et mourir *sous la pourpre*.

(3) Lettre de M. l'abbé Foulon, 31 décembre 1865.

que vous vous êtes imposés pour lui plaire... Je vous
félicite en ami, je félicite la Bretagne mon pays, et
le diocèse de Vannes. Dieu sera avec vous parce que
vous êtes avec lui, il vous bénira et vous serez une
des gloires de l'épiscopat (1) ».

« Une pensée pour rassurer votre esprit de foi.
Votre élévation est selon la prudence divine. Du
reste, M. Geslin me l'a prouvé en m'en racontant les
détails. Ce n'est pas vous qui avez fait cela, c'est
Dieu ; et, puisque c'est Dieu, il faut obéir. Nous ne
nous appartenons pas comme prêtres : ceux que Dieu
veut pour évêques sont encore davantage ses servi-
teurs. Vous êtes étourdi du coup ; rassurez votre âme,
elle est digne d'être une âme épiscopale. Ceux qui
vous aiment et vous connaissent ne tremblent pas :
ceux qui aiment l'Eglise se réjouissent (2). »

« Laissez-moi vous féliciter de ce que je regarde
comme une manifestation singulière de la bonté de
la Providence pour ce pauvre diocèse de Vannes. Le
bon Dieu vous a choisi pour faire cesser la tristesse
de cette Église, et je m'autorise de mes anciens rapports pour vous en exprimer toute ma joie.

« L'impression ici n'est pas mauvaise. Sans doute
on parle de fortune rapide, inespérée, mais les qua-

(1) 1er janvier 1866. Lettre du R. P. Jouan, celui de tous les
amis du nouvel évêque qui le connaissait le mieux.

(2) Lettre du 31 décembre 1865. Cette manière délicate de
louer est bien digne de M. le chanoine Douvain, cet excellent
prêtre de Paris, qui eut la charité de sauver un communard, le
général Cluseret, dont les électeurs firent plus tard un député.

lités de l'homme, sur lesquelles on se rejette de suite viennent justifier le choix qui a été fait.

« Je crois vous rendre, Monseigneur, avec les sentiments de mon cœur, l'impression du haut clergé, qu'il est toujours bon de connaître pour mieux se guider (1) ».

Ajoutons à ces lettres un mot humoristique d'un

---

(1) Lettre de M. l'abbé Bourret, professeur en Sorbonne, futur évêque de Rodez, et cardinal.

Nous citons ici une lettre alerte et charmante, écrite sur un ton tout différent :

« Quelle nouvelle ! Quelle bonne année ! Où irez-vous, mon cher ami ? Où vous arrêterez-vous, Monseigneur ? Moi qui fais pas mal de chemin pourtant de l'ancien au nouveau monde, de l'occident à l'extrême orient, je ne puis plus vous rejoindre. Arrivé hier (septembre) du Levant, je vous cherche à la Trinité... M. l'abbé est devenu archiprêtre de la cathédrale de Vannes. Bien ! il m'échappe aujourd'hui, mais pendant mon congé de 6 mois, je ferai un petit voyage en Bretagne et j'y trouverai un ami de plus au presbytère de Saint-Pierre.

« Il y a 15 jours en effet, je partais de Paris et je faisais signer ma feuille de route pour Lorient afin de pouvoir étendre mes courses de Blois jusque-là... Mais la vapeur ne m'entraîne pas avec assez de rapidité. Déjà M. l'archiprêtre n'y est plus. Le Moniteur a parlé et moi, avant d'avoir seulement quitté Blois d'une semelle, je me hâte de vous exprimer toute ma joie. *Ad multos annos*, vous dirai-je, mon cher ami, avant les cérémonies du sacre. Gouvernez longtemps, paisiblement et pour la plus grande gloire de Dieu cette Église de Vannes qui vous a vu naître et qui a, je crois, qui du moins au temps où je la connaissais davantage avait grand besoin d'une main ferme, d'un œil éclairé et capable pour sortir un peu de l'ornière antique. Bons, excellents et nombreux matériaux dont saura tirer parti un architecte qui a fait son tour de France. » Lettre de M. l'abbé C. Ribour, aumônier de la marine, 31 décembre 1865.

vrai Parisien qui cache un éloge sous une boutade :
« Le décret du 30 décembre 1865 va rendre impé-
rialistes tous les Bretons du Morbihan et ceux de
vos amis qui, en dépit de Virgile, n'aimeraient pas
encore les abeilles. » Non ; quelle que fût leur affection pour leur évêque, les Bretons du Morbihan ne
furent jamais tentés d'aller jusque-là.

VII

AVANT LE SACRE

1866.

Dans le diocèse de Vannes, le plus intéressé au choix qui venait d'être fait, l'impression fut grande, et, nous le verrons par des témoignages non suspects, généralement favorables. Des voix discordantes se firent bien entendre çà et là, — c'est l'éternelle histoire en pareille circonstance, — mais elles se turent assez vite, car la masse des gens sérieux, se réjouissant de voir un Morbihannais s'asseoir sur le siège de saint Patern, eut la sagesse d'attendre pour le juger de l'avoir vu à l'œuvre.

Parmi ses condisciples d'autrefois, quelques-uns avaient conservé avec lui des relations intimes. Ceux-là le connaissaient bien, et remerciaient Dieu — la suite a prouvé combien ils avaient raison — de la grâce qu'il faisait au diocèse de Vannes en lui donnant un de ses fils. Un de ces vieux amis était alors supérieur du petit séminaire de Sainte-Anne. Ce prêtre distingué, dont tout le diocèse appréciait le talent et le savoir, avait été appelé à ce poste d'honneur dans des circonstances critiques (1) et pouvait, mieux que personne, juger de la situation. La grande nouvelle lui parvint, le 31 décembre, au moment de la messe. Sa première pensée fut de faire réciter les litanies de sainte Anne, « afin de remercier notre bonne Mère de nous donner pour pasteur un de ses anciens enfants ». Cette prière fut continuée pendant neuf jours « pour attirer sur le jeune évêque de Vannes l'abondance des grâces célestes. « Je n'ai pas besoin, ajoutait-il, de vous dire avec quelle joie sincère votre nomination est accueillie ici. Je suis trop ému pour vous la traduire. Dans cette chère maison de Sainte-Anne, j'ai pleuré plus d'une fois de tristesse en face de sombres préoccupations ; aujourd'hui, je pleure de joie. Dieu soit béni ! » (2)

(1) Au moment même où M⁹ʳ Dubreil renouvelait le personnel de cet établissement diocésain.

(2) Lettre de M. Kerdaffrec, curé-archiprêtre de Pontivy depuis 1867, vicaire général honoraire.

Les condisciples de Mgr Bécel l'aimaient bien. L'un d'eux, homme de cœur et d'esprit, devenu très populaire dans la région d'Auray et ailleurs, prit une forme originale pour lui adresser ses félicitations : « Tu as peut-être entendu dire que le petit recteur de Locuon était poète. *On a pu exagérer ;* mais enfin il a la manie de rimer et souvent il ne peut pas s'en défendre quand il écrit à ses amis.

« Je pense que tu ne lui sauras pas mauvais gré de t'en adresser un spécimen, en une occasion si solennelle. »

Un autre condisciple, alors vicaire, dont nous avons admiré depuis le zèle intelligent et infatigable malgré sa santé chancelante, écrivait d'une autre extrémité du diocèse : « La très heureuse nouvelle m'a fait tressaillir de joie. Je m'y attendais, mais je n'osais communiquer à personne ma douce espérance, pas même à toi.

« Je vais désormais chaque jour dire avec plus de ferveur l'oraison de *Spiritu sancto*. Sois notre évêque !

« Combien je suis heureux que parmi mes amis quelqu'un se soit trouvé à qui Notre Seigneur ait pu dire : *Diligis me plus his? Pasce agnos meos.*

« Sois l'homme du cœur de Jésus ; sois le digne instrument de l'Esprit-Saint pour la sanctification des pasteurs et des brebis.

Voici un extrait du spécimen. Après un compliment au prêtre

Élu premier pasteur de ce beau diocèse.

L'auteur ajoute :

Ah ! plus de cauchemar ! respirons à notre aise.
Mais vois quel embarras, car je ne sais vraiment
A qui je dois d'abord faire mon compliment,
Ou bien à mon pays pour cet honneur insigne,
Ou bien au cher Pasteur ? L'un et l'autre en est digne. »

Il nous semble qu'on avait *exagéré* ; mais l'intention était excellente, et il faut avouer que le compliment était délicat, malgré la forme un peu prosaïque de certains vers. Du haut du ciel où les deux amis, nous pouvons l'espérer, sont réunis, le bon M. Le Cunff, ancien recteur de Crach, ne m'en voudra pas certainement d'avoir trahi le secret de sa correspondance poétique.

« Je ne dirai plus, avec ma sincère affection : *mon cher ami*, mais, avec un ardent amour et un profond respect : Monseigneur, recevez mes hommages » (1).

A Vannes, celui qui, en ce moment, attirait l'attention de tous, restait calme au milieu de l'émotion générale. Les félicitations officielles ou officieuses, les visites, les compliments n'eurent pas le don de le troubler. A tous il répondait avec l'urbanité et le tact qui lui étaient habituels, car cet enfant du peuple avait, sans affectation aucune, les manières simples et dignes avec la distinction d'un vrai gentilhomme. Obligé, pour l'accomplissement de son ministère, de résider au chef-lieu qui allait être bientôt sa ville épiscopale, il se mouvait sans peine au milieu des difficultés inhérentes à cette situation délicate. Là, comme à Paris, où il fut forcé, dès le début, de faire plusieurs voyages (2), il observait, il étudiait, suivant dès lors la ligne de conduite très sage qui devait en peu de temps lui attirer les sympathies de tous.

Au lendemain de sa nomination, surgit un inci-

(1) Lettre de M. Grasland, ancien recteur de la Gacilly.

(2) Pendant ses voyages à Paris, il conservait avec ses vicaires les plus aimables relations : « La *république* va toujours bien, au physique et au moral, lui écrivait l'un d'eux ; voilà en deux mots le bulletin de tout votre personnel de Saint-Pierre de Vannes, haut et bas étage. Je pense qu'il n'y aura pas de variations sérieuses au baromètre jusqu'à votre arrivée.. Pour la fête de l'archiconfrérie, vous nous eussiez mis dans l'embarras, si nous n'avions eu de l'esprit comme *trois*. Nous comptions sur votre sermon pour cette solennité. Heureusement votre lettre nous est arrivée à temps : nous avons prié en votre nom M. Le Mené de faire la cérémonie ; il s'y est prêté de très

dent, qui était, sans doute, la suite des tentatives dont M. Rouher s'était fait l'interprète au conseil des ministres. Faut-il penser qu'elles se poursuivaient à l'insu de celui qui en était l'objet ? Nous devons croire que Mgr Lebreton, évêque du Puy, n'était pas au courant de certaines démarches qui finissaient par ressembler à des intrigues. Ainsi, des amis quelque peu imprudents de ce digne évêque avaient eu l'idée de s'adresser à Mgr de Bonald, cardinal archevêque de Lyon, pour qu'il essayât de déterminer M. Bécel à échanger le siège de Vannes pour celui du Puy. Les raisons que le cardinal mettait en avant, dans sa lettre du 27 janvier 1866, étaient entre autres celles-ci : « que Mgr Lebreton désirait *retrouver sa Bretagne* ; que l'évêque nommé de Vannes serait reçu avec le plus grand empressement dans la Haute-Loire, où « il trouverait un clergé profondément soumis et at'aché à son évêque » et un peuple « très facile à gouverner avec de la douceur et des ménagements » etc...

M. Bécel répondit courrier par courrier :

« ÉMINENCE,

« Votre sollicitude pour le diocèse du Puy m'aura valu un témoignage de confiance qui m'honore. Je m'empresse de vous en remercier.

bonne grâce, et la fête a été splendide... Par ailleurs, rien de nouveau, Monseigneur. J'ai fait un petit voyage, un peu dans l'intention de sonder les esprits, et j'ai vu avec plaisir que votre nomination est sympathique à tout le monde. »   A. H.

« Je comprends parfaitement le désir de Mgr Lebreton. Dans l'espoir de *retrouver sa Bretagne*, où mon
cœur a les mêmes prédilections, Sa Grandeur a autorisé des démarches qui me sont connues. Un décret
en date du 30 décembre dernier a tranché la question.

« Votre Eminence ne me saura pas mauvais gré
de lui dire, avec autant de franchise que de respect,
la surprise que m'a causée le projet dont elle me
parle. Je croirais manquer à mon devoir et renier
mes affections les plus intimes, si je ne déclarais
formellement la volonté de protester, au besoin,
contre un arrangement si contraire à mes sentiments
pour mon pays.

« La charge pastorale m'effrayera moins à Vannes
que partout ailleurs. Je ne l'ai point recherchée. Elle
me sera rendue moins lourde, j'ose l'espérer, par
l'amour réciproque d'un peuple dont je connais
toutes les qualités, et par la coopération loyale et
respectueuse d'un clergé qui ne le cède à aucun
autre en science et en vertus sacerdotales.

« Je regrette de ne pouvoir mieux accueillir une
proposition que Votre Eminence jugeait utile à son
ancien diocèse, qui doit s'estimer heureux et fier
du bienveillant souvenir que vous lui conservez. »

Le Nonce lui-même avait été sollicité en faveur de
l'évêque du Puy, comme le prouve la lettre suivante
que le ministre des cultes écrivait le même jour.

« J'ai reçu la visite du nonce apostolique qui, lui
aussi, m'a parlé du changement en question. Je crois

en avoir fini avec cette étrange idée en lui disant
que j'avais très bien connu la candidature de Mgr L...,
que j'en avais parlé à l'Empereur et qu'elle avait
été péremptoirement repoussée ; si bien que, l'évêché
de Vannes fût-il de nouveau vacant, elle le serait
encore ; que toute tentative pour obtenir votre démission serait sans résultat, *parce qu'elle ne serait
pas acceptée.*

« Je crois avoir été si positif que le Nonce a certainement dû écrire à Rome pour faire renoncer à
toute combinaison à cet égard. »

Après avoir été mis au courant de cette affaire,
un des futurs auxiliaires de Mgr Bécel lui écrivait :
« Je vous félicite de votre lettre à S. Em. le cardinal
de Lyon. Si vous aviez agi autrement, je n'aurais pu
m'empêcher de vous dire que vous n'étiez pas digne
de votre pays, ni même de l'épiscopat. (1) »

Cela c'est de l'histoire ; mais, en même temps, non
loin de Vannes plusieurs en étaient encore aux légendes. L'anecdote que raconte M. l'abbé Outhenin
Chalandre, dans une lettre qu'il écrivait à Mgr Bécel,
le 18 avril 1866, montre comment elles peuvent se
créer contre toute vraisemblance : « J'ai eu, lundi
dernier, à dîner un chanoine de Quimper avec les
curés de la ville (de Brest). Je ne puis vous dire
toutes les histoires qui ont été racontées à votre
sujet. La plus curieuse est celle du chanoine qui racontait que vous aviez fait près du Gouvernement

(1) Lettre de M. Flohy, 6 mars 1866.

et de l'évêque du Puy les plus vives instances pour un changement de siège, et que, n'ayant pu réussir, vous vous plaisiez à dire que vous ne l'aviez pas voulu. » M. Chalandre, qui était au courant de tout, rétablit sans peine la vérité (1).

Dans les quelques lignes citées plus haut, M. le chanoine Flohy, vicaire capitulaire pendant la vacance du siège, se peint admirablement avec sa loyale droiture et sa rude franchise. Théologien d'une science remarquable, poète genre Delille, à ses heures, il avait une bonhomie très fine sous des apparences un peu lourdes. Beaucoup de prêtres se rappellent encore les excellentes retraites qu'il prêchait aux séminaristes, où toutes ces qualités se fondaient en un ensemble d'une simplicité charmante.

Dans sa réunion du 9 janvier 1866, le chapitre lui avait confié l'administration du diocèse, en lui adjoignant M. le chanoine Fouchard, ancien curé de la cathédrale, prêtre d'une distinction peu commune.

Ces deux hommes, qui se complétaient par des qualités différentes, étaient tout indiqués pour dé-

(1) Détail assez curieux : une quinzaine d'années après, j'eus occasion de voir, chez lui, Mgr Lebreton, déjà très souffrant. Après m'avoir accueilli de la manière la plus aimable, il voulut me faire visiter en détail son palais épiscopal, et il me dit : » N'est-ce pas qu'il est plus beau que celui de Vannes ? » — « Oui, Monseigneur », et c'était vrai. — « On m'a proposé autrefois de devenir votre évêque, mais j'ai refusé ». Cette parole montre combien j'ai raison de dire plus haut qu'il devait ignorer les démarches de ses amis, puisqu'il se faisait à ce point illusion.

venir les vicaires généraux de Mgr Bécel, comme ils avaient été ceux de Mgr Gazailhan.

Une autre tentative, tout individuelle et par conséquent moins grave que celle dont le vicaire capitulaire parlait si rudement, avait été faite près de l'évêque nommé de Vannes. Un de ses amis, trop égoïste vraiment, voulait l'avoir pour le diocèse d'Arras, où venait d'être nommé M. Lequette. Employant tous les moyens d'une habile diplomatie, il faisait valoir « qu'il y avait bien plus à faire là-bas : plus de paroisses, plus d'habitants » ; que la distance d'Arras à Paris est moins grande : 160 kilomètres au lieu de 400 ; que « le jeune préfet, protégé du ministre des cultes, et *notre* ami M. Hamille, directeur des mêmes cultes, entreraient certainement dans la conspiration. »

Mgr Bécel, qui ne voulait pas conspirer, ne se laissa nullement toucher par ces arguments ; et, sans hésiter, il répondit par un refus aussi aimable que net. Le bien à faire ailleurs lui souriait sans doute : mais le bien à faire dans son pays lui souriait encore plus. Ce n'est pas pour rien qu'il était Breton. D'ailleurs, ses compatriotes eussent été complètement de l'avis du bon vicaire capitulaire ; car, s'ils aiment filialement leurs évêques, on a dit avec raison que ceux qui sont de leur pays et de leur race, ils les aiment deux fois.

Certains esprits grincheux exploitaient, paraît-il, le silence gardé sur le nouvel évêque par les vicaires capitulaires dans la lettre par laquelle ils annonçaient

leur élection au clergé et aux fidèles. M. Flohy s'en explique avec sa franchise ordinaire : « Nous n'avons pas
fait votre éloge, nous ne vous avons pas même nommé. Vous savez pourquoi : j'ai eu l'honneur de vous
le dire d'avance (1). Le mandement de carême viendra
bientôt, ce sera probablement le même silence ; mais
nous n'avons pas dit notre dernier mot. Laissons
venir la préconisation, que je hâte de tous mes vœux.
Tout ce clabaudage cessera, comme bien d'autres. En
attendant, comptez sur ma bonne volonté ; elle ne
vous manquera dans aucune circonstance. Je ne suis
pas naturellement enthousiaste ; on connaît mes
sentiments pour vous. Le meilleur moyen de vous
servir n'est peut-être pas de les manifester en temps
inopportun. Vous ferez le bien du diocèse de Vannes,
soit dit sans l'ombre même d'une flatterie. » Cette
manière d'agir était aussi digne que sage et très conforme aux sentiments de Mgr Bécel, puisque le prêtre
que le gouvernement présente ne devient que par
la préconisation l'élu de l'Eglise.

L'excellent chanoine qui, on le voit, allait tout
droit son chemin, écrivait dans la lettre où il regrettait l'intervention du cardinal de Bonald :
« Nous sommes d'avis de n'en rien dire. Je ne voudrais pas renouveler certains désirs évanouis, près
d'un petit nombre d'individus qui pourraient re

(1) Cette circulaire était « mot à mot », comme il le dit lui-
même, l'œuvre de M. Flohy. M. Fouchard se chargeait de la
lettre et du mandement pour le carême. Ils étaient convenus
d'alterner dans la composition des divers documents .

commencer leurs bavardages. Il y a toujours une coterie dont la tête est à Rome et la queue à Vannes. Elle est dangereuse : incapable d'aucun bien, elle peut faire beaucoup de mal. »

Elle n'en fit pas.

Le même jour que son collègue, M. Fouchard écrivait à l'évêque nommé de Vannes, en lui adressant la lettre et le mandement pour le carème, qu'il venait de composer : « J'avais songé à traiter « un sujet actuel », les *jugements humains*, et à rappeler les principes qui doivent les régler. Tous ces méchants tirailleurs qui sortent des rangs sans mission et s'en vont faire le coup de feu sur le front de bandière, au profit de leurs intérêts et de leurs petites passions, mériteraient bien qu'on les remît à l'ordre. Mais j'ai cru plus prudent de choisir un sujet pieux, sans allusions possibles, et de demeurer calme et silencieux, avec cette immense majorité du clergé qui veut le bien avant tout ; avec cette masse dévouée qui fera votre force. où vous trouverez un point d'appui solide, qui ne vous manquera pas aux heures difficiles et d'où vous viendront toutes vos joies et vos consolations ».

Dans la situation délicate où il se trouvait, l'évêque nommé savait se tenir à sa place, et, même au loin, cette sagesse prévenait les esprits en sa faveur : « Bravo, bravissimo ! d'avoir caché toute *verdure* et d'avoir refusé un siège d'honneur ». lui écrivait l'abbé Laine, ce brave aumònier qui fut célèbre sous l'Empire. Il avait raison, mais n'avait-il pas tort d'ajouter : « C'était un piège évidemment, de même que les consultations qui vous assiègent ? *Habent magos et prophetas.* » (1) Nous le croyons : pas plus alors qu'aujourd'hui, il n'y avait de *mages* dans le Morbihan, s'il y avait des prophètes ; et ces prétendus mages durent, en tout cas, s'apercevoir qu'ils n'avaient pas été sorciers.

Dans le même sens, M. l'abbé Bourret, qui avait accepté d'être un de ses témoins pour les informations et le serment à prêter devant le Nonce apostolique, lui disait aussi : « J'ai trouvé, ce me semble, des dispositions bienveillantes à votre égard : on vous sait gré de votre modestie et de votre tenue qui n'anticipe pas sur les jugements du Saint-Siège. »

Le curé-archiprêtre de la cathédrale — il l'était toujours — avait trop de sagesse pour vouloir paraître évêque avant le temps.

Cependant les choses traînaient en longueur, parce que le gouvernement impérial voulait que les évêques nommés de Vannes, de Cahors, d'Arras et de Marseille fussent préconisés le même jour. Ce fut seulement le 22 juin 1866, que M. Bécel devint, par l'autorité du saint siège apostolique, évêque de Vannes.

Le lendemain, son infortuné prédécesseur, avec qui, depuis six mois, il avait entretenu les relations les plus cordiales, répondait à ses souhaits de bonne fête (2) : « Monseigneur, je vous remercie des senti-

(1) 5 Février 1866.
(2) Mgr Gazailhan s'appelait *Jean-Baptiste-Charles*.

ments affectueux dont vous voulez bien m'envoyer l'expression. J'y ai été bien sensible, mais à cause du motif plein d'intérêt pour moi qui les a dictés. Vous devez bien comprendre qu'il n'y a plus pour moi de jour de fête sur la terre. Priez Dieu, priez mon saint patron de m'en réserver une dans le ciel (1).

Cette lettre désolée nous montre quelle était l'intime souffrance du digne évêque, et aussi combien il était heureux d'accueillir les marques de respectueuse sympathie que lui prodiguait celui qui allait bientôt prendre sa place

Mgr Bécel était élu. Cette fois, les vicaires capitulaires pouvaient rompre le silence, et ils le firent dans une lettre pleine de piété et de cœur, où l'on retrouve, çà et là, le style élégant et souple du second, mais qui semble surtout l'œuvre du premier. Le bon M. Flohy avait sur le cœur une objection que plusieurs avaient formulée : « Notre évêque est bien jeune ! », et il remplit, pour y répondre, de nombreux alinéas, quand quelques lignes auraient suffi (2). Ce passage n'est pas encore oublié. « J'ai lu le mandement de vos vicaires capitulaires, écrivait, quelques jours plus tard, M. l'abbé Bourret. Les sentiments en sont meilleurs que la littérature, qui a été remarquée un peu par tous ceux qui l'ont lue. Evidemment, ces excellents messieurs veulent vous faire fête ; il sera selon moi de bon goût d'ac-

(1) 23 Mars 1866.
(2) Cette lettre circulaire porte la date du 27 juin 1866.

cepter tous leurs compliments et de leur en tenir compte.

» Vous serez prévenu de l'arrivée de vos bulles et de leur enregistrement au conseil d'Etat. Jusque-là vous n'avez guère qu'à attendre avec la patience que vous savez apporter à vos actes et au gouvernement de votre vie (1). »

Le savant professeur, qui devait devenir une des gloires de l'épiscopat français, fut pour Mgr Bécel, pendant les mois qui précédèrent sa préconisation, l'ami le plus dévoué ; et, jusqu'au sacre, il se mit, on vient de le voir, à sa disposition pour tous les services qu'il pourrait lui rendre. L'évêque de Vannes n'oublia pas. L'abbé Bourret était un esprit charmant en même temps qu'un homme de science. Son appréciation malicieuse de la *littérature* des vicaires capitulaires est sévère quelque peu : s'il avait lu la lettre pour le carême, nous croyons qu'il eût parlé autrement. D'ailleurs, dans celle qu'il critique, nous pouvons prendre plusieurs passages qu'il est bon de citer ; ceux-ci, par exemple :

« Pieux, éclairé, doué d'un esprit juste, d'un jugement droit, d'un cœur généreux, d'une grande douceur jointe à une sage fermeté, zélé pour la gloire de Dieu et notre salut, il répondra, sans doute, à nos espérances. Son dévouement absolu au siège apostolique, son amour filial pour notre saint Père le Pape, l'admirable Pie IX, sont la preuve indubi-

(1) Lettre du 6 juillet 1866.

table de son attachement inviolable à l'Eglise romaine. »

Ils nous le montrent lorsqu'il fut nommé curé de la cathédrale : « Humble et modeste comme toutes les grandes âmes, il dut hésiter, il hésita longtemps avant d'accepter la place distinguée qui lui était offerte. Heureuse disposition qui lui a valu de Dieu la grâce de s'acquitter avec édification et avec succès des fonctions saintes qui lui avaient été confiées. »

Appelé à l'épiscopat, ils l'ont vu « soumis, résigné à la volonté divine, également simple et bon, toujours le même, refusant les distinctions au lieu de les rechercher. »

M. l'abbé Bourret devait trouver le portrait ressemblant.

Enfin, le grand jour arriva. Le diocèse de Vannes eût été heureux d'assister au sacre de son évêque dans la vieille chapelle de Sainte-Anne d'Auray, qui allait bientôt céder la place à la basilique d'aujourd'hui. Mais, quelque grande que fût son affection filiale pour la patronne des Bretons, Mgr Bécel voulut, au jour de cette consécration solennelle, prier dans l'église, humble et pieuse, de Notre-Dame des Victoires, en cette pénombre du vieux sanctuaire, où les prières sont plus ferventes et les larmes plus douces, près de l'autel où se dresse, dans le rayonnement des cierges, la statue vénérée.

La cérémonie eut lieu le 25 juillet, veille de la fête de sainte Anne, en présence d'une foule de fidèles.

d'amis et de prêtres, où le diocèse du nouvel évêque
était dignement représenté. Le prélat consécrateur
était Mᵍʳ Dubreil, archevêque d'Avignon, ancien
évêque de Vannes, assisté de Mᵍʳ Nogret, évêque de
Saint-Claude, originaire du Morbihan, et de Mᵍʳ A-
manthon, archevêque de Théodosiopolis *in partibus
infidelium*.

Le lendemain du sacre, Mᵍʳ Gazailhan écrivait de
Limoges à Mᵍʳ Bécel :

« Je vous remercie de l'envoi de votre lettre pastorale et de la lettre particulière qui l'accompagne.
Elles m'arrivent précisément aujourd'hui, fête de la
glorieuse sainte Anne. Je descendais de l'autel où je
venais de prier cette puissante protectrice de la Bretagne pour le cher diocèse de Vannes et pour son
nouvel évêque. Je continuerai à offrir, pour des intérêts si précieux, le double concours de mes prières
et de mes larmes. » (1)

Les prières et les larmes de l'évêque démissionnaire,
dont la résignation était si touchante, attirèrent, nous
n'en doutons pas, sur son successeur les bénédictions
de Dieu.

(1) 26 juillet 1866.

L'ÉVÊQUE

I

LE DÉBUT

1866

Cinq jours après, Mɣr Bécel faisait son entrée dans sa ville épiscopale. Ce fut une fête inoubliable. De la gare à la cathédrale, une foule immense où tout le diocèse était admirablement représenté, formait un grandiose cortège au jeune prélat, que ses compatriotes accueillaient avec un véritable enthousiasme. Le souhait de la bonne vieille de Sainte-Anne était accompli, et l'humble écolier *qui aimait les pauvres* allait commencer la longue et glorieuse carrière qu'elle lui avait souhaitée.

Reçu à la grande porte de la cathédrale par le vénérable chapitre, dont le doyen se fit excellemment l'interprète, l'évêque, après avoir reçu les promesses de ses prêtres venus par centaines de toutes les paroisses, monta en chaire et lut à son peuple sa première lettre pastorale.

Dans cette lettre, où il avait mis toute son âme, il exprimait ses émotions et ses espérances : puis, après avoir fait l'éloge du clergé au zèle ardent qui l'aiderait dans sa tâche, des congrégations ferventes, nombreuses dans son diocèse, du peuple chrétien qui donne l'exemple de la fidélité à Dieu, il s'écria dans une apostrophe pleine de souffle où son âme vibrait :

« O mon pays, garde ta foi ! Sous ce rapport tu n'as rien à envier à personne. Un de tes saints évêques, exhortant ses fidèles à combattre sous ses ordres contre les Sarrasins, leur rendait ce glorieux témoignage : « Forts dans la guerre, vous êtes encore plus forts dans la foi. » Ton passé répond de ton avenir. Poursuis en paix le cours de tes destinées, sous le regard de Dieu qui t'approuve et te soutient... O mon pays, si tu n'es pas le plus beau, tu n'es pas le moins bon. Tu suffis à tes enfants : ils aiment à creuser leur tombe où fut placé leur berceau, ils se complaisent à considérer tes bruyères sauvages, à respirer le parfum de tes genêts, à écouter ton Océan capricieux, qui mugit et se plaint tour à tour. Leur cœur les conduit à travers tes landes, qui ne seront pas toujours arides et désertes. Marche, marche, sans peur ni reproche, loyal à Dieu, loyal à tout pouvoir venant de Dieu ; ne rougis ni de ta vieille doctrine, ni de ta vieille pratique. Tout ce qui brille autour de toi n'éclipsera jamais l'or pur de tes croyances. Cependant, écoute et prends garde de t'enorgueillir mal à propos. Sans doute, c'est la foi qui sauve, mais à la condition expresse d'opérer par la charité.

Dans cette lettre, où il commentait sa devise (1), il ne pouvait oublier, en parlant de la famille diocésaine, le chef auguste de la grande famille catholique dont le centre est Rome : « C'est là, dit-il, que vit et règne glorieusement, le front ceint de sa triple couronne, le successeur de saint Pierre, le vicaire de Jésus-Christ ; par conséquent, *c'est là qu'est l'Eglise*. Pendant que le prince des Apôtres jouit au ciel des honneurs du triomphe, *l'Eglise militante* prélude à ses chants de victoire par cette prophétie 18 fois séculaire, qui rassure la terre et consterne l'enfer : *Tu es Pierre et sur cette pierre je bâtirai mon Eglise et les portes de l'enfer ne prévaudront point contre elle....* Des enfants dénaturés ont chargé d'une croix accablante les épaules de l'admirable pontife assis, en ces temps calamiteux, sur la chaire de saint Pierre. Il la porte avec autant de dignité que de courage. Imitons sa patience et sa mansué-tude. Partageons sa peine et sa foi en un meilleur avenir pour l'Eglise. Il est vrai que ses persécuteurs sont capables de tout ! Mais la France le protège et Dieu protège la France ! La fille aînée de l'Eglise ne souffrira pas que le juste périsse, et que l'iniquité

(1) Il avait pris pour armes : « *D'hermines à la croix d'azur*, avec cette devise : *Caritas cum fide.*

triomphe, pour la honte et le malheur des sociétés
modernes ! Qui de vous, nos très chers Frères ne
partage pas mon espoir ? Je vous crois trop chrétiens
et trop Français pour en douter. »

L'impression produite par ce premier contact de
l'évêque avec son peuple fut excellente. Le même
jour, il avait promis de ne jamais quitter le diocèse
confié à son zèle. Nous savons comment cette promesse solennelle a été tenue. (1)

Si le diocèse de Vannes était heureux du choix
qu'avait fait le souverain pontife, Mᵍʳ Bécel pouvait
être fier d'accomplir sa mission aspostolique dans un
pays — le sien — dont, en ce jour solennel, il évo-
quait sans doute la glorieuse histoire : pays de courage et d'indépendance, évangélisé dès les premiers
siècles par saint Clair, cultivé par saint Patern, re-
nouvelé et sanctifié par les évêques et les moines
exilés de la grande Bretagne, fortifié par l'union de
deux races qui ont donné à la Bretagne une admi-

---

(1) M. l'abbé Lagrange lui écrivait à propos de cette lettre :
« J'ai été également charmé et du choix du sujet et de la manière dont vous l'avez traité. Le choix du sujet n'est pas petite
affaire, et qui demande peu de tact et de goût. Eh ! bien, parler
de la foi et de la charité, c'était tout à fait épiscopal ; et dans
tout ce que vous avez dit, il y avait à la fois un mélange de
modestie et de confiance, de douceur et d'autorité qui allait bien
et à votre âge et à votre dignité. *Nemo adolescentiam tuam
contemnat !* Impossible, d'ailleurs, de se présenter à un clergé
avec des intentions plus conciliantes, et je dirai avec des invi-
tations plus mesurées et plus dignes, — outre qu'il y avait des
traits qui ont dû aller directement au cœur de vos Bretons. »
— Lettre du 10 août 1866.

rable série de héros et de saints ; et devant son regard se dressaient les grandes figures épiscopales des Cadioc, des Rosmadec, des d'Argouges et de tant d'autres où il trouvait de glorieux modèles. Il était le 102e successeur de saint Patern, et le 7e depuis Mgr de Pancemont qui, au commencement du XIXe siècle, prit énergiquement en mains l'œuvre de rénovation et refit le diocèse après les ruines de la Terreur.

Gloire oblige, comme noblesse. Il se mit immédiatement à l'œuvre, et commença cette vie active, qu'il poursuivit pendant plus de trente ans, sans défaillance. En 1866, la situation paraissait bonne ; elle l'était au point de vue matériel, et l'empereur voyait le triomphe de sa politique. Mais, dans cette société brillante en apparence, où l'impiété s'affichait à côté de la corruption, on constatait déjà les signes précurseurs des catastrophes. En Napoléon III il y avait un mélange de contraires : foi et superstition, force et faiblesse, aspirations généreuses et conceptions mesquines. Sous son masque de froideur, il cachait une bonté réelle ; et, quand il le voulait, il avait cette amabilité enveloppante qui séduit. La claire vision de l'avenir lui a manqué. Traînant comme un boulet les souvenirs, les engagements même de sa vie d'aventure, il était le prisonnier des carbonari, qui lui firent bien voir qu'ils n'avaient pas oublié. D'ailleurs, s'il voulait, comme son oncle, « dessouiller » la révolution, il la continuait quand même ; et, s'il semblait le protecteur de la papauté, il n'osa pas résister à des influences mauvaises et prépara, avec la ruine du pouvoir temporel des Papes, l'abandon de Rome dont sa chute fut le châtiment

Le nouvel évêque de Vannes, qui ne s'occupait pas de politique, n'était pas plus partisan du régime impérial que d'une autre forme de gouvernement : mais outre que, par principe, il gardait le respect de l'autorité, il avait été conquis par la bonté du souverain, et il le fit peut-être trop voir au début de son épiscopat, — ce qui ne nous surprend guère, car il mettait dans tous ses actes quelque chose de son cœur.

Le Morbihan n'était pas bonapartiste, excepté la grande majorité des campagnes, qui applaudissent ordinairement le régime sous lequel elles font de bonnes affaires : et elles en faisaient alors. Aussi la première circulaire de l'Evêque, où il demandait, à l'occasion du 15 août, des prières pour l'empereur. produisit-elle, çà et là, une certaine émotion. Cette émotion ne fut d'ailleurs que passagère, parce que l'évêque, à force de bonté, de tact, de zèle et aussi de discrétion, se fit assez vite connaître pour vaincre cette petite opposition et les autres.

Dès le début, il s'affirma avec ses intentions droites et sa volonté de faire le bien. Nous en avons la preuve dans une lettre, que nous ne pouvons passer sous silence, où il trace, avec une dignité très ferme, les grandes lignes de son programme. Il y a quarante ans — donc ce que nous rappelons est bien du domaine de l'histoire — Mgr Dubreil, trompé par des rapports inexacts, avait enlevé au petit séminaire de Sainte-Anne son éminent supérieur, M. Jaffré, qu'il nomma recteur d'une grande paroisse rurale, et, quelques mois plus tard, il avait appelé à d'autres postes les professeurs de cet établissement diocésain. Le prélat, très bon et très pieux, avait cru, à tort, qu'on faisait des dépenses exagérées au petit séminaire, qui, prétendait-on en outre, était un foyer de réaction politique. (1).

Cette mesure radicale produisit une profonde émotion. Le nouvel évêque, arrivant trois ans plus tard, n'y était pour rien et n'avait pas à s'occuper des actes de ses prédécesseurs. Malheureusement, un personnage très connu dans le diocèse voulut plaider la cause de ceux qui ne lui avaient pas confié la mission de les défendre. Avec les meilleurs intentions du monde, il le fit sur un ton qui contrastait avec la finesse habituelle de son esprit.

(1) Mgr Besson a dit dans l'oraison funèbre de Mgr Dubreil, en parlant de son séjour au petit séminaire de Saint-Pons : « On lui demandait une gestion pleine d'économie ; il remplit au-delà toutes les espérances. » « Prêtre et prélat sans reproche, sinon tout à fait sans peur, dit M. de Pontmartin dans ses Causeries, admirablement charitable, très bon administrateur, lauréat des Jeux-floraux avec toutes sortes d'églantines et même de soucis, l'archevêque d'Avignon n'était pourtant pas de ceux qui laissent après eux une trace lumineuse. » — Il mourut en 1880 : « Nous avons entendu bien des fois ces paroles, raconte M. l'abbé Raymond dans la *Semaine religieuse* de son diocèse : « L'ami, le père des pauvres est mort! » — Un grand nombre voulurent faire toucher aux mains du défunt des médailles, chapelets et autres objets de piété. Dans ses dispositions dernières, il montra qu'il n'avait pas oublié le diocèse de Vannes.

Après avoir rappelé l'acte de Mgr Dubreil et reproché à Mgr Gazailhan de n'avoir pas tenu compte de la supplique qu'il lui avait adressée, il disait : « Non certes, non, je n'aurais pas poussé jusque-là, l'amour du code hiérarchique. J'ai connu un évêque qui n'eût pas été si scrupuleux observateur du code de l'étiquette, et pourtant il était fils d'assez bonne maison, ce me semble.... Il est vrai que cet évêque-là était Breton. Vous aussi, Monseigneur, vous êtes Breton : c'est ce qui me fait espérer que vous ne serez pas aussi pointilleux que votre prédécesseur.

« Je vous demande en grâce de tendre la main à M. l'abbé Jaffré, de faire les avances et de ne pas attendre qu'il vienne à vous. Il est d'une grande fierté de caractère ; il a été aigri par la disgrâce et il regarde comme un devoir d'honneur pour lui de faire comme Achille, de rester sous sa tente. Eh ! bien, ce serait un malheur qu'il y restât. Faites l'en sortir en lui adressant quelques lignes qui le touchent. Ce serait un acte de charité ; je n'ose pas ajouter parlant à un évêque, que ce serait un acte de bonne politique : un tel homme, rallié à votre administration, lui donnerait un immense crédit. »

Mgr Bécel répondit, le même jour.

« Monsieur, la lettre que vous avez cru devoir m'adresser m'étonne et m'attriste. Elle m'aura du moins fourni l'occasion de vous donner une preuve de ma sincérité.

« Vous parlez de mes deux prédécesseurs immédiats avec une animation que je regrette. Leur caractère sacré et le profond malheur de l'un d'eux m'inspirent une tout autre manière de voir et de dire. Il ne m'appartient pas de contrôler les actes de leur administration. Je les vénère, je les aime, je me reprocherais même de supposer qu'ils aient agi avec passion et avec faiblesse. Pour moi, je me propose, Dieu aidant, de ne jamais sortir des bornes de la justice et de la charité. Autant que les circonstances me le permettront, je saurai reconnaître et récompenser la science et la vertu.

« J'ignore quelle attitude prendra vis-à-vis de moi tel ou tel prêtre. Celui qui, pour me servir de vos expressions, « regarderait comme un devoir d'hon-« neur pour lui de faire comme Achille, de rester « sous sa tente », me paraîtrait mal choisir ses modèles. Il aurait plutôt raison d'imiter les héros chrétiens que ceux d'Homère.

« Vous me conseillez, Monsieur, de « faire acte de « bonne et sage politique, en ralliant à mon admi-« nistration un homme qui lui donnerait un im-« mense crédit. » Dans la conduite délicate des affaires qui me seront confiées, je me défendrai de tout calcul humain, de toute vue politique. Ma conscience sera mon seul guide. Puissé-je, en faisant mon devoir, obtenir l'approbation de tous mes prêtres ! Non seulement je leur tendrai la main, comme vous m'y invitez inutilement ; d'avance je leur ouvre mon cœur ; je leur suis dévoué ; je les attends. Vous pourrez le proclamer en temps et lieu.

« A l'occasion, sans avoir, comme le vénérable pré-

Mgr Bécel

lat dont vous me rappelez le souvenir, l'avantage « d'être de bonne maison », je parviendrai peut-être à témoigner à chacun, avec autant d'humilité que de dignité, sans acception de personnes, les égards dus à son caractère et à son mérite particulier. »

Il y a là tout un programme, résumé en quelques mots : aimer ses prêtres ; non seulement leur tendre la main, mais leur ouvrir son cœur ; rendre à chacun la justice qu'il mérite, en tenant compte de ses qualités particulières et des services rendus, tel fut, dès le premier jour, la volonté très ferme du nouvel évêque. Et, s'il a pu se tromper parfois, car la rectitude des intentions ne préserve pas toujours de l'erreur, nous savons du moins que, pendant plus de trente ans, il a rempli ce programme avec l'ardent désir du bien et le souci constant de l'impartialité.

La lettre à laquelle il fit la réponse que nous venons de reproduire, était d'autant plus maladroite qu'elle était inutile. Nous l'avons bien vu plus tard, lorsque Mgr Bécel offrit à l'ancien et vénéré supérieur, qui préféra rester dans sa paroisse, une place au chapitre de la cathédrale, et à ses dévoués collaborateurs des postes distingués qui mirent en relief leur mérite connu de tous. Sans bruit, sans récriminations contre le passé, justice leur fut dignement rendue.

Quelques jours après son arrivée (1), Mgr Bécel

______

(1) Le 15 août.

écrivit au Souverain Pontife une lettre pleine de
cœur, où, après lui avoir exprimé sa reconnaissance
et son attachement tout filial, il faisait un juste éloge
des fidèles de son diocèse, qui venaient d'apporter
une somme importante au denier de saint Pierre.
Pie IX lui répondit par une lettre affectueuse (1), où
il le félicitait et le remerciait avec une paternelle
bonté.

La retraite ecclésiastique, qui eut lieu vers la
même époque, fournit à l'évêque l'occasion de voir
de près une grande partie de son clergé et de se
mettre en communication intime avec lui. L'impression fut excellente, et nous en avons la preuve dans
les paroles que lui adressa, à la fin de ces pieux
exercices, M. Lagrée, curé-archiprêtre de Ploërmel,
parlant au nom de tous ses confrères :

« Monseigneur, dans cette admirable lettre que
vous avez eu l'honneur de recevoir et que nous
avons eu le bonheur d'entendre, le Souverain Pontife se dit grandement consolé par l'accueil affectueux et respectueux que vous ont fait les prêtres et
les fidèles de votre diocèse. Nous sommes heureux
d'avoir pu consoler le cœur affligé du Saint-Père.
Et pourtant nous ne faisions que remplir un devoir,
lorsque nous rendions au caractère sacré dont vous
êtes revêtu, à l'autorité doctrinale et paternelle qui
vous est confiée, les hommages de notre vénération
profonde, de notre soumission chrétienne et de

____

(1) 30 août.

notre filial dévouement. Si nous avons rempli ce devoir avec ardeur et, comme vous l'écriviez au Saint-Père, avec enthousiasme, n'en soyez pas surpris, Monseigneur : c'est ainsi que nous aimons à recevoir celui qui nous vient au nom du Seigneur, *Benedictus qui venit in nomine Domini ; hosanna in excelsis !* Surtout quand il vient comme vous avec les sentiments d'estime, de bienveillance, de justice et d'affection dont votre première lettre pastorale était remplie, et dont nous avons retrouvé l'expression dans vos paternels entretiens ; quand il vient comme vous avec un cœur qui ne respire qu'amour, vénération pour le Saint-Père et dévouement à le consoler dans ses cruelles douleurs : nobles sentiments qui n'étaient nouveaux ni pour lui ni pour nous, qui savions bien ce que renferme un cœur breton.

« Nous nous plairons toujours, Monseigneur, à vous rendre facile, par notre amour et notre respect, le bien que vous voulez faire parmi nous, et nous en renouvelons, devant vous et devant Dieu, l'engagement solennel. Nous continuerons aussi à combattre sous votre direction toutes les erreurs condamnées par l'infaillible autorité de Pie IX ; à défendre avec vous, par nos prières, nos paroles, nos aumônes, tous ses droits spirituels et temporels, et à consoler ainsi son cœur abreuvé de tant d'amertumes, déchiré par tant d'angoisses. Que Dieu nous accorde, Monseigneur, la grâce d'accomplir nos devoirs envers le Souverain Pontife, envers Votre Grandeur et envers les âmes confiées à notre sollicitude ! »

Heureux de voir l'union s'affirmer solennellement dès le début, l'évêque répondit par d'aimables et fermes paroles, qu'il résuma, après cette réunion, en des notes dont nous pouvons citer quelques passages :

« Vous désirez que j'affirme, une fois de plus, ma piété filiale envers notre bien-aimé Père commun, qui souffre persécution pour la justice. Je suis heureux de vous redire ce que vous avez lu et entendu. Il est vrai, *Rome a parlé* et a daigné rendre en ma faveur un témoignage qui me restera d'autant plus précieux que vous m'offrez l'occasion de m'en glorifier aujourd'hui devant mon clergé. Cependant *elle n'est pas finie*, cette cause sacrée, pour laquelle je donnerais, comme vous, jusqu'à la dernière goutte de mon sang. » Puis, complétant la pensée de l'orateur : « Il ne suffirait pas de souscrire à tout ce que l'Eglise a condamné par l'organe de l'illustre Pie IX, ni de revendiquer les droits spirituels et temporels de ce grand pape ; il est nécessaire de réprouver hautement tout ce qui a été condamné dans le cours des siècles par les saints et vénérés pontifes qui se sont succédé sur la chaire de saint Pierre, comme de revendiquer tous les droits du siège apostolique et de sauvegarder tous les intérêts de l'Eglise. Prenons garde de tomber dans les pièges qui nous sont tendus. Le courant politique anti-chrétien s'efforce précisément d'isoler le Pape, de rendre à sa personne des hommages suspects, sous prétexte de garantir le libre exercice de sa mission. Après lui, se disent ces perfides protecteurs, après lui la ruine des libertés attendues et promises. »

Ayant ainsi donné cette preuve de clairvoyance, il ajoutait : « Je connais mon clergé, je compte sur son concours dévoué, éclairé, filial…. Votre évêque se défendra de toute témérité ; mais à l'occasion il se montrerait intrépide. Comme il convient à son âge et à l'infirmité de son esprit, il se fera honneur de marcher sur les traces de ses vénérables frères dans l'épiscopat, et, fortifié par les plus nobles exemples, son courage sera louable, lors même qu'il ne serait pas heureux. »

On pouvait bien augurer de l'avenir.

Mgr Bécel montra dès lors l'activité qui devait être la caractéristique de son fructueux épiscopat. Avant le 15 octobre, malgré les occupations multiples qui l'avaient absorbé depuis son arrivée à Vannes, il avait trouvé le temps de visiter plus de vingt paroisses du diocèse. Un de ses amis parisiens avait raison de lui écrire :

« N'allez pas faire comme Mgr Peschoud, qui, dans une visite pastorale, s'est fatigué au point d'y prendre la maladie qui l'a enlevé à son diocèse et à ses amis. Dieu ne demande pas tant de zèle, ou plutôt, quand il a donné du talent, de la vertu et un zèle fécond, il veut qu'il dure longtemps pour produire davantage.

« Je sais bien qu'au train dont nous vous avons vu travailler à Paris, vous allez être tenté d'en faire autant que notre autre ami. Vous pourriez bien, tel

que nous vous connaissons, avoir l'ambition d'aller
jouir tout de suite des récompenses célestes ; mais
vos diocésains et vos amis trouvent — soyez-en sûr
— qu'il faut que vous méritiez bien longtemps ces
récompenses avant de les obtenir (1). »

De pareils souhaits étaient des prières, qui ont été
exaucées.

Il tardait au nouvel évêque, qui aimait tant Pie IX,
d'aller lui dire, de vive voix, sa vénération profonde
et son inébranlable attachement. Au commencement
du mois de juillet 1867, il eut le bonheur d'accomplir son premier pèlerinage *ad limina*. Malgré les
tristesses et les sombres préoccupations qui pesaient
alors sur la Rome des papes, le prélat breton se
sentit heureux dans cette atmosphère de foi active,
où les hommages du monde catholique venaient
réconforter le pape dans les attaques présentes,
annonce des futurs forfaits. L'accueil tout paternel
que lui fit Pie IX, les paroles aimables et les encouragements qu'il lui prodigua, les faveurs dont il se
plut à le combler remplirent l'évêque pèlerin d'une
joie sainte, qui fut pour lui une force. Près du tombeau des Saints Apôtres, il renouvela ses résolutions
généreuses avec une énergie dont nous trouvons
l'écho dans la lettre qu'il écrivit à son retour (2).

Quelques mois plus tard, il entretenait encore ses
diocésains de la situation faite au Souverain Pontife
par la haine des impies.

(1) Lettre de M. C. Dupuy.
(2) Lettre circulaire du 29 juillet 1867.

Des bandes révolutionnaires, disait-il, avaient envahi le territoire du Saint-Siège ; mais la France veillait ; une escadre était partie de Toulon pour surveiller les côtes d'Italie, et notre chargé d'affaires avait rassuré le Pape en lui disant, au nom de l'Empereur, que l'appui de la France ne ferait défaut, en aucun cas, au gouvernement pontifical.

C'était vrai pour l'heure, et Mentana allait justifier cette promesse ; mais on sait les graves événements qui ne devaient pas tarder à surgir.

II

LES ŒUVRES

Saint Vincent Ferrier. — Triduum et fête. — Sainte-Anne-
d'Auray. — Un trône. — Il y a douze siècles. — Projets. —
La première pierre. — Église ou cathédrale. — L'abbé Guillouzo. — Scène dramatique. — « Sublime mendiant. » — La
clef. — A travers les paroisses.

A peine arrivé dans son diocèse, l'évêque eut à
cœur le développement du culte de saint Vincent
Ferrier, et la glorification de sainte Anne. Heureux
et fier de posséder dans sa cathédrale le tombeau du
grand thaumaturge qui étonna par la puissance de
sa parole et le nombre de ses miracles la fin du
XIV⁰ siècle et le commencement du XV⁰, il aurait
voulu attirer près de ses reliques les foules immenses qui s'y pressaient autrefois. Il aimait cette
humble et rayonnante figure du saint qui, à une
époque encore plus troublée que la nôtre, parcourut
l'Europe, remuant les masses, flagellant les vices,
convertissant les âmes, faisant fleurir la vie chrétienne sur les ruines où s'agitaient la corruption et
l'ignorance, jusqu'au jour où il vint ressusciter la
Bretagne aussi déchue, et donner à la ville de Vannes
les derniers éclats de son éloquence et les derniers
battements de son cœur.

L'anniversaire de la translation de ses reliques

est vraiment une fête nationale pour la vieille cité : on le sent, lorsque, ce jour-là, tout un peuple, suivant avec piété la grande procession qui se déroule autour des vieux murs, prouve éloquemment que la reconnaissance n'est pas morte au cœur des Vannetais.

Pour donner un éclat plus grand à cette fête où revit un passé glorieux, Mgr Bécel ordonna un triduum préparatoire de prédications et de prières, que complète un dernier discours, le jour même de la solennité. Chaque année, depuis lors, des orateurs choisis, commentant la vie de l'apôtre, redisent ses leçons et ses gloires aux descendants de ceux qu'il a évangélisés. C'était un premier pas. Une année même, les paroisses voisines vinrent en pèlerinage près du célèbre tombeau, et nous verrons peut-être, à mesure que le mal grandit même en Bretagne, se renouveler plus fréquentes ces manifestations de notre foi.

La tombe de saint Vincent Ferrier est sur le chemin de Sainte-Anne d'Auray. Au pays de Bretagne, on aime les vieux saints, ceux des temps primitifs, qui ont contribué à faire la nationalité bretonne, et ceux qui sont venus plus tard le long des siècles — moins nombreux ceux-là ; on les honore tous d'un culte familial, parce qu'ils sont nés sur cette terre, ou qu'ils y ont vécu, ou qu'ils y sont morts. Dans le sentiment qui attire vers eux il y a quelque chose d'intime, qui rend leur culte plus fervent. Sainte Anne n'était pas Bretonne ; mais il semble qu'en

adoptant notre pays pour y manifester plus largement sa bonté puissante, elle le soit devenue. Ici,
l'Aïeule du Christ est reine, et, comme le disait un
éloquent évêque, c'est notre *archiduchesse*, depuis
que la Bretagne s'est donnée à la grande patrie.

L'évêque de Vannes était des nôtres et pensait
comme nous. Ancien élève du petit séminaire qui
s'abrita d'abord près de la vieille chapelle, — et fut
transformé lui aussi, grâce à son enfant devenu pontife, près de la jeune basilique, — il aimait de tout
son cœur la glorieuse patronne dont les affligés, les
malades, les marins de nos côtes connaissent, par
ses bienfaits, la maternelle bonté.

La glorification de sainte Anne fut l'œuvre capitale de sa vie. Quand il prit possession du siège de
saint Patern, les circonstances favorisaient son désir :
la voie ferrée traversait les campagnes morbihan-
naises, et la compagnie d'Orléans, venant en aide à
la dévotion populaire, avait fait de la gare qui s'élève
à trois kilomètres de la bourgade bénie un trône véritable sur lequel se dresse la statue de la patronne des
Bretons. C'était préparer, par un signe visible, l'épanouissement de son culte sur ce sol dont elle avait fait
son domaine et comme sa seconde patrie terrestre.

L'évêque était trop Breton pour ne pas travailler
de toutes ses forces à faire connaître et aimer la
« Bonne Mère ». Douze siècles auparavant, sainte
Anne avait attiré nos pères à son oratoire construit
dans la solitude du Bocenno ; après neuf cents ans
d'oubli, elle n'avait pas oublié, et elle choisit un

humble paysan, Nicolazic, pour restaurer son culte et commencer les merveilles dont nous n'avons pas vu la fin. Mgr Bécel connaissait cette histoire et voulait préparer l'avenir. Ses deux prédécesseurs avaient déjà lancé le projet dont il devait être l'infatigable ouvrier. Avant de quitter le diocèse de Vannes pour celui d'Avignon, qui garde, dans une église d'Apt, la plus grande partie du corps de sainte Anne, Mgr Louis-Anne Dubreil avait annoncé, dans une belle lettre pastorale, la reconstruction de la chapelle du XVIIe siècle, bâtie par le bon laboureur de Keranna. En 1865, Mgr Gazailhan, son successeur, eut à cœur de réaliser son désir et organisa un concours qui décerna le prix à M. Deperthes, homme de talent, déjà connu par de brillants succès, qui devait s'illustrer, quelques années plus tard, par la construction de l'hôtel-de-ville de Paris.

Les travaux commencèrent avant l'arrivée de Mgr Bécel : mais il avait à peine pris possession de son siège, qu'il se préoccupa de les mener à bonne fin. Le 4 septembre 1866, Mgr Saint-Marc, archevêque de Rennes et métropolitain de Bretagne, voulut bien venir, à sa demande, donner une bénédiction solennelle à la première pierre de la future basilique.

Une question très importante s'était posée dès le début : la nouvelle église de Sainte-Anne des Bretons serait-elle seulement un beau sanctuaire, comme on en voit dans un grand nombre de paroisses ? Ou bien grâce à ses proportions et à sa richesse deviendrait-elle une œuvre vraiment à part, réalisant le rêve que le bon Nicolazic avait fait au XVIIe siècle ? « La prudence et la crainte humaine, disait à la même époque le premier historien de Sainte-Anne, firent desseigner la chapelle trop petite ; il la fist croitre de trois pieds de large et douze pieds de long. Sa confiance l'eust voulue grande comme une cathédrale; mais M. le Séneschal d'Auray (1) l'en empêcha et fist même descendre deux rangs de taille de sa hauteur. Ce fut à son desceu qu'elle fut accruë, et contre la volonté de l'architecte, qu'il gagna par son adresse et par gratification. Que n'eust-il point fait s'il eût été le maître absolu du bastiment ? » (2)

Un prêtre au grand cœur, qui avait été nommé, en 1864, chapelain du sanctuaire de Sainte-Anne, devait être l'homme choisi par la Providence pour aider l'évêque à accomplir le projet de l'humble laboureur. C'était l'abbé Guillouzo, que l'on s'est plu à nommer le *second Nicolazic*. Ancien condisciple de Mgr Bécel, il était resté son ami, et l'évêque savait très bien quelles ressources il y avait dans l'âme de ce prêtre simple et intelligent, bon et dévoué, sans prétention comme sans faiblesse, capable d'aller jusqu'à l'héroïsme dans l'accomplissement du devoir. Leurs vues étaient les mêmes, leurs dé-

(1) Philippe Cadio, fils du s[r] de Kerloguen, qui, d'accord avec son père, donna tout le terrain nécessaire à la construction.

(2) Hugues de Saint-François, *Les Grandeurs de sainte Anne*, p. 262.

sirs aussi. Mais, obligé de tenir compte de la gravité des décisions à prendre et de la responsabilité qui lui incombait, Mgr Bécel, redoutant un échec, se demandait comment on pourrait trouver les ressources nécessaires à l'exécution de ce projet grandiose.

— Je quêterai, répondait le chapelain : j'irai dans tout le diocèse, dans la Bretagne et ailleurs tendre la main pour sainte Anne, et sainte Anne nous bénira.

L'évêque hésitait : le chapelain priait, pleurait, et insistait.

Un jour, c'était au mois de mai 1867, il arriva à l'évêché, où il fut comme toujours très aimablement accueilli, et renouvela sa demande. Mêmes objections, mêmes réponses, formulées, cette fois, avec une émotion plus vive. Enfin n'y tenant plus, et se rappelant les douces paroles de sainte Anne : « Ne vous mettez pas en peine, mon Nicolazic : je vous donnerai de quoi commencer l'ouvrage, et rien ne vous manquera, non seulement pour bâtir mais pour faire d'autres choses qui étonneront le monde » (1), il se jeta aux pieds de l'évêque, et lui dit avec un irrésistible accent :

— Je vous en supplie, Monseigneur, laissez-moi partir : je compte sur sainte Anne et sur ses Bretons.

Vaincu enfin par cette foi capable de transporter les montagnes, Mgr Bécel le releva en lui disant, tout ému :

(1) Hugues de Saint-François, *Les Grandeurs de sainte Anne*, p. 190 et Déclaration de Nicolazic.

—Allez, mon cher ami ; sainte Anne vous assistera ; de tout cœur, je vous bénis.

Nous n'essayons pas de dramatiser cette scène ; elle est assez dramatique par elle-même et met en relief ces deux hommes si bien faits pour s'entendre, l'un se sacrifiant pour une grande cause, l'autre oubliant, pour la faire réussir, les soucis légitimes de la prudence humaine et sa grave responsabilité.

Dès lors l'union se fit entre eux plus intime, pour le succès de l'œuvre, et l'évêque s'y consacra tout entier, suivant, jour par jour, dans ses courses pénibles l'infatigable chapelain, préparant ses démarches, lui ouvrant toutes les portes, lui prodiguant les conseils, les encouragements et, plus d'une fois, les consolations.

Pour qu'il pût affirmer devant tous sa mission d'ambassadeur de sainte Anne, M. Guillouzo avait reçu de son évêque la lettre suivante :

« Mon bien cher abbé, je bénis de toute mon âme votre zèle et votre dévouement. Sainte Anne vous inspire et vous soutient. Les religieuses populations de notre chère Bretagne répondront, à l'envi, à l'appel que j'ose leur faire, avec confiance, par votre entremise.

« Servez-moi d'interprète auprès de nos généreux bienfaiteurs, et recevez, cher abbé, la nouvelle assurance de ma gratitude et de mon affection » (1).

Muni de cette clef, qui devait ouvrir les bourses et

____

(1) 30 mai 1867.

les cœurs, le vaillant chapelain se mit résolument en campagne. Il se fit mendiant pour sainte Anne, mendiant *sublime*, on l'a dit avec raison. Ce n'était pas un orateur aux phrases fleuries de rhétorique ; mais il parlait avec l'éloquence qui vient du cœur et qui va droit au cœur. Les humbles étaient subjugués par sa parole, et les grands comprenaient la vaillance de ce prêtre qui parlait de sainte Anne comme un enfant parle de sa mère. C'était, presque partout, un succès merveilleux, vrai triomphe de la piété bretonne, que l'excellent quêteur attribuait tout simplement à la maternelle bonté de Celle qui l'envoyait.

Avant d'avoir reçu sa lettre de créance, il écrivait à l'évêque : « Tous les dimanches, ma présence n'étant pas nécessaire à Sainte-Anne, je vais dans les paroisses recommander l'œuvre et recevoir immédiatement les souscriptions..... Mais il faut vous avouer que j'abuse étrangement du nom de Votre Grandeur, car, aux yeux des populations et des personnes avec lesquelles je suis en relation, mon titre de chapelain n'est pas décisif; il me faut absolument un titre d'envoyé, une mission. Aussi je commence invariablement toutes mes allocutions par ces paroles : « Je viens au nom de Monseigneur, ou de la part de Monseigneur ». A ce nom aimé et respecté, tout va bien et la souscription réussit. Vous me le pardonnerez, Monseigneur, car c'est votre œuvre que je recommande et c'est pour sainte Anne que je travaille. » (1)

(1) Lettre du 25 mai 1867.

On voit que l'humble chapelain savait très bien s'y prendre. Cinq jours plus tard, il avait en mains l'autorisation définitive, non plus seulement de prêcher dans les paroisses du voisinage, mais d'aller partout où il trouverait des fidèles de sainte Anne, et de poursuivre le grand projet qu'il avait à cœur de réaliser.

Au commencement de la nouvelle année, Mgr Bécel lui écrivait : « Ce que vous m'annoncez est admirable. Remercions Dieu par l'entremise de sainte Anne ! Mgr l'archevêque de Rennes, que je quitte à l'instant, vous attend et vous donnera, avec son aumône particulière, une lettre *motivée*, qui vous ouvrira les bourses et les cœurs. Vous viderez les unes et remplirez les autres. Je vous remercie et vous bénis (1). »

Cette correspondance devait se continuer longtemps. Elle ne fut même pas complètement interrompue pendant le long séjour que fit à Paris Mgr Bécel, invité par Mgr Darboy, au nom de l'empereur, à prêcher le carême aux Tuileries.

(1) Lettre écrite de Redon, le 18 janvier 1868.

III

LE CARÈME AUX TUILERIES.

Un auditoire peu banal. — Sermons évangéliques. — Le Roi Jésus. — Graves paroles. — Le cœur et la tête. — Dilemme. — Une parole du Pape. — La Bretagne. — Le rôle d'un prince. — Évêque et chapelain.

1868.

C'était une mission délicate, qui préoccupa Mgr Bécel sans l'effrayer, car il était décidé à faire simplement et franchement son devoir. Il le fit, comme nous pouvons en juger par les notes rapides, et les rares passages entièrement rédigés, qui résument ses enseignements.

Pâques tombant, cette année-là, le 12 avril, ses instructions commencèrent le 1er mars. Il devait en faire huit : les quatre dimanches du carême, le dimanche de la Passion, le dimanche des Rameaux, le Vendredi-Saint et le lundi de Pâques. La famille impériale, les ministres et un certain nombre de notabilités formaient un auditoire comme on n'en trouve guère, où se mêlaient, sans doute, des idées bien différentes. L'évêque de Vannes aborda sa tâche ardue avec le désir de bien faire et surtout de faire du bien. Sans prétendre rivaliser avec les orateurs connus qui l'avaient précédé, tels que les Pères de Ravignan et Ventura de Raulica, Mgr Cœur, MM. Darboy, Deguerry, Freppel et Mgr Landriot, il s'était préparé, sans préoccupations humaines, en puisant dans l'Evangile les grandes vérités qu'il est utile de rappeler à tous.

« Sire, dit-il dès son premier sermon, désireux de prêcher d'exemple, je ne céderai pas à la tentation de vous adresser d'inutiles louanges. L'accomplissement de mon devoir vous paraîtra, je le sais, la plus parfaite expression de mes hommages. » Et il expose brièvement le sujet de ses discours :

« Jésus nous parlera, et nous l'écouterons. Dans ses luttes avec le démon, il nous apprendra à combattre et à vaincre. Nous concevrons de justes espérances d'immortalité quand, sur le Thabor, il daignera nous laisser entrevoir quelques rayons des clartés de l'autre vie. En manifestant par ses miracles sa puissance et sa bonté, il rassurera notre faiblesse. La multiplication des pains dans le désert nous présagera l'abondance du banquet eucharistique. Le triomphe d'un jour qui attendait Jésus à Jérusalem, nous apprendra qu'il ne faut compter ni sur l'enthousiasme ni sur la gratitude des hommes. Nous compatirons à toutes les souffrances de notre bon Sauveur. Après l'avoir assisté dans le chemin du Calvaire, nous le verrons mourir. Heureux ceux qui voudront être ensevelis avec lui dans l'ignominie de la Croix! Ils partageront ensuite la gloire de sa résurrection. »

Voilà le plan nettement tracé d'après l'ordre liturgique-de l'Eglise. Il sera suivi d'une manière très simple. Dans toute la série de ses instructions, le prédicateur, comme il le dit lui-même à ses auditeurs, ne voulut faire que des homélies, telles qu'on en prêche aux foules, et il n'essaya ni de diminuer la vérité ni d'atténuer les préceptes austères de l'Evangile.

Un jour, à son brillant auditoire il avait parlé du roi Jésus : « *Ecce rex tuus... venit mansuetus.* Suivez-le.... A l'aspect de cette ville où l'industrie, les arts, les sciences, les lettres, toutes les ressources de l'esprit humain opèrent tant de prodiges, il pleure, et pourquoi ?

« Ah ! ne craignez rien : je ne veux pas me faire prophète de malheur..... Je fais les vœux les plus sincères pour que la capitale de mon pays reste la plus belle ville du monde. Mais enfin d'autres cités ont disparu de la face du globe, ou sont descendues au dernier rang si elles offrent autre chose que des ruines (1). Qui nous assure que nous serons plus épargnés ? Serait-ce parce que nous avons reçu plus de grâces ?...

(1) L'orateur ne pensait pas alors que la chapelle où il prêchait et tout le palais des Tuileries ne seraient qu'une ruine, moins de trois ans après. Un Breton, Ernest Hello, l'avait pressenti lorsque passant, vers 1869, près de la demeure impériale, il murmura tout rêveur : « Les Barbares tardent bien à venir. » Non qu'il les désirât, mais parce qu'il trouvait logique le châtiment.

« Ce qui me rassure, c'est que vous saurez reconnaître et acclamer votre roi, participer à ses bienfaits, profiter de sa protection......

« De bonne foi, soyez conséquents avec vous-mêmes. Etes-vous chrétiens ? Pourquoi donc ne pensez-vous pas, ne raisonnez-vous pas, n'agissez-vous pas toujours en chrétiens ? Ah ! je le sais, vous avez mal au cœur plus encore qu'à l'esprit. Si vous le voulez, votre guérison est certaine : c'est pour cela que j'ai été appelé ici. »

Et continuant, avec une vigueur tout apostolique, le développement de ces pensées, il ajoute : « Ou vous avez abjuré votre foi, ou vous êtes chrétiens. Dans le premier cas, je vous plains de toute mon âme, et je ne puis que vous promettre les secours de mes prières ; dans la seconde hypothèse, qui est, je l'espère, la vérité, j'ai mission de vous dire : « Rendez donc à Dieu ce qui est à Dieu. »

Presque au début de cette prédication, l'évêque de Vannes avait reçu de Rome l'écho d'une réconfortante parole. « J'ai dit au Saint-Père que vous prêchez aux Tuileries et il m'a répondu : « Il y fera du bien, je connais ce petit évêque de Vannes. On aurait voulu s'opposer à sa nomination et on m'avait allégué un *mensonge* ; mais j'ai bien appris que c'était un mensonge, et je l'ai fait évêque (1). »

La parole du Pape se vérifia : il fit du bien, et put

____

(1) Lettre du R. P. Freyd, supérieur du séminaire français, 12 mars 1868.

s'en rendre compte. La princesse Bacciochi lui fit savoir, en le félicitant de son succès, « qu'à la cour ses enseignements étaient reçus avec respect et bienveillance ».

« Il me tarde, écrivait-il lui-même, d'aller remercier sainte Anne des grâces qu'elle m'obtient pendant ce carême. C'est à elle que j'ai recommandé ma mission si importante et si délicate..... Dimanche, à propos de la multiplication des pains au désert, j'ai abordé les questions les plus brûlantes du moment, *l'instruction du peuple, l'assistance publique*, etc. J'ai fait l'éloge de la Bretagne, *catholique, monarchique et soldat* (1). J'ai dit hardiment pourquoi elle avait conservé tout ce que d'autres provinces ont eu le malheur de perdre ; et j'ai vu l'empereur et l'impératrice qui m'approuvaient sans détour. Depuis j'ai vu que tout ce que j'avais dit avait été goûté et accepté avec la franchise que j'avais montrée moi-même dans ce sermon. » (2)

Nous pouvons croire qu'avec un talent de parole plus grand et plus littéraire, ses prédécesseurs n'eurent pas toujours la même franchise et nous pouvons ajouter, la même discrétion. Aux paroles aimables, nécessaires en pareille circonstance, il savait donner la forme de graves leçons et d'utiles conseils. Ainsi, parlant du prince impérial, la veille de l'anniversaire de sa naissance, il disait : « Le jeune prince.

(1) En parlant, un jour, de notre vieille et rude province, Napoléon III l'avait qualifiée par ces trois mots.

(2) Lettre à M. l'abbé Guillouzo, 26 mars 1868.

héritier de tant de gloire, grandit en âge et en sagesse : il se fortifie devant Dieu et devant les hommes. Comme l'Enfant Jésus, il se prépare au sein de sa famille à la mission que lui réserve la Providence. Cette éducation nous fait concevoir de douces espérances. Faisons des vœux pour que cet enfant devienne un homme, un grand homme. Cela ne suffirait ni à son ambition, ni à nos besoins ; il se montrera chrétien, chrétien parfait, vrai fils de l'Eglise. L'Eglise ! Oh ! elle a besoin, de nos jours, d'un protecteur puissant et dévoué. Si demain, comme aujourd'hui, elle n'est pas suffisamment sauvegardée dans ses intérêts temporels par une parole loyale, cet enfant de bénédiction marchera sur les traces de son père. Il prendra sa vaillante épée, il défendra l'Eglise, et l'Eglise le sauvera pour le temps et pour l'éternité. »

Pouvait-on dire plus clairement comment la France, dans son intérêt même, se doit à la défense de la Papauté ? Le fils, qui n'avait pas à lutter comme son père contre des engagements déplorables, eût mieux compris, sans doute, sa mission catholique et française ; mais il devait tomber, en pleine jeunesse, sous la sagaie des Zoulous, qui ne furent peut-être pas seuls coupables de sa mort.

Après cette station de carême, l'évêque de Vannes pouvait dire en toute justice : « Je défie tous les hommes de parti de m'accuser d'avoir trahi la vérité : je ne suis ni flatteur ni briseur *d'images* (1). » Ces deux mots le peignent tout entier.

(1) Lettre à M. Guillouzo, déjà citée.

A peine de retour, l'évêque se remit à l'œuvre, d'accord avec l'intrépide chapelain, pour assurer le succès de la souscription en faveur de sainte Anne. Les deux lettres suivantes — l'une grave, comme un document officiel, qui pouvait être lu en chaire, l'autre familière et intime — montrent avec quelle sollicitude il suivait pour ainsi dire tous les pas et favorisait les démarches de son vieil ami :

« Cher monsieur le chapelain, la mission délicate que vous remplissez avec un dévouement admirable, réussit au-delà de mes espérances. Sainte Anne vous inspire et vous conduit. Ayez confiance ! Vous mènerez à bonne fin cette grande entreprise.

« Nos religieuses populations comprennent votre zèle infatigable. Elles y applaudissent avec tout le clergé. C'est pour vous un encouragement et la meilleure récompense que nous puissions vous offrir.

« Dieu acquittera la dette que j'ai contractée personnellement envers vous.

« Le concours de tant de cœurs généreux réjouit et enflamme notre piété filiale ; servez-moi d'interprète, dans toutes les paroisses, auprès des prêtres et des âmes qui leur sont confiées.

« Après avoir exprimé ma reconnaissance, faites connaître nos besoins.

« L'œuvre de sainte Anne, loin de nuire à toutes celles qui préoccupent nos chers collaborateurs, stimulera la charité de leurs troupeaux respectifs. La Patronne de notre pays se chargerait, à l'occasion, de combler toutes sortes de déficits. C'est une vérité d'expérience. Personne ne la révoquera en doute.

« D'ailleurs, en voici la preuve : les paroisses, qui ont donné pour la reconstruction de la chapelle de sainte Anne, ont vu leurs nécessités particulières secourues avec plus de générosité que jamais.

« Vous m'annoncez une bonne nouvelle, en m'apprenant votre départ pour Plouhinec. Pour plusieurs motifs, auxquels vous n'êtes pas étranger, j'ai lieu de croire que cette paroisse se distinguera, par dévotion pour notre bonne Mère sainte Anne, par sympathie pour son chapelain (1).

« Renseignez-moi sur le résultat de vos démarches. Je les bénis de nouveau ainsi que toutes les personnes qui vous viendront plus directement en aide pour en assurer le succès (2). »

Cette campagne, si chaleureusement recommandée, réussit à merveille, et, peu après, l'évêque accusait réception des bonnes nouvelles qu'il avait reçues :

« Cher chanoine, je crie avec vous de tout cœur, n'en déplaise à Remungol (3) : Vive Plouhinec !

« Si vous êtes *thaumaturge*, avouez que je prédis vos miracles. Ne vous avais-je pas annoncé ce qui est arrivé ? Dieu soit loué !

« Demain, je dirai la sainte messe pour les bons

____

(1) Avant d'être chapelain de Sainte-Anne, M. Guillouzo était vicaire à Plouhinec, où il avait laissé les meilleurs souvenirs.

(2) Lettre du 27 avril 1868. M. Guillouzo la traduisit en breton pour qu'elle produisît tout son effet dans les paroisses où la langue française était ignorée ou imparfaitement comprise.

(3) Paroisse natale du bon chapelain.

habitants de Plouhinec, pour le pasteur et pour le troupeau, sans oublier *les vicaires*.

« Pour le moment, je ne puis faire honneur aux obligations que vous avez contractées en mon nom. Il ne me reste plus de photographies.

« Je vous autorise à répondre pour moi, et à contracter où il vous plaira, mais aux mêmes conditions. les mêmes engagements.

« Cependant n'allez pas me compromettre. *Placez-moi bien.*

« Je vous envoie une bonne lettre de Mgr de Rennes. en réponse à la demande que je lui faisais l'autre jour d'ordonner vers le mois de juin la quête promise. Sainte Anne nous bénit. Honorons-la plus tendrement que jamais. Qu'elle garde nos chers enfants de nouveaux malheurs !... Je sais que la santé publique est bonne autour de vous. Ménagez la vôtre. Les *fidèles* de Plouhinec et d'ailleurs sauraient vénérer vos *reliques*. Avant qu'ils aient la consolation de vous *faire des niches*, nous aimerons à vous rendre tous les hommages qui vous sont dûs.

« Je serais heureux de vous rencontrer dans vos courses charitables. Vous me direz quels remerciements adresser à Berric, etc... J'ai remercié partout où vous m'avez dit de le faire. Lorsque j'irai à Plouhinec, je devrai emprunter votre éloquence et prendre vos ordres. Vous pouvez me croire disposé à bien faire pour vous être agréable. Je vous bénis. » (1)

(1) Lettre du 14 mai 1868.

Nous ne voulons pas multiplier outre mesure ces citations. Celles-ci suffisent pour montrer avec quelle gracieuse amabilité Mgr Bécel appuyait le dévouement de l'envoyé de sainte Anne (1).

(1) Ces détails intimes sont entièrement inédits. Ils complètent et expliquent l'histoire que nous avons donnée dans *Sainte-Anne d'Auray*. Il en est de même de beaucoup d'autres, par exemple les préliminaires du couronnement.

IV

DEUX COURONNEMENTS

Le *Roncier*. — Autour de la chapelle. — La grande fête. —
Kerauna. — Premières démarches. — Un zèle persévérant.
— Inquiétude. — Victoire. — La Bretagne à Sainte-Anne.
— L'abbé Freppel. — Lettre de Rome. — Correspondance.

1868-1869.

Mgr Bécel, qui travaillait avec tant de persévérance à assurer la construction de la future basilique de sainte Anne, se préoccupait aussi d'obtenir les honneurs du couronnement liturgique pour la statue de la patronne des Bretons.

Mais, si cette glorieuse sainte reçoit des honneurs exceptionnels sur le coin de terre qu'elle protège, son auguste fille est honorée aussi dans de nombreuses chapelles, semées le long de nos côtes ou bâties dans l'intérieur des terres, qui rappellent depuis des siècles aux générations successives les grandeurs de l'Immaculée; et l'évêque de Sainte-Anne, comme on se plaisait à l'appeler dès lors, fut heureux de se rendre au désir des prêtres et des fidèles de la région ploërmelaise en demandant le même honneur pour la statue de Notre-Dame du Roncier.

Cette dernière faveur fut très facilement obtenue.
Dix siècles auparavant, sur la colline agreste où
s'élève la ville de Josselin, un laboureur avait
trouvé, dans un buisson d'épines — un *roncier* —
une statue de la Vierge. Pour abriter la sainte image,
on construisit d'abord un oratoire, puis une chapelle
et enfin l'église, admirablement restaurée aujour-
d'hui. Et le désert commença à fleurir. Près de la
chapelle, Guéthenoc de Porhoët bâtit son manoir,
devenu plus tard le château ducal des Rohan, l'illustre
famille dont le nom se retrouve à chaque page dans
l'histoire de la Bretagne et de la France ; et les
maisons, se multipliant dans un désordre pitto-
resque au bord de l'Oust, s'étagèrent peu à peu sur
le flanc de la petite montagne et entourèrent la
chapelle de la Vierge qui devint la suzeraine de ce
pays charmant.

A certains jours, les pèlerins vinrent en foule im-
plorer l'assistance de Notre-Dame ou la remercier de
ses bienfaits. Par un bref, en date du 31 mars 1868,
Pie IX accueillit favorablement la demande de
l'évêque de Vannes, et lui permit de déposer solennellement une couronne sur le front de la Vierge du
Roncier. La Révolution, qui s'acharnait contre les
souvenirs religieux, avait brûlé la statue antique :
mais la piété populaire l'avait remplacée par une
statue nouvelle, et les fidèles étaient revenus prier
près du trône où elle se dressait revêtue de son
manteau royal.

La cérémonie du couronnement eut lieu le 8 sep-

tembre 1868. Elle fut splendide. Trente mille fidèles
étaient là, entourant l'évêque de Vannes, Mgr Nogret,
évêque de Saint-Claude, originaire de Josselin, et le
R. P. abbé de la Trappe de Tymadeuc. Au milieu de
l'enthousiasme général, Mgr Bécel était heureux,
parce que sa piété filiale envers la sainte Vierge lui
faisait une grande joie de l'honneur qui lui était
rendu, et aussi, nous le pensons, parce que cet honneur rejaillissait plus spécialement sur la contrée
où la Providence avait placé son berceau (1).

Le couronnement de la statue de sainte Anne ren-
contrait des difficultés plus grandes et que l'on pouvait croire insurmontables. Il était ardemment désiré
par la Bretagne tout entière, qui depuis douze siècles
était devenue le pays privilégié et comme le domaine de l'Aïeule du Christ. Son premier oratoire,
qui se rattachait au berceau de la nationalité bretonne,
avait été renversé dans la dernière année du VIIe siècle
de l'ère chrétienne, sa statue avait été enfouie sous
terre ; mais le souvenir de ce lointain passé n'avait
pas disparu, et lorsque, au commencement du XVIIe
siècle, sainte Anne apparut au bon Nicolazic et fit
refleurir son culte sur les ruines de Keranna où son
nom avait survécu, la vieille image fut retrouvée,
un oratoire fut construit, puis une chapelle, précé-
dant et annonçant, par les proportions de sa tour
massive, la basilique d'aujourd'hui.

(1) Depuis sa mort, Notre-Dame de Paradis, à Hennebont,
dans la partie bretonnante du diocèse, a aussi reçu les honneurs
du couronnement.

Pendant la Révolution, les pèlerinages ne cessèrent pas, près de la chapelle fermée ; et si la statue du VIIe siècle fut brûlée sur une place de Vannes, un pieux Vannetais put du moins en sauver un fragment que l'on voit encore, enchâssé dans le socle de la statue nouvelle. Qu'était l'image antique ? Nous l'ignorons ; le premier historien du pèlerinage, contemporain de la découverte, ne la décrit pas complètement. Il est possible que sainte Anne seule y fût représentée. Aujourd'hui, elle est accompagnée de la Vierge enfant, qu'elle regarde, et qui, l'indiquant du doigt, semble dire : « Recourez à ma mère. » C'est une scène charmante, rendue par un artiste de valeur.

Sans doute, sainte Anne, mère de Marie, aïeule de Jésus, méritait une couronne. Mais jusque-là aucune statue de saint, excepté les madones célèbres, n'avait obtenu cet honneur. Il le *fallait* cependant pour glorifier la Reine de la Bretagne et satisfaire la piété de ses pèlerins. Pour surmonter tous les obstacles, l'évêque de Vannes trouva un collaborateur aussi intelligent que dévoué.

En 1862, un magistrat vannetais, érudit très distingué, ancien élève du petit séminaire, avait exprimé, dans un curieux opuscule sur *La très ancienne chapelle*, le vœu de voir couronner la statue de notre Patronne. Il appuyait ce vœu sur d'excellentes raisons, qu'il fit valoir près de Mgr Dubreil partant pour Rome, afin d'encourager ce prélat à solliciter cette faveur du Souverain Pontife. « Il convenait, disait ce fervent chrétien, qui se faisait avec ardeur l'avocat de sainte Anne. que la Mère de Marie fût couronnée par le Pape qui a défini l'Immaculée Conception. N'est-ce pas en elle que ce mystère s'est accompli ? N'a-t-elle pas été le temple vivant élevé par Dieu lui-même à la Vierge sans souillure ? Sur quelle autre tête que sur celle de la Mère pourrait-on la couronner dans ce premier mystère de sa vie? »

C'était juste. Cependant le pieux évêque, qui avait le plus vif désir de voir glorifier sa patronne, n'obtint pas du Pape tout ce qu'il demandait. Pie IX lui permit seulement de couronner, en son nom. la statue de la Vierge que sainte Anne tient par la main (1).

Mgr Dubreil, nommé archevêque d'Avignon au mois de décembre 1863, partit pour son nouveau diocèse sans avoir utilisé le Bref qui lui avait été concédé. Tout semblait fini ; mais M. Lallemand espérait toujours. En 1865 il entretenait avec M. Mounier, ancien précepteur du comte de Chambord, une active correspondance. M. Mounier passait de longs mois à Rome et connaissait Monseigneur Luigi Peucher Passavalli, archevêque d'Iconium, chef du Chapitre du Vatican.

En 1867 la correspendance durait toujours, mais l'affaire ne semblait pas avancer. Cependant Mgr Bécel l'avait reprise avec ardeur : tout ce qui touchait à la gloire de sainte Anne tenait tant à son cœur !
« Mgr d'Iconium, M. Mounier et M. Lallemand, qui

____

(1) Bref du 7 juillet 1863, valable pour un an.

ne l'avaient jamais abandonnée, redoublèrent de zèle pour seconder les efforts du jeune évêque de Vannes.

A Rome, les deux premiers préparaient les voies, indiquaient la marche à suivre et les pièces à procurer. A Vannes, M. Lallemand était chargé par l'évêque de fournir les renseignements, de rédiger les suppliques et de les faire parvenir à ses correspondants romains. Il fallut résoudre bien des difficultés et triompher de bien des obstacles. Le choléra lui-même vint compliquer la situation et retarder la solution de l'affaire, en éloignant momentanément de Rome Mgr d'Iconium et M. Mounier. Enfin le 12 mars 1868, grâce aux explications fournies par M. Lallemand, M. Mounier recevait de Mgr Passavalli l'assurance que le couronnement de la sainte Vierge ne souffrirait pas de difficulté, et qu'on obtiendrait peut-être un diadème pour sainte Anne. Mais le 7 avril tout était remis en question : le Patriarche de Constantinople, président de la commision chargée de décerner les couronnes, ne croyait pas que le chapitre de Saint-Pierre pût même en accorder une à la statue de la sainte Vierge, qui occupait dans le groupe une place secondaire et n'y était qu'indirectement honorée.

Mgr d'Iconium ne se découragea pas. Fort de la concession faite par le Saint Père à Mgr Dubreil, il demanda une audience du Souverain Pontife et obtint, non sans difficulté, le 30 avril, qu'une couronne, bénite au nom du Pape, fût déposée sur le front de la

sainte Vierge, et un diadème, également bénit en son
nom, sur celui de sainte Anne ; mais la demande devait être adressée directement par Mgr de Vannes.
M. Mounier envoyait à M. Lallemand le placet tout
rédigé : il fallait aller vite. Cinq jours après, la pièce
signée par l'évêque était de retour à Rome et mise, le
17 mai, sous les yeux du Saint Père, qui donnait l'ordre
d'expédier le Bref et ajoutait une apostille à la supplique : « *Le chef du chapitre du Vatican*, écrivait
le Pape de sa propre main, *s'entendra à ce sujet avec
le secrétaire des Brefs.* »

L'honneur était bien plus grand que si la faveur
avait été accordée en vertu des pouvoirs du chapitre
de Saint-Pierre, même étendus, pour cette circonstance, au-delà des limites habituelles. Cependant
sainte Anne n'obtenait qu'un diadème, et il semblait
bien qu'il faudrait s'en tenir à cette concession.

Que se passa-t-il entre le 17 et le 22, date du Bref ?
Sans doute, usant de la latitude que le Souverain
Pontife lui avait laissée, Mgr d'Iconium obtint de la
Secrétairerie des Brefs que celui de sainte Anne por-
tât pour elle comme pour la sainte Vierge le mot
coronam au lieu de *diadema*, espérant faire approuver cette rédaction par le Souverain Pontife. Il avait
raison d'espérer : le 17 juin, M. Mounier écrivait à
M. Lallemand :

« Vous l'emportez sur tous les théologiens du
monde ! Sainte Anne sera couronnée comme la
sainte Vierge. Il y aura indulgence plénière pendant
toute l'octave qui suivra le couronnement ; mais on

est obligé de le faire pendant l'année courante. Le
Bref est parti, ce matin, dans une lettre chargée
adressée à Monseigneur. Veillez, je vous prie, à ce
qu'on m'en envoie tout de suite le récépissé, car je
ne serai tranquille que lorsque j'apprendrai que le
Bref est arrivé à bon port. »

La parole souveraine de Pie IX avait tranché le
différend ; le chapitre de Saint-Pierre s'inclina et la
statue de sainte Anne fut couronnée.

Cette grandiose cérémonie eut lieu le 30 septembre
suivant. Ce fut un triomphe sans pareil pour sainte
Anne, une joie immense pour son évêque, une fête
nationale pour la Bretagne. Elle était toute entière à
la fête, la vieille province toujours fidèle, représentée
par quatre-vingt-mille de ses enfants. C'est avec raison qu'on a pu dire :

Le cœur de la Bretagne est là.

Cinq évêques, Bretons par la naissance ou par le
cœur (1), entouraient Mgr Bécel, délégué par le Souverain Pontife pour le couronnement ; mille prêtres
étaient rangés autour de la statue miraculeuse. La
marine, l'armée, les administrations diverses (2) s'é-

____

(1) NN. SS. Brossais Saint-Marc, archevêque de Rennes ; Sergent, évêque de Quimper ; Nogret, évêque de Saint-Claude ;
David, évêque de Saint-Brieuc ; de la Hailandière, ancien évêque
de Vincennes.

(2) L'amiral Rigault de Genouilly, ministre de la marine,
avait donné ordre à l'escadre, commandée pour le contre-ami-
ral d'Hornoy, de se rendre à Quiberon, d'où l'état major devait
aller à Sainte-Anne, avec des troupes de l'artillerie et la mu-

taient fait un honneur et un devoir de se joindre à
la foule qui priait et chantait.

L'évêque de Vannes était fier, mais il était encore
plus heureux. Pour louer sainte Anne en cette merveilleuse assemblée, il avait choisi un orateur déjà
célèbre, dont la puissante parole devait retentir plus
tard avec tant d'éclat dans la chaire chrétienne et à
la tribune de la Chambre des députés. M. l'abbé
Freppel, alors doyen de Sainte-Geneviève et professeur d'éloquence sacrée à la Sorbonne, fut à la hauteur
de sa grande tâche, et le discours où il glorifia no-
·blement sainte Anne comptera parmi ses œuvres
es plus belles (1).

L'évêque de Vannes nomma, le jour même, M.
Freppel vicaire général honoriare, en attendant —
nous le verrons bientôt — qu'il pût lui donner une
preuve plus éclatante de sa haute estime et de sa
vive affection.

Deux mois après, l'évêque de Vannes recevait de
Rome la lettre suivante, qui était comme un gracieux
épilogue de cette fête éminemment patriotique et
bretonne :

sique. La tempête, qui se déchaîna dès le matin et dura pendant toute la cérémonie, empêcha le débarquement des hommes
et du matériel. Le vice-amiral d'Herbinghem, préfet maritime, y
assistait, ainsi que le général de Lauriston, le président
du conseil général, plusieurs députés, et le secrétaire général
de la Préfecture, remplaçant le préfet, retenu pour affaires
personnelles.

(1) Nous n'avons pas à refaire ici l'histoire de *Sainte-Anne
d'Auray*. On la trouvera dans l'ouvrage publiée sous ce titre.

« .... En me prosternant aux pieds du Saint-Père, ma première inspiration a été de lui offrir, au nom de Votre Grandeur, le tribut de votre vénération filiale et de votre affectueux dévouement. Un sourire gracieux du Pontife bien aimé accueillit mes paroles. On aurait dit le reflet d'une bénédiction touchante, qui sortait de son cœur pour se déverser sur le vôtre. Encouragé par cette auguste bienveillance, j'exposai à Sa Sainteté les travaux de Votre Grandeur dans votre diocèse. Je lui parlai des nombreuses missions, des retraites fréquentes que vous y faites prêcher, et du bien immense qui en est le résultat.

« La magnificence des fêtes qui eurent lieu au couronnement de sainte Anne, leur impression profonde sur les populations et leurs consolants effets dans la sanctification des âmes ne furent pas oubliés.

— « Oui, je le sais, me répondit le Saint-Père ; le zèle et l'activité de votre évèque me sont connus. Monseigneur Bécel fera beaucoup de bien. »

« Alors je me mis à lire à Pie IX le passage de la *Semaine religieuse* de Vannes qui renferme une invitation chaleureuse à MM. les Curés et les engage à hâter les cotisations pour l'entretien d'un zouave pontifical par chacun des cantons du diocèse. Puis je lui manifestai l'intention qu'avait Votre Grandeur de faire construire un autel en marbre pour le nouveau sanctuaire. Si Votre Sainteté, ajoutai-je, daignait accorder pour cela quelques marbres de l'Emporium que M. le baron de Visconti vient de découvrir sur les rives du Tibre, Monseigneur Bécel vous en serait extrêmement reconnaissant, et la joie des Bretons serait à son comble.

— « Ce sera avec bonheur, me répondit le Saint-Père, que je mettrai à la disposition de votre évêque les plus beaux marbres de l'Emporium pour cet autel. Je serai heureux de témoigner par là mon attachement aux Bretons et ma vénération pour leur glorieuse Patronne. Je regrette vivement, ajouta-t-il, de ne pas avoir de marbre blanc à offrir pour faire une belle statue de sainte Anne. Je suis obligé moi-même d'en faire venir de Carrare pour les deux statues qui seront placées sur le monument que je fais élever à la mémoire de mes soldats tués en 1867 pour la défense du Saint-Siège. Cependant on pourrait prendre dans les marbres de l'Emporium le piédestal de cette statue (1). »

Cette bonté toute paternelle de Pie IX réconfortait le jeune prélat au milieu des difficultés de sa grande entreprise. Les dépenses devaient être très considérables, et dans ses courses de quêteur l'infatigable chapelain avait parfois des heures d'angoisse. Mais il ne se décourageait pas, car il comptait sur sainte Anne, et son évêque le soutenait. Il faisait mieux que de le soutenir ; il l'aidait de toutes manières, sans relâche, avec une sollicitude de tous les instants. Les extraits de sa correspondance que nous voulons citer encore, sont une preuve éloquente de la persévérance avec laquelle il continua sa collaboration du

____

(1) Lettre du R. P. Brichet, 10 décembre 1868.

début. Humour, plaisanteries aimables, réflexions sérieuses, il prend tous les tons et emploie tous les moyens pour encourager le quêteur et lui épargner les obstacles. A la minutie des détails qu'il donne et qu'il demande, on voit avec quelle ardeur ces deux âmes marchaient de concert dans la voie qui devait les conduire au but final :

« Décidément, vous avez le secret de *toucher*, sinon toujours de convaincre. Vous préférez cela à ceci. Sainte Anne y gagnera, et vous n'y perdrez rien.

« Continuez vos miracles. J'y applaudis avec la plus vive reconnaissance. J'avais écrit à Muzillac avant la réception de votre lettre... Je viens de demander à l'Empereur le vitrail qui rappellera le pèlerinage de 1858. Il y a lieu de croire que Sa Majesté me répondra affirmativement (2). Mgr l'archevêque de Rennes est enchanté de ce que vous avez fait. Tout vous réussit; vous le méritez. M. Trégaro m'annonce que nous allons recevoir notre autorisation d'emprunt (3). Vivez donc en paix. Je bénis vos sermons et vos quêtes (4). »

« Voici des nouvelles de diverses qualités :

(1) Lettre du 1er janvier 1869.

(2) Le 15 août 1858, l'empereur et l'impératrice avaient fait un pèlerinage à Sainte-Anne. — Le vitrail fut accordé très gracieusement et se voit dans la basilique.

(3) Il fallut, comme cela arrive d'ordinaire dans les entreprises considérables, recourir à un emprunt qui, grâce aux ressources postérieures, fut assez promptement remboursé.

(4) Lettre du 7 avril 1869.

Mlle M. de R. me remit hier 800 francs pour son vitrail.

2° Mme la supérieure de... m'a envoyé 100 francs. C'est bien, ne vous en déplaise. Elle en donne autant au Pape ; gardez-vous de le trouver mauvais.

3° On vient de me dire que M... vous donnerait pour son vitrail le *total* de 100 francs.

J'a reçu d'autre part 10 francs, que j'ai mis dans la *tirelire* (1) ».

« J'ai 200 francs à vous remettre de la part d'une personne de Paris... Vous êtes désiré à Lignol, m'a dit M. le recteur. Je vous y annoncerai et recommanderai demain matin... M. Trégaro se trouvera, jeudi, à Lanvénégen. Venez-y, si c'est possible. Vous me direz, sans doute, que vos plans de *campagne* s'y opposent. Souvenez-vous que, si *la lettre tue quelque part*, l'esprit *vivifie partout*.

« Il est arrêté, dans ma piété filiale, que je me rendrai de Pluméliau à Sainte-Anne, où je passerai, dans votre sainte compagnie, les 8 et 9 mai. Le dimanche de la Pentecôte, office pontifical, si vous le permettez (2). »

Un autre jour, le bon évêque lui écrivait : « Si vous saviez quel cauchemar vous m'avez occasionné ! Je vous voyais mourant ; vous paraissiez joyeux, je pleurais. Grâce à Dieu, vous n'avez pas envie de *casser votre pipe* 3 . Venez chercher 3000 francs et

(1) 8 avril 1869.
(2) 18 avril 1869.
(3) Ceci n'était pas seulement une métaphore.

une belle chapelle en vermeil... Je passe la semaine
à Vannes ; ma porte, défendue pour le commun des
fidèles, vous sera toujours ouverte.

« Je me trouve plus *vaillant :* vos prières, qu'il
faut continuer, m'ont fait du bien (1). »

Nous nous sommes plu à citer longuement ces
menus détails, jetés au courant de la plume avec
un abandon familier. Avons-nous eu tort ? Ils
forment, ce semble, une gracieuse mosaïque où l'on
trouve, mieux que dans un tableau achevé, le portrait d'une âme.

(1) 29 juin 1869.

V

AVANT LE CONCILE

1869

Un grand événement allait se produire, qui intéressait vivement par avance le monde catholique et attirait l'attention de tous. Désireux, après vingt-deux ans d'un pontificat aussi agité que glorieux, de compléter son œuvre en projetant une lumière plus vive sur les erreurs, les préjugés, les haines qui se liguaient contre l'Eglise, Pie IX avait décidé la réunion, à Rome même, d'un Concile auquel il convoquerait tous les évêques de l'univers. Mgr Bécel, qui devait y prendre part, s'empressa de l'annoncer aux fidèles de son diocèse par une lettre pastorale en date du 23 mai 1869.

« Le concile du Vatican, rappelait-il dans cette lettre, examinera très sérieusement et déterminera, comme l'exigent les temps difficiles et tourmentés que nous traversons, ce qui concerne et intéresse d'une manière spéciale la gloire de Dieu, l'intégrité de la foi,... la discipline du clergé,... l'observance des lois ecclésiastiques, la réformation des mœurs, l'éducation chrétienne de la jeunesse. On s'appliquera également à éloigner, Dieu aidant, tous les maux de l'Eglise et de la société civile, à ramener dans le droit sentier de la justice et du salut les malheureux qui se sont égarés (1). »

Le champ était vaste ; et, avant de prendre part à cet acte dont les conséquences devaient être si fécondes, l'évêque de Vannes voulait s'y préparer longuement, non qu'il songeât à prendre dans la docte assemblée une situation en vue ; toujours humble et prêt à s'effacer devant les hommes éminents par la vertu et la science, mais pénétré de l'importance de sa mission, il avait à cœur de faire amplement son devoir.

Depuis le commencement de l'année, un de ses amis, l'éloquent orateur du couronnement de sainte Anne, était à Rome, où Pie IX l'avait appelé, comme consulteur, à préparer le programme définitif du concile prochain. Historien éminent, théologien très au courant des graves questions qui allaient se débattre, de plus très avisé en même temps que sage et ferme sur les principes, M. l'abbé Freppel était l'homme qu'il fallait au prélat breton. Une correspondance, qui devait être très active jusqu'au concile, s'établit entre eux, dès les premiers mois

(1) Bulle d'indiction du concile général.

de cette année. Les lettres du futur évêque d'Angers, que nous avons sous les yeux, sont d'un puissant intérêt, et font connaître d'importants détails sur lesquels, nous ne savons pourquoi, on a gardé jusqu'ici un profond silence.

A mesure qu'approchait l'époque de la grande assemblée, les catholiques s'en préoccupaient avec raison, essayant de prévoir quelque chose de ce qui allait se passer ; déjà, sur certains points, des opinions diverses se faisaient jour, et ces divergences annonçaient les conflits d'idées qui devaient se produire. Il ne faut pas en être surpris. Même — et surtout — pendant le concile, qui était une œuvre de l'homme en attendant que la solution définitive fût donnée par le Saint-Esprit, les divisions s'accentuèrent, les différents groupes — nous ne voulons pas dire les partis — entrèrent en lutte jusqu'au grand jour où après la bataille, acharnée parfois, vainqueurs et vaincus, pour employer le langage humain, s'unirent dans une même soumission à l'arrêt solennellement prononcé.

En dehors du concile, ce fut une vraie bataille : la presse, les discours, les brochures — à qui n'était pas promise comme aux évêques l'assistance divine — multipliant les objections et les réponses, s'aventuraient, souvent avec une hardiesse téméraire, sur des terrains brûlants ; et, surtout en ce qui concernait l'opportunité de définir l'infaillibilité du Pape, c'était un feu croisé d'opinions différentes. Les uns la repoussaient vigoureusement, d'autres voulaient étu-

dier à loisir cette question qui, pour la foule, dominait toutes les autres ; un grand nombre enfin voulaient la faire voter par acclamation.

Avec la grande majorité des prêtres et des fidèles de
son diocèse, Mgr Bécel eût été heureux, nous le croyons,
de voir affirmer par une acclamation grandiose
cette vérité qu'aucun catholique ne mettait en doute,
mais que plusieurs ne trouvaient pas opportun de
proclamer encore.

L'abbé Freppel était de ceux-là. « Il m'est impossible, écrivait-il à l'évêque de Vannes, de vous parler de nos commissions, puisque nous sommes liés
par le *secretum pontificium*. Mais il m'est, du moins,
permis de retracer la situation telle qu'elle m'apparaît
dans les conversations et les entretiens du dehors.
J'ai vu jusqu'ici un tiers des membres du Sacré Collège,
beaucoup de prélats et de théologiens ; il est clair
pour moi que la note dominante est ici celle de *l'U-
nivers*. Il paraît qu'on songe sérieusement à la définition de l'infaillibilité du Pape, et je ne suis pas
rassuré non plus sur les intentions du grand nombre,
relativement aux conditions de la société moderne.
Dès lors, mon rôle est tout tracé : je regarde la définition de l'infaillibilité du Pape comme la mesure
la plus *inopportune* que l'on puisse proposer ; et
d'autre part, je m'évertue à démontrer que notre
intérêt est dans la pacification des esprits, qu'il ne
s'agit pas de rompre en visière avec la société et l'Etat
modernes, mais de les gagner à l'Evangile par tous
les moyens à notre disposition.

« L'épiscopat français aura un grand rôle à jouer dans le concile, et tout dépendra de son attitude. Aussi vous avouerai-je, Monseigneur, que c'est pour la première fois de ma vie que je regrette de n'avoir pas l'honneur d'en faire partie ; car les évêques français auront une mission aussi élevée que périlleuse, et il faudra lutter de savoir et d'érudition théologique avec ceux que le parti extrême ne manquera pas de pousser en avant. Ce n'est pas seulement une question de fond, mais encore de forme, car il faut être rompu au latin et à l'italien pour exercer ici une influence sérieuse ; aussi je m'applique à ces deux langues de mon mieux. On me témoigne ici beaucoup de confiance, malgré la liberté de mon langage (1) ».

Nous n'hésitons pas à reproduire ces réflexions qui étonneront peut-être. Pourquoi d'ailleurs les passerions-nous sous silence ? Elles montrent quel était alors l'état d'esprit du prêtre savant et pieux qui devait être bientôt, sur le siège d'Angers, une des gloires de l'épiscopat français. Elles prouvent avec quelle conscience il étudiait ces questions épineuses, avec quelle sollicitude il essayait de prévoir les conséquences de la proclamation, qu'il pouvait croire inopportune, d'une vérité qu'il acceptait avec la plénitude de son intelligence et la vivacité de sa foi. Au lieu de le diminuer, cette citation contribue plutôt à le grandir, puisque nous verrons avec quelle droi-

____

(1 Lettre du 27 février 1869.

ture *l'évêque*, abandonnant les idées du *consulteur*,
qu'influençaient peut-être celles du milieu où il
avait vécu, prit place au Concile parmi les tenants
les plus autorisés et les plus convaincus de l'opportunité qu'il repoussait d'abord. Il y a là, ce semble,
un heureux contraste, capable d'inspirer de salutaires réflexions à certains hommes qui, sans pitié
pour les intentions les plus droites, accablent témé-
rairement ceux qui demandent à réfléchir avant de
penser comme eux. Ce qui préoccupait surtout
M. Freppel, c'était la crainte de nuire aux âmes, en
les éloignant par une solution prématurée. L'avenir
démontra, et le noble évêque l'avait déjà compris, que
Dieu, dont la Providence rectifie souvent les prévisions des hommes, voulait, en affirmant le privilège unique accordé à son vicaire, faciliter le retour
des âmes, en leur montrant le guide infaillible qui
ne pouvait pas les égarer.

Les idées que le savant professeur exposait dans
cette première lettre, (cette question expliquerait,
s'il en était besoin, la citation que nous venons de
faire), eurent-elles quelque influence sur l'esprit de
Mgr Bécel ?

Tout nous porte à croire qu'elles n'en eurent pas.
Peut-être, et nous le croyons sans peine, l'exemple
d'un tel homme qui, malgré son talent et sa loyauté
incontestables, hésitait sur la marche à suivre, le
porta-t-il à réfléchir plus sérieusement encore avant
de prendre une décision. Ce que nous savons, c'est
que, conformément aux habitudes de toute sa vie,

dans les circonstances importantes, il pria, il se recueillit, il consulta, ne cherchant qu'une chose, l'accomplissement de son devoir.

D'ailleurs, le concile n'était pas ouvert encore. En attendant, il travaillait conformément au plan que lui avait tracé son cher correspondant de Rome. Après avoir répété qu'il ne pouvait, « sans manquer à son serment », lui donner aucun détail sur les travaux des consulteurs, M. l'abbé Freppel ajoutait :

« Il me semble que si j'étais à la place de nos évêques de France, ne sachant pas d'une manière plus particulière ce qui se traite à Rome, je m'attacherais surtout à préparer les questions qui se rapportent à la situation où nous sommes. A cet effet, il suffit de lire les documents émanés de la cour de Rome depuis la fin du siècle dernier.

« Vous avez, sans doute, le *Recueil des actes consistoriaux et des allocutions*, qui a été publié, il y a peu d'années, par Adrien le Clère. Il est évident *à priori* que les propositions énoncées dans le *Syllabus* ne pourront manquer d'attirer l'attention des Pères du Concile. Si j'avais donc l'honneur de compter parmi les juges de la future assemblée, et en faisant complétement abstraction de ce que je sais comme consulteur (science de confessional), je prendrais l'une des propositions du *Syllabus* après l'autre, pour la comparer aux documents auxquels elle se réfère, et chercher ainsi dans quel sens il faut la prendre et sous quelle forme moins équivoque on pourrait l'exprimer. Car l'on ne doit pas s'imaginer, avec quelques ou rnaux de France, que le *Syllabus* n'a pas besoin de commentaire ni d'explication. Au contraire, le *Syllabus* demande à être interprété ; et, quand on en saisit le véritable sens, on n'y trouve rien qui puisse inquiéter un gouvernement chrétien. »

On se rappelle le bruit qui suscita l'apparition de ce grave document : les ignorants et les sectaires, n'en comprenant pas la valeur, jetèrent de hauts cris et prétendirent que l'Eglise voulait partir en guerre contre toutes les aspirations modernes ; d'autres, en exagérant le sens et la portée, ne mirent pas toujours dans leurs revendications la mesure nécessaire. Pour qu'un instrument soit utile, la première condition est de savoir s'en servir.

« Il ne faut point, d'ailleurs, ajoutait l'abbé Freppel, s'exagérer l'importance du *Syllabus* : il a plu à quelques évêques de France, aidés par un certain nombre de journaux, de donner à cette pièce un caractère qu'elle n'avait pas dans l'esprit du Saint-Siège. Et la preuve, c'est que le *Syllabus* n'a jamais paru dans le *Journal de Rome*, qu'il n'a été affiché nulle part, comme le sont d'ordinaire les constitutions pontificales.

« C'était simplement un catalogue ou recueil de propositions plus ou moins erronées ou suspectes, sur lesquelles devait se porter l'attention des évêques, et d'après lesquelles devait se diriger l'enseignement des facultés et séminaires. Mais jamais, au grand jamais, la cour de Rome n'entendit qu'on promulguât ce document du haut de la chaire. Aussi, tandis que l'Encyclique était revêtue de toutes les formalités qu'exige un document de ce genre, le *Syllabus* ne portait aucune signature. On a inquiété les consciences par des interprétations forcées.

« Il appartient au concile de proclamer la vérité, mais sous une forme plus claire, avec plus de développements, et en y ajoutant les restrictions nécessaires. Je suis convaincu, pour ma part, que les constitutions modernes, entendues dans le sens des cahiers dépouillés à l'Assemblée constituante de 1789, n'ont absolument rien de contraire aux doctrines de l'Eglise (1).

« C'est ce que je m'efforce de prouver ; et, si Dieu me prête vie, je compte bien en faire l'objet d'un travail spécial. Il faut absolument faire cesser les malentendus qui existent entre nous et les esprits sincères qui veulent rester chrétiens sans cesser d'être de leur temps et de leur pays. Nous avons beaucoup à faire, car, il ne faut pas se le dissimuler, il y a un parti d'esprits exaltés qui, avec de bonnes intentions, je le crois, compromettent l'Eglise par des opinions qu'ils donnent pour la doctrine catholique et qui ne sont qu'un fruit de leur imagination. J'attends beaucoup de la sagesse et de la modération de certains théologiens romains. On ne m'en veut pas de m'expliquer là-dessus avec franchise.

---

(1) Certaines sociétés, rebelles à la voix de l'Eglise, ont fait du chemin dans la voie de l'erreur depuis cette lettre du futur évêque d'Angers. Mais les justes critiques qu'on peut leur faire s'adressent moins à leur constitution qu'à leur législation.

Le Pape en particulier est pour moi d'une grande bienveillance (1). »

Dans ces lettres, consacrées à de graves objets, le consulteur ne reculait pas, quelquefois, devant une malice ; nous en avons trouvé plus d'une que nous ne pouvons pas citer. Celle-ci dut faire sourire l'évêque de Vannes, intéressé à l'ouvrage dont il s'agissait : « Je trouve, comme vous, que l'abbé B. n' va pas vite dans sa glorification de sainte Anne ; et cependant ce que vous m'avez fait l'honneur de m'envoyer n'a pas dû lui coûter beaucoup de travail, car c'est un extrait de mes *Pères apostoliques*, p. 52 et suivantes. A l'occasion, Votre Grandeur ferait peut-être bien de joindre ses efforts aux miens pour exhorter notre cher chapelain à travailler et à travailler encore. Il ne faut pas que sa facilité le porte à la négligence (2). »

En d'autres endroits, ce sont des amabilités charmantes, sur le ton de ce passage : « Merci, Monseigneur, de m'avoir envoyé vos deux lettres et vos deux Bretons, qui ont toute la droiture et la simplicité de leur pays. C'est toujours avec grand plaisir que je reçois de vos nouvelles, soit directement soit indirectement ; et la preuve que j'aime à m'entretenir avec Votre Grandeur de loin comme de près, c'est la

(1) Lettre du 12 avril 1869.

(2) L'abbé Bernard, qui était originaire du diocèse de Vannes, avait du talent ; chapelain de Sainte-Geneviève et suppléant de M. Freppel à la Sorbonne, il travaillait alors aux *Gloires de Sainte-Anne*, où il inséra le passage signalé plus haut.

trop longue lettre que lui adresse son très respectueux et affectionné serviteur. »

Bien que de caractères différents, et pour cela
même peut-être, les deux correspondants s'enten-
daient à merveille, et les liens d'affection qui les
unissaient devaient se resserrer encore après les
confidences qui permirent à l'évêque de Vannes de
rendre à l'église de France un signalé service.
Msr Bécel avait demandé à M. Freppel d'être son
théologien au concile, et cette proposition fut acceptée avec plaisir : « Je vous remercie bien, Monseigneur, de l'offre que vous me renouvelez. J'ignore
encore quelle sera, à nous autres consulteurs,
notre situation officielle ; mais, en tout cas, elle
n'est pas incompatible avec celle de théologien d'un
évêque. Mes collègues, qui sont tous vicaires généraux, rempliront également cet office auprès de leurs
évêques respectifs. J'accepte donc avec plaisir la
proposition que vous me faites. Quant à Paris, dans
la situation où il se trouve vis-à-vis de Rome, l'archevêque est trop délicat pour m'offrir une solida-
rité compromettante ; et j'avoue que, de mon côté,
je n'éprouve aucune envie de l'encourir. »

Cette question tranchée, pour le moment, il fallait
songer aux détails matériels, qui ont leur importance,
surtout quand on est loin de son pays. Homme pratique et mettant son esprit de méthode jusque dans
ces questions secondaires, l'abbé Freppel avait un
petit plan d'installation qu'il soumit, en toute simplicité, à son correspondant :

« Avez-vous pris vos dispositions pour votre séjour à Rome ? Où comptez-vous descendre ? Je suis
moi-même à la recherche d'un logement. Peut-être
pourrions-nous prendre tout un étage d'un *palazzo*
et avoir notre cuisine *française* : cela est capital.
Quant à dépenser de l'argent, il faut s'y attendre.
Pour moi, j'ai disposé par avance d'un petit capital
ad hoc ; il n'y aura pas chaque année, il faut l'espérer, un concile général. Veuillez, s'il vous plaît, me
faire connaître vos intentions à cet égard, et j'agirai
en conséquence » (1).

Ce plan souriait aux deux amis ; mais les événements se mirent à la traverse, de la manière la plus
heureuse, et il ne fut pas réalisé.

Quelque semaines après, M. Freppel communiquait
à l'évêque de Vannes une lettre de M. Lagrange,
vicaire général d'Orléans, où se reflétait, croyait-il,
la pensée intime de Mgr Dupanloup. « Le cardinal de
Bonald, archevêque de Lyon, disait M. Lagrange,
s'est démis de son siège. Qui le remplacera ? L'archevêque de Bourges ? Je suis loin de dire que ce ne
serait pas un bon choix. Je crois cependant que le
gouvernement pourrait jeter les yeux sur un autre
évêque. J'en parle d'une façon très désintéressée,
quoique je sois à Orléans ; mais le gouvernement
s'honorerait, et même il serait habile si, à la veille
du concile, il plaçait sur ce siège l'évêque dont l'illus-
tration est la plus grande et dont l'initiative au con-

(1) Lettre du 1er septembre 1869.

cile sera peut-être la plus utile (1). Et alors je ferais des vœux pour que le doyen de Sainte-Geneviève le remplaçât sur le siège d'Orléans. Je vous demande pardon, mon cher ami, de penser ainsi tout haut avec vous ; mais la science et le talent ne sont pas choses si communes, même sur les sièges épiscopaux de France, pour qu'il ne soit permis de les souhaiter à notre Eglise. » (2)

En transmettant cette lettre à Mgr l'évêque de Vannes, M. Freppel ne cachait pas la joie que lui causerait la translation de Mgr Dupanloup au siège de Lyon. « Le gouvernement, disait-il, ferait un acte qui produirait une sensation immense. D'abord, il rallierait à lui le plus illustre des évêques de France, celui dont l'opinion a le plus de poids à l'étranger. Ce serait un acte qui attirerait à l'empereur la faveur de tous les catholiques et réjouirait le Saint-Siège. Toutes les difficultés avec l'archevêque de Paris se trouveraient aplanies du même coup. Bref, je considérerais cette promotion comme des plus heureuses pour l'Eglise de France et la dynastie impériale. » (3)

La première partie du projet avait donc l'approbation complète de M. l'abbé Freppel. Quant à la seconde, qui le mettait directement en cause, elle

(1) Nous ne savons, trop quel peut être le sens de cette phrase. Ce n'est certes pas au point de vue de la définition de l'infaillibilité pontificale que l'initiative de l'évêque d'Orléans a été d'une grande utilité.

(2) Lettre du 26 septembre 1869.

(3) Lettre du 28 septembre 1869.

n'avait rien qui lui répugnât. « Comme j'ai l'habitude, ajoutait-il, de penser tout haut avec vous, je ne vous cacherai pas que la seconde partie du plan de M. Lagrange (de Mgr Dupanloup?) ne m'attristerait pas non plus. Vous devez comprendre combien ma situation commence à devenir délicate. L'honneur que m'a fait le Pape de m'appeler à Rome comme consulteur m'a attiré bien des jalousies. Le malheureux livre de Mgr Maret — que je regarde avec Mgr Dupanloup comme la plus fausse des manœuvres — m'a complètement brouillé avec lui. Bref, je désirerais en sortir et laisser ma succession à MM. Bernard et Bonnefoy » (1).

Et il demandait à Mgr Bécel d'intervenir près de l'empereur pour faire réussir la nomination de Mgr Dupanloup. Quant à la sienne, il n'en disait rien, bien que celle-ci pût être la conséquence de celle-là. L'abbé Freppel, n'étant pas de ces ambitieux qui sollicitent les honneurs, avait l'âme trop haute pour rien demander. Mais, comme les hommes de grand mérite qui ont des choses une vision aussi nette que désintéressée, il avait trop conscience de sa valeur et des services qu'il pouvait rendre pour reculer devant un labeur plus grand, même inséparable d'une dignité plus haute.

Mgr Bécel n'eut pas à intervenir : quelque temps après, on parlait de Mgr Dubreil, archevêque d'Avi-

---

(1) M. Bernard, dont nous avons parlé déjà, est mort depuis quelques années ; M. Bonnefoy est aujourd'hui archevêque d'Aix.

gnon comme devant succéder au Cardinal de Bonald.
Ce bruit était-il fondé, et le gouvernement impérial
songeait-il à transférer l'ancien évêque de Vannes
sur le siège illustre de saint Irénée ? Peut-être.
Toujours est-il que la question fut assez vite tranchée, « car, dès que le cardinal de B. vit poindre le
nom de Mgr D., il se hâta de retirer sa démission,
ou du moins de l'expliquer dans le sens d'une simple
demande de coadjuteur. » (1)

Il ne fallait donc plus songer à M. l'abbé Freppel
pour l'évêché d'Orléans. Mais l'évêque de Vannes,
qui avait le cœur tenace et fidèle, n'oubliait pas facilement ses amis, surtout quand une estime aussi
grande que méritée se joignait à l'affection qu'il
avait pour eux. Mgr Angebault, évêque d'Angers, était
mort le 2 octobre 1869 ; et, sans en rien dire à personne, Mgr Bécel, se rappelant les ouvertures de
l'abbé Lagrange, partit pour Paris au milieu d'octobre et obtint aussitôt une audience de l'Empereur,
qui résidait alors au château de Saint-Cloud.

Après quelques instants d'entretien, l'Empereur en
vint de lui-même à parler de l'évêque défunt et de
sa succession, qui le préoccupait ; car Napoléon III,
malgré les fautes de sa politique, tenait, quand il
était laissé à lui-même, à bien choisir les candidats
qu'il présentait au Saint-Siège.

— Connaissez-vous, Monseigneur, un prêtre de
valeur qui pourrait le remplacer?

1 Lettre de M. Freppel, 29 novembre 1869.

— Sire, répondit l'évêque de Vannes, j'en connais un, pour qui j'éprouve une grande affection ; et je puis affirmer qu'il offre toutes les garanties au triple point de vue des idées, de la science et de la vertu : c'est M. l'abbé Freppel.

— L'abbé Freppel ? reprit l'Empereur, qui ne se souvenait pas.

— Oui, Sire, un vrai savant, professeur d'éloquence sacrée à la Sorbonne. Son caractère est à la hauteur de son talent, et Pie IX lui a donné une grande marque d'estime en l'appelant à Rome pour la préparation du Concile. En 1866, il a prêché le carême aux Tuileries.

L'Empereur écoutait avec attention le développement que l'évêque faisait de ce juste éloge.

— Merci, Monseigneur.

Ce fut tout. Et sonnant aussitôt :

— Priez le maréchal Vaillant de venir.

Dès qu'il fut arrivé :

— Maréchal, ayez la bonté de prendre note de ce que va vous dicter l'évêque de Vannes.

Mgr Bécel répéta ce qu'il venait de dire. La cause était gagnée (1).

Agréable à l'Empereur, au ministre et au directeur des cultes, patronnée en outre par l'archevêque de Paris, qui avait rendu de M. Freppel le meilleur témoignage, la nomination fut signée avant la fin

____

(1) Nous tenons ces détails de la bouche même de Mgr Bécel, qui les a plus d'une fois rappelés devant nous.

d'octobre ; mais on décida de la garder secrète, parce qu'il y avait d'autres sièges à pourvoir, entre autres celui d'Ajaccio, auquel M. Pietri et le prince Napoléon voulaient faire nommer M. Casanelli, vicaire général, pendant que M. l'abbé de Cuttoli était patronné par M. Conti, chef du cabinet de l'Empereur (1). De là une attente qui fut longue, puisque le décret impérial nommant M. Freppel à l'évêché d'Angers ne fut signé définitivement que le 27 décembre 1869.

Mgr Bécel était heureux du résultat de son intervention ; et à la joie qu'il éprouvait d'avoir donné à la France un évêque comme Mgr Freppel s'ajouta bien souvent dans la suite un sentiment de légitime fierté, quand il applaudit avec tous les catholiques les actes de l'illustre prélat dévoué jusqu'à la mort à la défense des intérêts de l'Eglise et de la patrie.

Dès le 26 octobre, son ami, qui allait devenir son collègue, lui exprimait avec effusion sa gratitude : « Votre Grandeur peut encore m'écrire à Paris, si elle juge à propos de me mander quelque chose : mais, quoi qu'il arrive, je n'oublierai pas de ma vie la peine que vous vous êtes donnée pour moi. Il n'est pas possible de pousser plus loin la noblesse du cœur et la générosité. Aussi ma reconnaissance n'a-t-elle d'égale que l'admiration que j'éprouve pour une telle bonté d'âme (2). »

(1) D'après les lettres du 26 et du 27 octobre, du 9 et du 2) novembre, adressées à l'évêque de Vannes.

(2) Toutes ces lettres de M. Freppel, à l'écriture fine, aux

VI

A ROME

1869-70.

La nomination de M. Freppel étant certaine,
Mgr Bécel ne pouvait plus songer à le prendre au
Concile comme son théologien. Il choisit pour remplir cette mission de confiance M. Flohy, son vicaire
général, qui, sans avoir la notoriété et l'éclat du
professeur de Sorbonne, possédait un sens très droit
et une grande science théologique.

Après avoir fait un pèlerinage à Sainte-Anne, pour
mettre son voyage et son séjour à Rome sous la protection de la Patronne de la Bretagne, l'évêque partit de Vannes le 22 novembre pour se rendre dans la
Ville-Eternelle, où le concile s'ouvrit solennellement
le 8 décembre. A ce moment, la pluie tombait à

lignes serrées, sont écrites au courant de la plume, sans ra-
tures. On y retrouve, même dans les détails extérieurs, l'étonnante facilité et l'esprit de décision qui en caractérisaient
l'auteur.

torrents, le vent soufflait ; c'était une véritable tempête, où l'on peut voir comme un symbole de la rage de l'Enfer, qui s'insurgeait contre l'œuvre grandiose des évêques catholiques, assemblés autour de leur auguste chef.

Ce que fut l'évêque de Vannes pendant ces longs mois de travail fécond, nous pouvons le dire en quelques mots : plein de vénération pour Pie IX, aimant la sainte Église comme un enfant dévoué et prêt à tout sacrifier pour elle, il n'avait qu'un désir : défendre énergiquement les droits de l'une et de l'autre et collaborer au triomphe de la vérité, de la manière la plus utile aux âmes. Dans la communauté religieuse où il avait trouvé un modeste appartement, il se recueillait et il étudiait. Fuyant les extrêmes, il s'appliquait à faire son devoir avec la sage fermeté qui semblait diriger tous ses actes.

Deux exemples mettront en relief cette modération qui n'excluait pas, loin de là, une persévérante énergie.

Invité, un soir, à dîner avec un certain nombre de ses collègues, dont la plupart étaient opposés à la proclamation de l'infaillibilité pontificale, il se promettait bien de se tenir sur ses gardes. Et il eut raison, car, après le repas, il comprit, à certains regards et à certains mots rapides, que la réunion allait tourner au conciliabule. Ne voulant pas entamer une discussion inutile avec des hommes qu'il estimait et dont plusieurs étaient de ses amis, il n'hésita pas à les quitter sous un prétexte qu'il trouva sans peine. Les dignes prélats usaient de leur droit en discutant ; il usa du sien en ne les suivant pas, et il alla finir la soirée dans le calme de sa pieuse solitude. Il fallait pour cela quelque courage.

« Hier matin, raconte-t-il lui même, le Cardinal-Vicaire vint donner la confirmation dans *mon* couvent. Après la cérémonie, il eut la gracieuseté de me faire demander, pour prendre le chocolat et le *frustulum*... Il fut question des Postulata :

« Je n'ai voulu signer aucun de ces papiers, lui dis-je.

— Ni moi non plus, répliqua Son Eminence.

« J'ai donc fait comme le Vicaire du Pape. Que vous en semble ? Il paraît que beaucoup de mes collègues, qui ont signé ceci et cela, voudraient avoir imité ma prudente réserve. Si tous s'étaient tus, que de misères auraient été évitées ! Je ne blâme personne ; mais il m'est permis de me réjouir de ma ligne de conduite. Avec la grâce de Dieu et la protection de sainte Anne, je saurai rendre témoignage de la foi de mon Eglise. » (1)

Le 22 février, il avait eu la joie d'être reçu en audience particulière par le Souverain Pontife. « Pie IX, écrivait-il ensuite, me tendit la main. Pendant que je la baisais avec amour, sa voix sympathique me disait : « Mon fils, comment vous portez-vous ? » Et il me faisait signe de m'asseoir tout près de lui. Pourquoi ne l'avouerais-je pas ? J'éprouvai la tentation de me jeter dans ses bras : il me l'eut pardonné...... A

(1) Lettre à M. Guillouzo, 27 mars 1870.

la vue de sa photographie que je lui présentais en exprimant un vœu, le Pape sourit et écrivit au bas : *Pax vobis.* C'était de l'à propos : Pie IX n'en manque jamais. Souffrez que je ne m'explique pas plus clairement (1). »

Le sourire du Pape et cette dernière réflexion s'expliquent sans doute par un autre passage de la même lettre. Fort de la pureté de ses intentions et froissé peut-être de certains jugements prématurés, — il y a partout des impatients qui confondent prudence et faiblesse — il avait, avec un abandon tout filial, ouvert son cœur au meilleur des pères. « Moins exigeant que ne le sont quelquefois d'assez pauvres chrétiens, le Pape approuva *sans réserve* la conduite que votre évêque se propose de suivre, avec la grâce de Dieu et le secours de vos prières, pendant et après le Concile. Dès lors, pourquoi m'inquiéterais-je de répondre directement à ce qui pourrait être dit ou écrit, à Vannes ou ailleurs, de mes discours et de mes actes ? Sans rester insensible aux irrévérences et aux témérités de certaines gens qui ne parviennent pas toujours à se donner de l'importance, je n'aurai jamais d'autre crainte que celle du jugement de Dieu.»

Un détail charmant de cette audience mémorable, où. selon son expression, « son âme fut toute parfumée du contact de celle du Vicaire de Jésus-Christ » : « Je priai le Saint-Père d'écouter une lecture très courte. J'avais écrit, en un latin plus ou moins correct,

____

(1) Lettre circulaire du 25 février 1870.

ma dernière page : Très-Saint Père, lui dis-je, je vais
essayer de prononcer à la manière de Rome. — Pendant que je lisais de mon mieux, sans parvenir à
bien prononcer les *c* et les *g*, mon vénérable auditeur
souriait. » Ce qui ne l'empêcha pas d'écrire : *Annuimus
juxta petita.* Esprit délicat et fin, où une malice aimable se mêlait facilement à une admirable bonté.
Pie IX condescendait volontiers à ces filiales façons
d'agir. Il aimait beaucoup le *petit* évêque de Vannes,
comme il disait (1).

La page écrite en latin formulait la demande d'un
costume de chœur : rochet, mosette et croix pour les
chapelains de Sainte-Anne. Il fut gracieusement accordé. « Pour le moment, ajoutait l'évêque, ils ne
sont que deux ; mais ils font de l'ouvrage comme ....
quatre. Ils ont tout le zèle, sans parler des autres
qualités, que demande leur mission délicate. Je désire leur donner plusieurs collègues, lorsque mes
ressources le permettront; la garde d'honneur de ce
sanctuaire vénéré pourra porter secours aux pasteurs

(1) A ce propos, je me permets de rappeler ici un souvenir.
Quelques années après, j'avais le bonheur, un soir, d'être aux
pieds du grand Pape, avec un ami bien cher : « — Très Saint
Père, lui dis-je, nous venons de Sainte-Anne, au diocèse de
Vannes. » Pie IX ne comprenait pas, ce qui s'explique, parce que
le nom de notre chef-lieu se traduit à Rome *Doriorigum*, sans
doute pour ne pas confondre, Venise avec *Venetiæ*. Un peu embarrassé, je repris : « Très Saint Père, le diocèse de Vannes
a pour évêque Mgr Bécel... » C'était naïf : il y a tant d'évêques
dans la catholicité ! mais immédiatement le Pape se rappela, et
se mit à nous parler très aimablement de notre évêque, de
sainte Anne, des fêtes et des pèlerins ...

du voisinage et de tout le diocèse pour les missions, les retraites, les carêmes, etc. Nous aurions ainsi, sous l'aile de notre bonne mère sainte Anne, des missionnaires diocésains. » Ce dernier projet n'a pas été réalisé.

A Rome, comme partout, Mgr Bécel s'occupait de l'œuvre de Sainte-Anne, qui fut le grand fait de son épiscopat. Grâce à ses recommandations, l'abbé Guillouzo, qui était venu le rejoindre, fut reçu, félicité, béni par Pie IX, et trouva près des évêques un accueil aimable et *pratique*, puisque leurs offrandes ont permis d'ériger dans la basilique bretonne un autel *offert par les Pères du Concile*.

Le 14 mai, nouvelle audience, nouvelles faveurs octroyées par la bonté du Pape, qui était tout ému en acceptant les dons relativement considérables que les fidèles du pays de Vannes étaient heureux de lui offrir par les mains de leur évêque (1). « Les bons Bretons ! s'écria Pie IX, qu'ils sont généreux ! »

Mgr Bécel sortait tout réconforté de ces entretiens intimes. Ce jour-là, il fut récompensé, sans doute, d'un acte de patience qu'il raconte avec enjouement : « Exact au rendez-vous, je dus attendre assez longtemps. Le ministre des Armes arriva. Ce n'était pas le cas de dire : *Cedant arma togae* : Son Excellence jouit de ses privilèges. Un vieil évêque

(1) Dès son arrivée à Rome, il avait offert 40000 pour le Denier de Saint Pierre. Dans cette audience il en apportait encore 12000

espagnol, malade, qui voulait prendre congé du Saint-Père, était inscrit après moi ; je me fis un devoir de le laisser entrer le premier. Survinrent deux cardinaux ; l'éclat de leur pourpre fit pâlir mes couleurs épiscopales... Mon tour arriva (1). »

C'est bien lui, souriant et généreux.

Malgré les joies qu'il éprouvait dans cette atmosphère de Rome, où abondent les souvenirs de tant d'épreuves et de gloires, la santé de Mgr Bécel était fortement ébranlée par le climat et aussi par les préoccupations de chaque jour. Les médecins qu'il consulta lui ordonnèrent de partir ; il voulait rester. « Après mille hésitations, écrit-il à ses vicaires généraux, et voyant s'écouler le temps favorable pour prendre les eaux thermales qui m'avaient été prescrites dès l'année dernière, je me suis permis d'aller exposer au Pape mes craintes et mes regrets. Sa Sainteté a bien voulu m'accueillir avec une affection que je n'oublierai jamais.

— Très saint Père, lui dis-je, je ne viens pas vous demander la permission de partir. Cependant, si j'ai résisté aux médecins, je vous obéirai.

— Je vous conseille de partir, me répondit Pie IX. Ecrivez au secrétaire du Concile que ce n'est pas seulement une permission, mais un conseil que je vous donne. A votre âge, on peut conserver l'espoir de travailler longtemps. Pour cela il faut des forces ; je prierai Dieu de vous guérir (2) »

(1) Lettre du 16 mai 1870.
(2) Lettre du 26 juin 1870.

Le sacrifice était dur, mais nécessaire. Le pieux évêque se soumit, heureux d'avoir pu affirmer, dans ce dernier entretien, sa ferme croyance et celle de son diocèse à *toutes* les prérogatives divines du Vicaire de Jésus-Christ.

Jusque-là, le clergé du diocèse de Vannes avait gardé le silence. Pourquoi aurait-il parlé ? Il savait que sa croyance était connue de tous et qu'au jour solennel, son évêque en rendrait publiquement témoignage. Mais, après le départ forcé de Mgr Bécel, il voulut affirmer hautement sa foi, que rien n'avait jamais obscurcie ; et un projet d'adresse au Souverain Pontife, que nous reproduisons, fut communiqué à l'évêque :

« Très Saint Père,

« Le clergé de Vannes vient, avec une grande joie, déposer aux pieds de Votre Sainteté, les hommages de sa profonde vénération, l'expression de sa foi et de son dévouement sans bornes.

« Si nous sommes restés silencieux jusqu'ici, si nous avons longtemps contenu les élans de notre amour, c'est que notre évêque, auprès de votre personne sacrée, était notre pensée et notre cœur et que son témoignage renfermait tous les nôtres ; c'est aussi, nous le disons avec fierté, que notre foi n'était douteuse pour personne, et que nous nous sentions unis dans une même doctrine et dans un même sentiment de confiance et de soumission.

« Mais aujourd'hui que notre évêque, sur le conseil de Votre Sainteté et avec une tristesse que nous partageons, a dû se résigner à s'éloigner de Rome, nous sommes heureux de laisser éclater notre foi en nous associant à tous les vœux qui s'élèvent de toutes parts dans l'Eglise. en faveur d'une définition dogmatique de l'infaillibilité doctrinale du Vicaire de Jésus-Christ. Oui, nous croyons, plus fermement que jamais, que c'est Pierre qui parle encore par la bouche de ses successeurs, et une acclamation unanime accueillera parmi nous la décision souveraine qui montrera à l'univers catholique son docteur infaillible. » (1)

L'évêque applaudit avec une joie très vive à ce bel acte de foi de son clergé. L'union était complète : en cette grave circonstance, ils ne formaient qu'un seul esprit et qu'un seul cœur.

Le 18 juillet, les décrets du concile œcuménique. concernant la *Constitution dogmatique de l'Eglise du Christ*, furent solennellement promulgués : et, dès qu'il eut appris la grande nouvelle, l'évêque de Vannes s'empressa d'écrire au Souverain Pontife une lettre toute filiale, où il lui disait :

« Très Saint-Père, les vœux du monde catholique sont exaucés. Le ciel en soit béni !

« Après avoir exprimé à Votre Sainteté le vif re-

(1) 5 juillet 1870. — Cette adresse fut couverte en quelques jours de plus de 500 signateurs : et tous les prêtres du diocèse l'auraient signée, s'il avait été possible de la faire circuler dans toutes les paroisses.

gret que j'éprouvais de m'éloigner de Rome sans pouvoir confirmer de mon vote ma foi et celle de mes diocésains à la primauté et à l'infaillibilité du successeur de saint Pierre, toute déclaration nouvelle serait superflue....

« Je dois sans doute, Très Saint-Père, à votre bénédiction et à vos prières l'amélioration de ma santé. Les médecins m'affirment que je pourrai bientôt reprendre mes occupations. Je désire ardemment retourner à Rome au mois de novembre. Dieu me fasse cette grâce, et qu'il me soit donné de vous renouveler de vive voix l'expression de mon attachement inviolable à la chaire de saint Pierre et de mon dévouement filial à votre personne sacrée ! »

Pie IX, qui connaissait la pensée de l'évêque et se rappelait le vœu qu'il lui avait exprimé dans l'audience intime qui précéda son départ, lui témoigna son entière satisfaction et le bénit affectueusement. Il se réjouissait, ajoutait-il, de le revoir au mois de novembre ; mais ce dernier désir ne devait pas se réaliser.

VII

L'ANNÉE TERRIBLE

La guerre contre la Prusse. — Paroles d'espoir. — L'arme de
la prière. — Glorieuses défaites. — Près du tombeau de
saint Vincent Ferrier. — La catastrophe. — Dans l'angoisse.
— A Sainte-Anne. — Bénédiction de drapeaux. — Rome enva-
hie. — Foi et patriotisme.

1870-1871.

Lorsque, au mois de juillet 1870, le gouvernement
impérial déclara la guerre à la Prusse, avec une
hâte téméraire, dont personne ne pouvait prévoir
alors les lamentables conséquences, Mgr Bécel s'a-
dressa, dans une lettre circulaire, à la piété de ses
diocésains. Son espoir était grand, parce qu'il aimait
la France, et comptait, avec raison, sur ses défenseurs ; son inquiétude, qui se manifestait à peine
dans un court passage, était visible néanmoins,
et il insistait sur la nécessité d'avoir recours à Dieu
par de ferventes prières.

« Il fallait s'attendre, disait-il, à la rupture qui
vient d'éclater inopinément entre la France et la
Prusse. La mesure était comble : personne ne s'at-
taque impunément à notre dignité nationale.....
Aussi, des Pyrénées à la Manche, des Alpes à l'Océan,

ce n'est qu'un cri plein d'enthousiasme. On veut la guerre ; elle est demandée avec résolution ; elle sera conduite avec intrépidité....

« Ne nous le dissimulons pas, la lutte sera terrible et sanglante. Puisse-t-elle se terminer promptement et à notre avantage ! Il nous est permis de l'espérer : Dieu protège la France, nos soldats connaissent le chemin de la gloire et du triomphe.

« Pendant que les fils des héros d'Iéna combattront et mourront pour la patrie, aux cris de *Vive la France, Vive l'Empereur* ! nous élèverons vers le ciel nos mains suppliantes et nos cœurs confiants. Le moment est solennel, peu favorable aux longs discours ; que chacun fasse plutôt son devoir, dans le temple saint ou dans le sanctuaire de la famille, comme dans les camps et sur le champ de bataille.

« Pour nous, *prosternés entre le vestibule et l'autel*, ne cessons de conjurer le Dieu des armées de prendre en main notre cause, de diriger invinciblement l'épée redoutable dont la fille aînée de son Eglise s'est tant de fois servie pour protéger, défendre et venger la religion persécutée ou méconnue. »

Si dans son patriotisme il avait des accents qui ressemblaient d'avance à un cri de victoire, le pieux évêque, sachant bien « que l'arme la meilleure est encore la prière », comptait avant tout sur Dieu.

Dès lors, il se fit dans son diocèse le promoteur de supplications ferventes, ininterrompues, auxquelles s'ajouta, trop tôt, hélas ! la prière des larmes ; supplications angoissées et confiantes qui jaillissaient

de toutes les âmes, dans le silence des foyers chrétiens ou dans les réunions inoubliables que présidait l'évêque et auxquelles il conviait les foules.
Tous les jours, Mgr Bécel célébrait la messe dans la
chapelle de l'Evêché pour le succès de nos armes :
tous les jours, une messe était dite dans le sanctuaire
de Sainte-Anne d'Auray. Là, pendant les heures
d'épreuve, la piété bretonne, sollicitée, activée par
l'évêque de Vannes, donnait à tous de poignants
rendez-vous. Partout on priait : et, malgré les défaites, malgré les nouvelles désastreuses qui arrivaient coup sur coup, on espérait encore. Ecrasés
par le nombre, comme, le 4 août à Wissembourg
où 5000 Français tinrent tête à 40000 Prussiens, nos
braves soldats luttaient toujours, payant de leur vie
l'imprévoyance du début. Frœschviller, Vœrth,
Reischoffen, Forbach, Borny, Gravelotte, Saint-Pri-
vat mirent en relief leur héroïsme inutile ; et ce
fut l'inaction de Bazaine, l'investissement de Metz,
et Sedan, la navrante journée, succédant aux défaites qui n'étaient pas sans gloire.

Le 3 septembre, se terminait, à la cathédrale de
Vannes, le *triduum* préparatoire à la grande fête de
saint Vincent Ferrier. — « Pas de découragement,
avait dit, ce soir-là, l'évêque au prédicateur du jour.
Faites entendre à la foule des paroles d'espérance. »

Et le prédicateur, se tournant vers la tombe illustre
du thaumaturge, essaya — il nous semble que c'était
hier — de réconforter les âmes, en poussant un cri
d'espoir.

Hélas ! le lendemain, nous apprenions la terrifiante nouvelle. Après la procession qui termine la grande solennité, Mgr Bécel fit ressortir les graves leçons qu'apportait à la France la catastrophe de Sedan.

« Il faut, s'écria-t-il, que nous soyons bien coupables, puisque la main de Dieu s'appesantit sur nous avec tant de rigueur... Combien de temps encore devrons-nous subir les audacieuses brutalités d'un ennemi dont l'histoire stigmatisera les procédés inqualifiables ? En racontant ce qu'il fait, il dira ce qu'il est et ce qu'il vaut.

« Le coup de foudre qui est venu ce matin, à notre réveil, nous frapper au cœur ne doit pas nous abattre. Hélas! sans aucun doute, bien des fautes ont été commises ; elles seront expiées cruellement... Souffrez que je précise : un évêque ne saurait taire la vérité, surtout s'il espère que ses avertissements seront mis en pratique. » Et, avec des accents qui émeuvent, il explique pourquoi dans la défaite on peut voir un châtiment : profanation du dimanche, blasphème, culte des intérêts matériels ; pourquoi aussi il ne faut pas désespérer de l'avenir : la France n'a-t-elle pas été souvent l'épée de l'Eglise ? Et il annonce que, le lendemain, un service solennel serait célébré, à la cathédrale, pour le repos de l'âme des soldats morts au champ d'honneur.

Dans ces jours douloureux, les cœurs étaient broyés sous l'étreinte d'une double souffrance. Profitant des malheurs de notre patrie, Victor-Emmanuel s'acharna contre le Saint-Siège. Le 12 septembre, ses troupes

envahissaient les Etats de l'Eglise ; le 20, elles péné-
traient dans Rome par la brèche sanglante de la
Porta Pia. Trois jours plus tard, les Prussiens étaient
aux portes de Paris.

C'était l'invasion avec toutes ses horreurs : triomphe
de la force brutale, résistance désespérée du patriotisme impuissant. Bien qu'il fût loin du théâtre de
la guerre, le diocèse de Vannes montra généreusement ce que peut un peuple chrétien. Il prodigua
son or, ses enfants, sa prière : prêtres et fidèles coo-
pérèrent largement à l'œuvre d'assistance et de salut,
et l'évêque, qui semblait se multiplier, donna
l'exemple d'un zèle de toutes les heures dans l'accomplissement de sa charitable mission.

Nous ne pouvons pas le suivre à travers les incidents si variés de cette campagne de prières et de
dévouement, où la foi enflammait le patriotisme et,
par-dessus les deuils, faisait luire, quand même, un
rayon d'espérance. Pour indiquer son rôle, aux jours
les plus sombres de l'année terrible, une simple
énumération, même incomplète, vaudra mieux qu'un
long récit.

A moins d'impossibilité absolue, il présidait, à
Sainte-Anne, toutes les réunions, très nombreuses
en ces circonstances critiques, où s'assemblaient les
paroisses ou les cantons — visites suprêmes pour
beaucoup, hélas ! des braves qui, avant d'aller mourir, voulaient saluer la Bonne Mère — et des familles
en deuil venant prier pour les morts.

Comme nos marins, nos soldats se rappellent le

mot de l'héroïque pilote : « A Sainte-Anne je suis allé, car je vais m'embarquer : celui qui va prier à Sainte-Anne, sainte Anne ne l'oublie pas. »

Ils allaient nombreux à Sainte-Anne, les soldats de l'armée active ou de la garde nationale mobile, et, plus tard, les mobilisés.

Le 11 octobre, les gardes nationaux de la presqu'île de Rhuys, accompagnant ceux de Sarzeau, qui avaient donné le branle, vinrent, les premiers, faire bénir leur drapeau. Ce fut un émouvant spectacle. L'Evêque célébra la messe pour ces braves qui voulaient prier avant de combattre ; puis il bénit leur étendard, donna l'accolade à celui qui le portait et leur fit entendre de nobles et réconfortantes paroles : « Trois mots, dit-il, doivent être inscrits sur votre drapeau : *Courage, union, fidélité*, fidélité à vos chefs, fidélité à la Patrie, fidélité à Dieu. Dans notre siècle, on foule aux pieds l'obéissance ; eh bien ! allez montrer à d'autres ce que peuvent faire les soldats bretons, qui savent obéir parce qu'ils comprennent leurs devoirs de soldats et de chrétiens. »

Ce bel exemple fut suivi : Baud, Locminé, Pluvigner, d'autres encore firent aussi bénir leurs drapeaux. Et les pèlerins arrivaient, isolés ou en groupes, et les prières continuaient, là et ailleurs. L'évêque était fier de ses diocésains. Après avoir rempli, avec son activité ordinaire, sa mission pastorale, il n'avait plus d'autre préoccupation que les intérêts de l'Eglise et de la France.

Le 30 septembre, anniversaire du couronnement de la statue de sainte Anne, il était là, près du monument commémoratif, avec Mgr Ridel, dont la vie en Corée devait être un vrai martyre, et Mgr de Ségur, l'admirable et pieux aveugle, qui a semé tant d'œuvres fécondes. Avec eux des milliers de pèlerins priaient pour le Pape et pour la patrie.

Peu après il adressait à Pie IX, par l'intermédiaire du Nonce, sa protestation indignée contre la brutalité, « fardée d'hypocrisie, des envahisseurs de Rome ».

« Ses geôliers, disait-il, qui se proclament ses protecteurs, interceptent nos condoléances, lui dérobent nos larmes et ne seraient pas incapables de s'approprier nos aumônes..... Les braves ! Ils avaient promis solennellement à sa Fille aînée, trop confiante, de le défendre contre les ennemis qui ne dissimulaient plus leurs grossières convoitises et leurs noirs desseins. Voyant la France punie elle-même par où elle avait péché, ils ont osé profiter de ses désastres et de son humiliation pour faire leur coup..... Le diocèse de Vannes, dont l'attachement au Saint-Siège est profond et inaltérable, proteste par ma voix contre cette sacrilège invasion. »

La France aussi connaissait la brutalité de ses envahisseurs. A nos soldats il fallait des aumôniers : un grand nombre de prêtres demandèrent à partir ; l'Evêque, qui en avait donné dès le début, en choisit dix encore. Tous firent vaillamment leur devoir ; l'un des premiers partis avait trois de ses frères sous les drapeaux (1). Mgr Bécel, qui avait béni leur sacrifice, était heureux de recevoir leurs lettres où, s'oubliant eux-mêmes, ils mettaient en relief la bravoure et la piété de nos soldats.

En ces jours de crise, l'ignorance et la mauvaise foi jetaient trop souvent dans les masses de ridicules légendes et d'absurdes racontars ; les séminaristes ne furent pas épargnés. Ils avaient pourtant réclamé à l'envi la faveur de soigner les malades dans les ambulances et de panser les blessés sur les champs de bataille. Des démarches étaient faites et l'on en attendait l'issue. Les élèves du sanctuaire étaient faits pour cette mission charitable, dont les périls étaient parfois aussi grands que ceux du soldat. Mais les esprits chagrins — surtout parmi ceux qui ne voulaient pas bouger — exploitaient je ne sais quel sentimentalisme patriotique pour les contraindre à prendre les armes. Ils devançaient les braillards, qui ont crié depuis : Les curés sac au dos !

Les jeunes « abbés » ne demandaient pas mieux. Il fallait pourtant assurer le cours régulier des études.

(1) De tous ces prêtres courageux, qui rendirent à nos soldats de signalés services, quatre seulement survivent aujourd'hui : MM. l'abbé Orhand, docteur ès lettres, membre *dispersé* de la Compagnie de Jésus, Péron, recteur de Meslan, Couturier, recteur du Saint, et M. le chanoine Le Guénédal, vicaire général honoraire, l'un des *quatre* frères dont nous parlons plus haut. Dans une des lettres qu'il écrivit alors à Mgr Bécel, il raconte la mort admirable de piété de deux Morbihannais, et les hommages rendus par des étrangers à la foi des Bretons.

L'évêque n'hésita pas. Connaissant leur patriotisme que personne n'avait le droit de mettre en doute, il se rendit au grand séminaire, et leur dit :

« Ceux d'entre vous qui le voudraient peuvent contracter volontairement, pour le temps de la guerre, un engagement dans l'armée. » Soixante-sept élèves, dont beaucoup n'avaient que 18 ou 19 ans, partirent aussitôt pour demander à leurs familles l'autorisation de prendre cet engagement. Trois de leurs condisciples avaient devancé cet appel et plusieurs élèves des petits séminaires suivirent l'exemple de leurs aînés. Les conspirateurs se turent. L'évêque de Vannes pouvait être fier de ses enfants.

La prière accompagnait toujours ceux qui, le cœur ému, mais l'âme forte, étaient heureux de se dévouer. Le dimanche 3 novembre, notre vieille cathédrale fut témoin d'une de ces cérémonies qui font date dans l'histoire d'une ville : groupés en une masse compacte dans la grande nef, et entourés d'une foule qui, une heure auparavant, avait envahi toutes les chapelles, les mobilisés du Morbihan assistaient à la bénédiction de leur drapeau. Monseigneur Bécel était là. Après la bénédiction et le chant d'un cantique religieux et guerrier, il leur rappela, dans une allocution où l'on sentait frémir son âme, l'héroïsme des Bretons « bravant, en plein Paris, le respect humain aussi bien qu'ils affrontaient la mitraille » ; le barbare vainqueur « détruisant et brûlant ce dont ses grossières convoitises ne pouvaient se repaître », et le mot d'un général morbihannais, Trochu, vrai

Français, vrai chrétien, qui disait : « Mettons notre confiance en Dieu, et marchons en avant pour la Patrie (1). »

Le lundi de Pâques, 10 avril. Mgr Bécel, entouré de plus de dix mille fidèles, venait à Sainte-Anne faire le pèlerinage qu'il avait promis d'accomplir si son diocèse était préservé de l'invasion. Quelques mois auparavant, la Vierge Marie était apparue, sur les marches de Bretagne, à quelques enfants de Pont-main, apportant à la France des paroles d'espoir. Ne semblait-elle pas nous dire que le domaine de sa Mère serait respecté ?

Après avoir tant fait prier pour les vivants. l'Evêque n'oubliait pas les morts, et continuait à im-plorer la miséricorde divine pour nos soldats tombés au champ d'honneur. Le 29 mars un service solennel avait été célébré à la cathédrale ; et le 2 juin, un autre service fut chanté, dans la même église, pour les victimes de la guerre civile : la Commune venait d'effrayer la France et d'ensanglanter Paris.

Le pays commençait à se reprendre, et l'Eglise, persécutée mais immortelle, continuait, malgré l'orage, l'accomplissement de son labeur divin.

---

(1) L'évêque avait réuni des reliques de sainte Anne, de saint Patern, de saint Vincent Ferrier, de saint Gildas et de saint Armel dans un sachet de soie, qui fut cousu au drapeau.

VIII

ANNÉES TRANQUILLES

Un apôtre. – Sacre de Mgr Guilloux. — Anniversaire de Pie IX.
— Libération du territoire. — Paroles françaises. — Sept
cent huit matelots. — Grand acte de foi. – Confréries. — Vie
active. — Sacre de Mgr Hillion. — Le président de la République à Sainte-Anne et à Vannes. — Messes militaires.

1872-1876

Après les violentes secousses, les terribles angoisses que la France venait de subir, et la paix hu-
miliante qu'elle fut contrainte de signer, il y eut une
sorte d'accalmie et quelques années relativement tranquilles. Même au milieu des jours sombres, l'évêque
de Vannes avait eu la joie très grande de donner la
consécration épiscopale à l'un des prêtres les plus
distingués de son diocèse. Eminent par sa science
comme par sa piété et la droiture de son caractère,
Mgr Alexis Guilloux avait rendu sans bruit les plus
grands services. Après avoir été pour le vénéré Père
Jean de La Mennais un auxiliaire précieux dans la
direction de ses Frères, il était devenu le supérieur du
collège Saint-Stanislas que l'admirable frère du trop
célèbre Féli avait fondé à Ploërmel. Or, il y avait là-
bas, dans le diocèse d'Haïti, que le zèle de Mgr Testart

du Cosquer, un Breton, essayait de transformer, beaucoup d'âmes à sauver et beaucoup de bien à faire.
L'archevêque, qui avait pu apprécier la valeur du
prêtre ploërmelais, fit appel à son dévouement ; et
l'abbé Guilloux n'hésita pas à partir, en qualité de
vicaire général, pour cette ile lointaine. C'était en
1864. Cinq ans plus tard, l'archevêque mourut, et
son digne vicaire général fut appelé par le Saint-
Siège à continuer son œuvre.

La cérémonie du sacre eut lieu dans l'église paroissiale de Ploërmel, au milieu d'un immense concours
de prêtres et de fidèles. C'était pour le diocèse de
Vannes un grand bonheur et une gloire — l'avenir
l'a amplement prouvé. Mgr Bécel était assisté de
NN. SS. Sergent, évêque de Quimper, et Fournier,
évêque de Nantes. Mgr Ridel, vicaire apostolique de
la Corée, avait aussi voulu, en prenant part à cette
fête grandiose, donner au nouvel archevêque de
Port-au-Prince une preuve de sa fraternelle affection.

La même année, l'évêque de Vannes avait tenu
à faire célébrer solennellement dans tout le diocèse
le 25e anniversaire de l'élévation au souverain
pontificat du bien-aimé Pie IX, qui venait d'atteindre
les années de Pierre (1). Il choisit ce jour-là pour
consacrer son diocèse au Sacré-Cœur de Jésus.

Après ces joies qui venaient éclairer les jours de
sombres tristesses, il ne crut pas avoir accompli
tout son devoir lorsque le pays de France com-

----

(1) 16 juin 1871.

mença à reprendre sa tranquillité d'autrefois. A
l'heure des revers, il ne s'était pas contenté de mener
une vraie croisade de prières ; il avait concouru généreusement aux œuvres patriotiques d'assistance
aux soldats, de secours aux blessés, et il allait
maintenant exciter ses diocésains à travailler sans
trêve à la libération du territoire.

Patriote ardent, il souffrait de savoir le sol français
souillé plus longtemps par les vainqueurs. Aussi ne
sommes-nous pas étonné de le voir, dans une lettre
pastorale à son clergé, sortir de son calme ordinaire
pour flétrir l'envahisseur rapace qui s'acharnait sur
sa proie :

« Le moment est venu, s'écriait-il, de nous con-
certer effectivement pour gorger d'or et d'argent les
Prussiens. Oui, il s'agit aujourd'hui de rassasier le
roi de Prusse. On verra bien si vous vous montrez
moins désireux que tant de prétendus patriotes d'a-
paiser ce dur créancier et de mettre fin à ses in-
solentes réclamations. Cherchons donc des millions
pour assouvir les hommes de proie qui se sont rués
sur nous. Leur force brutale ambitionnait ce nouveau genre de gloire ..... Demain, nous ne man-
querons pas de tendre une main secourable aux or-
phelins de l'Alsace et de la Lorraine, qui pleurent
la patrie absente, sur les bords du Rhin devenu al-
lemand..... Un vainqueur cupide et cruel retient
comme otages les tronçons qu'il nous en a laissés.
Ces contrées ont vu leurs demeures pillées, brû-
lées, détruites ; leurs champs dévastés, sillonnés de

cadavres et transformés en cimetière. Premières victimes d'une lutte sauvage, seraient-elles destinées à subir, des années entières, le barbare ennemi qui les a rançonnées et immolées à sa fureur? (1) » Il, faut agir ; et il exhorte ses prêtres à travailler sans relâche à l'œuvre de la délivrance, à frapper à toutes les portes et à montrer qu'en dépit des soupçons et des injures, le patriotisme du prêtre ne le cède en rien à celui des autres. Cet appel fut entendu partout. Hélas ! après trente ans, les Alsaciens Lorrains, — ces Français en exil — qui pleuraient alors, croient-ils avoir les mêmes raisons de pleurer aujourd'hui ?

La même année, Mgr Bécel provoqua une réunion de la Bretagne aux pieds de sainte Anne, pour donner comme un splendide épilogue aux émouvants pèlerinages où la foi bretonne s'était manifestée avec tant d'éclat. Un incident remarquable, qu'il raconte lui-même, avait fait jaillir cette pensée de son cœur. « Sept cent huit matelots, levés, dans la circonscription maritime de Vannes, pour la guerre contre la Prusse, se mirent sous la protection de sainte Anne avant de marcher à l'ennemi. A quoi bon ajouter qu'ils firent leur devoir?

« Nous pouvons dire avec fierté que nos marins morbihannais ont bien mérité de la patrie. Forts de l'assistance de leur patronne, ils bravèrent tous les dangers, sans trouver la mort sur les champs de ba-

____

(1) Lettre du 18 février 1872.

taille, où ils montrèrent une intrépidité remarquable (1) ».

Pour tout marin breton sainte Anne est vraiment une Mère. Nos 700 braves voulurent lui témoigner leur reconnaissance. Après une entente, qui fut facile à établir, entre l'évêque et le commissaire de l'Inscription maritime, M. du Chélas, on organisa, tout le long de la côte, une souscription « où, selon le mot de l'excellent Commissaire, les pièces de deux sous étaient plus nombreuses que celles de cinq francs » et un Breton de talent, M. Louis Noël, se chargea de peindre l'ex-voto, qui est une œuvre d'art.

Le huit décembre, jour fixé pour le pèlerinage,

(1) Deux seulement furent blessés, deux autres fait prisonniers. — Ce trait rappelle la foi des 42 Arzonnais, fidèles aussi à sainte Anne, qui prirent part, au XVIIe siècle, à un combat naval où, d'après leur naïf et pieux cantique,

> ... pas un enfant d'Arzon
> Ne reçut la moindre injure
> De mousquet ni de canon.

« Le commissaire de l'Inscription maritime du quartier de Vannes certifie et atteste qu'il résulte des registres matricules tenus dans ses bureaux que, durant la guerre contre les Prussiens et contre la Commune, 708 marins de ce quartier ont été envoyés sous les drapeaux, et que ces matelots, après avoir fait partie des équipages des bâtiments de la flotte qui exercèrent le blocus dans la mer Baltique et dans celle du Nord, ont pour la plupart été incorporés dans des régiments de marche, les uns occupant les forts et contribuant à la défense de Paris, les autres dans les corps d'armée des généraux d'Aurelles de Paladine, Faidherbe et Bourbaki, prenant une part active aux divers combats qu'ont eu à soutenir ou à livrer ces généraux. »

toute la Bretage était là. Un simple appel avait suffi : les évêques, un très grand nombre de prêtres, une multitude de fidèles étaient venus prendre part à l'action de grâces et travailler, par leurs prières, à assurer l'avenir.

L'évêque de Vannes avait invité les députés bretons. Tous, excepté quatre ou cinq, répondirent avec enthousiasme à son appel, dans une lettre pleine de foi, au bas de laquelle se lisent *quarante-quatre noms* ; mais, retenus à Versailles par d'impérieux devoirs, ils se firent représenter à la grande fête par une magnifique bannière, conservée précieusement dans le trésor de la basilique.

Mgr Bécel n'oubliait rien de ce qui pouvait exciter la piété des fidèles ; toujours pénétré de cette pensée que la prière, préparant à l'action, était le moyen le plus efficace d'obtenir de Dieu l'aide nécessaire pour panser les récentes blessures et préparer un avenir meilleur, il avait rétabli, dès 1871, la confrérie de saint Vincent Ferrier, fondée en 1637 par Mgr de Rosmadec ; et, l'année suivante, celle de sainte Anne, canoniquement érigée, à la même époque, par Urbain VIII, élevée par Pie IX au rang d'archiconfrérie, d'abord pour le diocèse de Vannes, puis pour la France et ses colonies, et plus tard pour tout l'univers catholique. Cette extension d'une confrérie, où l'on retrouve les plus grands noms du siècle de Louis XIV, n'a pas peu contribué de nos jours à l'épanouissement du culte de la patronne des Bretons.

Ces œuvres venaient s'ajouter à plusieurs autres

qui florissaient sous le patronage du pieux évêque :
l'œuvre des Tabernacles, où de généreuses chrétiennes employaient leurs loisirs à travailler pour
les églises privées d'ornements liturgiques ; l'Adoration perpétuelle du Saint-Sacrement, instituée
dans un grand nombre d'églises et de chapelles ;
l'œuvre des Pauvres Malades, dont le nom indique
le but charitable ; celle des cercles ouvriers et des
patronages. Non content d'approuver ces œuvres
diverses, il leur donnait le concours effectif de ses
offrandes et de sa parole ; il était heureux, à certains
jours, de présider leurs fêtes, et sa sympathie, toujours
largement prodiguée, réchauffait le zèle de leurs
membres, surtout aux heures critiques où les meilleurs se heurtent à des difficultés qui peuvent provo-
quer des découragements

Pendant ces années, relativement paisibles, où
les vrais Français, songeant aux tristesses de la veille,
travaillaient à remettre sur ses bases le pays lamen-
tablement ébranlé, tandis que les sectaires ourdis-
saient dans l'ombre leurs complots contre la religion
et la patrie, l'évêque de Vannes avait repris sans
trêve sa vie active, allant partout où sa présence lui
semblait utile, vivant au milieu de son peuple et
nouant avec lui des liens de plus en plus intimes,
parce que, dans toutes les paroisses où il passait, on
comprenait, de plus en plus, son amour pour les
âmes, son désintéressement et sa bonté.

La grande joie qu'il avait éprouvée au milieu des
angoisses de l'année terrible, en faisant un pontife d'un

des prêtres les plus vénérés de son diocèse, Mgr Guilloux, archevêque de Port-au-Prince, il l'éprouva encore, le 8 février 1874, en donnant la consécration épiscopale à Mgr Hillion, évêque du Cap-Haïtien. Cette belle cérémonie était, pour ainsi dire, le corollaire et le complément de la première, puisque le nouvel élu était le disciple et devait être le continuateur du noble et pieux pontife qui comptera parmi les sauveurs de la lointaine mission d'Haïti.

Le sacre eut lieu dans la basilique de Sainte-Anne d'Auray. C'était bien là que Mgr Hillion devait être sacré : né dans la région de Ploërmel, ancien professeur, dans la même ville, au collège Saint-Stanislas, puis supérieur du petit séminaire de Sainte-Anne, il avait donné ses suprêmes sollicitudes et ses derniers labeurs, chez nous, aux âmes qui grandissent près de l'autel de la Bonne Mère, et il s'y était fait aimer. Sa bonté très grande, son accueil toujours aimable nous permettaient de voir l'ami dans le supérieur : la droiture de son âme et la fermeté de ses principes, auxquelles il sut joindre, plus tard, la diplomatie — ce qui peut sembler étrange, unie à la franchise — nécessaire chez un peuple neuf où la sensibilité est vive et les décisions rapides, laissaient deviner dans le prêtre ce que serait l'apôtre.

Appelé comme vicaire général, par Mgr Guilloux, qui l'avait eu pour disciple et savait quel précieux auxiliaire il trouverait en lui, Mgr Hillion n'avait pas hésité à partir : il avait tout quitté pour obéir à l'ordre de Dieu, et l'humble missionnaire revenait, après deux ans, recevoir, sur la terre natale, l'onction qui fait les pontifes, avant de retourner, là-bas, se sacrifier pour les âmes.

Ce fut pour tous, et surtout pour Mgr Bécel, un jour de sainte allégresse. En cette cérémonie solennelle, il avait pour assistants Mgr Nouvel, évêque de Quimper, l'austère et doux prélat bénédictin, et Mgr Fournier, évêque de Nantes, le grand orateur dont l'éloquence soulevait les foules.

Après cette matinée, le nouvel évêque remercia dignement la Bretagne et ses pontifes : « Grâce à la générosité que vous puisez dans vos cœurs d'apôtres, nos populations haïtiennes sont évangélisées par des missionnaires sortis, pour la plupart, des rangs de votre clergé. Ces prêtres ne vous ont point quittés ; ils vous appartiennent toujours par l'esprit et par le cœur. Ce sont vos sentinelles d'avant-garde à travers l'Océan, car notre mission est désormais comme le prolongement de vos diocèses. L'Eglise d'Haïti est la jeune sœur des Eglises de Bretagne ; le vénérable archevêque de Port-au-Prince et l'évêque du Cap-Haïtien feront tous leurs efforts pour que vous n'ayez pas à rougir de cette parenté. »

Mgr Bécel répliqua d'une manière charmante que cet apostolat des nôtres dans la grande île lointaine était pour nous une gloire. Et c'est toujours vrai, puisque le diocèse de Vannes lui donne encore aujourd'hui deux évêques et une cinquantaine de prêtres.

Cette journée fut pour le pieux prélat une halte très douce au milieu de ses œuvres, toujours poursuivies avec une infatigable ardeur. Quelques mois plus tard, au cours d'un voyage qu'il faisait en Bretagne, le Maréchal de Mac-Mahon, président de la République, voulut s'arrêter à Sainte-Anne d'Auray et prier dans la célèbre basilique, encore inachevée. L'Evêque était là pour le recevoir. A la grande porte du sanctuaire, il lui adressa une courte allocution, où nous remarquons ces paroles.

« Entrez avec confiance, monsieur le maréchal, dans cette basilique... Ce beau monument proclame le crédit de la mère et la piété des enfants. Vous comprendrez, mieux que jamais, pourquoi cette province a mérité, j'ose le croire, votre admiration en payant, comme vous, de son sang sa dette à la patrie ; un grand nombre de vos compagnons d'armes, dans la bonne fortune, hélas ! et dans la mauvaise, se sont agenouillés ici, avant d'affronter la mort sur les champs de bataille. Si, en combattant sous vos ordres, ils ont eu constamment le courage du devoir et l'héroïsme du sacrifice, c'est que leur religion enflammait leur patriotisme.... Dieu nous préserve d'épreuves aussi douloureuses, de châtiments aussi horribles !

« Commandée par des chefs tels que vous, notre vaillante armée retrouverait sans doute le chemin de la victoire. Vous avez reçu personnellement, sans l'ambitionner, une mission plus difficile et non moins glorieuse. Puissiez-vous la mener à bonne

lin avec le dévouement, la sagesse, la dignité, l'é-
nergie, le désintéressement qui vous distinguent !

« C'est la grâce que je me propose de solliciter, ce
matin, à l'autel, en votre présence, par l'intercession
de celle que les générations bretonnes vénèrent, depuis plus de douze siècles, dans ce sanctuaire béni. »

Le maréchal, qui n'était pas orateur, s'inclina
devant l'évêque et répondit par ce simple mot: Merci ;
puis, il entra dans l'église et assista pieusement à la
messe et au salut du Saint-Sacrement.

C'était le dimanche 23 août 1874.

Le lendemain, dans l'après midi, le Président de
la République et l'Évêque se retrouvèrent à la cathédrale de Vannes. Dans le brillant cortège qui entourait le chef de l'État, on remarquait le ministre
de la Marine, le général commandant le 11ᵉ corps
d'armée et le préfet du Morbihan.

Cette réception officielle avait attiré une foule
immense dans la vieille église. Mgr Bécel, accompagné d'un grand nombre de prêtres, attendait le
Président à la porte principale. Après lui avoir
présenté l'eau bénite, il lui dit : « Monsieur le
maréchal, la Bretagne, renommée, aussi bien que
l'Irlande, pour sa loyauté, sa bravoure, son abnégation, sa religion et son patriotisme, s'est fait un
devoir d'acclamer le soldat sans peur et sans reproche qui, pendant la paix comme pendant la
guerre, se montrera jaloux — et, s'il le fallait
encore, au péril de sa vie — de sauvegarder notre
honneur national. Mon noble pays vous saura gré

d'avoir recommandé à sa patronne les graves in
térêts remis à votre sollicitude et à votre probité.
Vous avez invoqué notre Mère sainte Anne ; ses enfants vous en conserveront le meilleur souvenir :
ils lui parleront souvent de vous...

« Si nos vœux les plus ardents sont exaucés,
Monsieur le maréchal, la France, sous votre Présidence tutélaire et réparatrice, recouvrera, dans le
recueillement des esprits et l'union des cœurs, la
force de reprendre, à l'heure marquée par la Providence, le rang qui lui appartient à la tête des nations
chrétiennes. Il ne dépendra pas de vous qu'elle ne
remplisse toutes ses obligations. Dans cette persua-
sion, les évêques, les prêtres et les fidèles de cette
province éminemment catholique s'empresseront à
l'envi de vous témoigner leur gratitude pour le passé,
leur confiance pour l'avenir. »

Il n'y a pas trente ans depuis ces beaux jours : il
semble qu'il y ait un siècle. Le loyal Mac-Mahon,
si fort sur un champ de bataille, n'eut pas, dans
la lutte politique, l'énergie nécessaire pour faire
face à l'ennemi. Au lieu de rester à son poste de
combat, il se démit, ne voulant pas se soumettre ;
et l'on sait les événements lamentables qui se sont
accumulés depuis.

L'évêque de Vannes aimait l'armée, dans laquelle
il voyait avec raison le rempart de la patrie. Alors
elle n'était pas l'objet des menées antipatriotiques
dont elle est aujourd'hui victime, et les sectaires
n'avaient pas encore inventé l'inepte formule de « l'al-

liance du sabre et du goupillon ». Plus d'une fois, nous avons été témoin de la joie véritable avec laquelle il recevait les généraux, les amiraux et leur état-major, heureux de leur témoigner, par l'amabilité de son accueil, l'estime et la sympathie qu'il avait pour eux.

Lorsque la loi du 20 mai 1874 rétablit officiellement l'aumônerie militaire, il se mit immédiatement à l'œuvre pour l'organiser dans tout son diocèse, et chaque ville de garnison — Vannes, Lorient, Pontivy, Belle-Ile, Auray — eut un aumônier prêt à se dévouer pour nos soldats.

C'était le temps où des messes militaires se célébraient, parfois en pleine campagne, devant les troupes rangées en bataille, pendant que la voix du canon, remplaçant les cloches, saluait éloquemment le Dieu des armées.

La première réunion eut lieu, le 6 septembre 1874, au camp de Grand-Champ, près de la chapelle du Burgo. Après l'évangile, l'évêque de Vannes fit sortir de son âme des paroles vibrantes de foi et de patriotisme, qui allèrent droit au cœur de tous et que dut applaudir surtout un de ses auditeurs, l'abbé Trégaro, aumônier en chef de la marine — soldat lui aussi, et qui le fut toujours, tant qu'il put tenir la houlette pastorale qui, dans sa vaillante main, valait une épée.

Huit jours plus tard, Mgr Bécel était au camp de Coëtquidan, non loin de l'humble église de son baptême. L'année suivante, 14 février 1875, c'était à Vannes, dans la chapelle du petit couvent, où était réunie la garnison ; puis au camp de Meucon le 22 août, et là encore le 13 août 1876.

Ces messes, dites par l'évêque, auxquelles assistaient généraux, officiers et soldats, étaient un spectacle fortifiant ; et, plus tard, à l'heure du péril, les paroles qu'il semait dans ces âmes durent rappeler à plus d'un que l'union de la croix et de l'épée est féconde et que, même dans la défaite, on est fort lorsque

Des tronçons d'une épée on sait faire une croix.

IX.

ŒUVRES DIVERSES.

(1874-1879).

En 1874, l'évêque de Vannes voulut faire un voyage à Rome, où il n'était pas retourné depuis le concile. Il avait à cœur de consoler le Pape au milieu des tristesses qui l'accablaient sans déconcerter son cou-rage. Pie IX reçut Mgr Bécel, le 20 mars, dans une audience tout intime, où ils se parlèrent cœur à cœur et dont le pieux pèlerin garda un profond souvenir.

— Très saint Père, lui dit-il, quel bonheur pour un évêque de se prosterner aux pieds de Votre Sainteté après de si rudes épreuves, qui, hélas ! ne sont pas finies !...

— Nous sommes de l'Eglise militante, mon fils. Combattons avec courage et confiance ! Dieu nous soutiendra.

— Très saint Père, à votre exemple, nous résis-

terons jusqu'à la fin, et, s'il le faut, *usque ad effusio-
nem sanguinis.*

Quand il présenta au Pape le produit de la dernière quête pour le denier de saint Pierre :

— Comment faites-vous, reprit l'auguste vieillard,
pour trouver encore de l'argent après avoir payé des
milliards aux ennemis de la France ?

— Notre foi et notre amour pour vous, très saint
Père, suffisent à expliquer cette multiplication de
nos offrandes. En général, mes diocésains ne sont
pas riches; leur générosité vient cependant au secours de toutes les infortunes. Mais quand il s'agit
d'assister notre saint Père le Pape, dont ils connaissent les privations, tout le monde, chez nous,
donne sans compter. Nous partagerons avec vous
jusqu'à notre dernière obole. Je prends sans crainte
cet engagement sacré au nom du clergé et des fidèles
de notre diocèse. en vous présentant l'hommage de
leur profonde vénération.

— Ah ! que la France est charitable ! C'est elle
principalement qui me vient en aide.... La Bretagne
m'a prouvé son dévouement. Je l'aime et la bénis.

L'entretien se prolongea. L'évêque en sortit tout
réconforté, heureux aussi, disait-il ensuite, d'avoir
réjoui le Pape en versant une goutte de miel dans
sa coupe d'amertume qui rappelait le breuvage
du Calvaire. Le dimanche des Rameaux, il eut une
seconde audience privée, aussi intime et non moins
délicieuse que la première; Pie IX lui avait dit avec
une paternelle affection : « Ce ne sont pas des adieux,

mon cher fils, puisque vous désirez manger cette
Pâque avec nous (1). »

Cette dernière visite devait être pourtant un adieu :
quatre ans plus tard, le glorieux Pontife mourait,
attristé mais confiant, au milieu des épreuves qui
assaillaient l'Eglise dont il avait été l'intrépide et
vigilant gardien.

Aimant le Pape, parce qu'il aimait ardemment
l'Eglise dont il est le chef, Mgr Bécel aimait aussi les
saints qui en sont la gloire ; et son cœur allait de
préférence, après la Vierge Marie, notre mère, et son
patron saint Jean, à ceux dont le diocèse de Vannes
peut à bon droit être fier. Elle est longue la liste de
ces personnages sanctifiés — missionnaires, patriotes,
moines, solitaires, vierges ou veuves, — qui ont vécu
sur notre sol, prêchant, priant, se mortifiant, tra-
vaillant pour l'Eglise et pour la patrie, depuis la
vierge sainte Ninnoch et l'évêque saint Patern jusqu'à la bienheureuse duchesse Françoise d'Amboise,
dont les vertus ont été continuées jusqu'à nous par
d'autres personnages dont plusieurs seront peut-être
bientôt sur les autels (2).

L'évêque croyait comme nous que leur protection

(1) Lettre du 21 juin 1875. Entre autres faveurs dont le Pape
s'était plu à le combler, l'évêque de Vannes avait obtenu l'é-
rection en basilique mineure de la nouvelle église de Sainte-
Anne d'Auray.

(2) On a commencé récemment le procès de béatification
de Mlle Catherine de Francheville, fondatrice des religieuses de
la Retraite, et celui du P. de la Mennais, fondateur des Frères
de l'Instruction chrétienne de Ploërmel.

doit être plus efficace, parqu'ils sont de la famille, et qu'ils doivent se pencher avec une affection plus grande sur le coin de terre où ils ont travaillé et prié. Aussi voulut-il, par une sérieuse revision historique, qui corrigerait des erreurs et réparerait des oublis, préparer une nouvelle édition du Propre diocésain qui rappelle leur glorieux souvenir.

Il confia ce délicat travail à une commission de prêtres distingués qui, après de minutieuses recherches et des études longuement poursuivies, réussirent à faire une œuvre assez complète et bien supérieure au recueil d'autrefois. On y remarque les nouveaux offices de sainte Anne et celui qui énumère les saints évêques, les patrons et autres saints du diocèse de Vannes dans une émouvante et brève nomenclature, qui est le résumé de nos gloires. Quelques-uns mériteraient mieux qu'une simple mention dans cette *légende*, parfaitement rédigée, entre autres l'illustre abbé Félix, de Rhuys, qui fut, après les invasions normandes, le restaurateur de la vie monastique dans notre pays (1).

La grande œuvre, continuée avec tant de dévouement par Mgr Bécel, en l'honneur de sainte Anne, arrivait à son complet achèvement. Il avait assisté à toutes les fêtes qui s'étaient succédé dans la nouvelle église, devenue la *Basilique*, depuis le jour inoubliable du couronnement : bénédiction de la co-

(1) Le nouveau propre fut approuvé par le Souverain Pontife le 27 août 1875, et le permis d'imprimer donné par l'évêque de Vannes le 25 octobre suivant.

lonne commémorative, de la Scala-Sancta, des nouvelles cloches, du grand orgue, de la statue monumentale placée au sommet de la tour (1) ; consécration de l'autel de la statue miraculeuse, inauguration de la chaire, nombreux pèlerinages. La lettre pastorale où il annonça la consécration solennelle de la nouvelle église était un hymne en l'honneur de sainte Anne dont l'évêque, dans la joie qui débordait de son âme, se plaisait à rappeler la puissance et les bienfaits.

La fête eut lieu le 8 août 1877 ; journée inoubliable, qui comptera parmi les plus belles de notre histoire : huit évêques (2) entourant le cardinal Saint-Marc, archevêque de Rennes, métropolitain de la province bretonne, les plus hautes autorités du dé-

______

(1) Le vaillant chapelain, qui ne voulait rien épargner quand il s'agissait de notre sanctuaire national, avait dû revenir plusieurs fois à la charge pour obtenir de Mgr Bécel — la dépense devait être considérable —l'autorisation de faire dorer cette statue. Un jour, avec sa franchise ordinaire, il écrivait : « Monsei'gneur, vous me « tuerez »... » Aussitôt, le bon évêque lui répondit : « Mon cher chanoine, Dieu me garde de vous *tuer moralement*, encore moins *physiquement*! Je ferais plutôt dorer la Basilique en dehors comme en dedans, y compris la couverture, le dallage, sans oublier vos confessionnaux. En conséquence, dans la crainte que le désir qui vous poursuit ne vous rende plus *jaune* que ne le sera la statue dont il s'agit, lorsque le peintre l'aura décorée, donnez vos ordres à cet effet. *Fac citius.* » — 26 oct. 1874.

(2) NN. SS. Colet, archevêque de Tours ; Richard, alors coadjuteur du cardinal de Paris ; David, évêque de Saint-Brieuc ; Nouvel, évêque de Quimper ; Le Coq, évêque de Luçon, nommé à Nantes ; Le Ray, évêque de Natchitoches.

partement (1), une foule immense venue de tous les
points de la Bretagne, assistaient à cette cérémonie
religieuse et patriotique, qui fut splendide malgré
la pluie qui tombait à flots.

Mgr Pie devait faire entendre, ce jour-là, son éloquente parole. Une grave indisposition le retint loin
de Sainte-Anne, et Mgr Bécel, toujours prêt à célébrer notre auguste patronne, le remplaça dans la
chaire, où il parla avec sa délicatesse bien connue
et toute l'effusion de son cœur.

Hélas ! les fêtes les plus belles ont parfois des
lendemains douloureux. Pour l'admirable chapelain,
qui ne songeait qu'au triomphe de sainte Anne, oubliant la part héroïque qu'il avait eue dans la grande
œuvre glorieusement terminée, cette fête était
comme un jour du Paradis. Toujours humble,
presque perdu dans la foule, il s'absorbait dans la
ferveur de son action de grâce, et ne songeait pas
à la gloire.

La récompense, celle que ne donnent ni les éloges,
ni les félicitations des hommes, qui lui furent néanmoins très justement décernés, la seule vraie récompense ne devait pas tarder à venir. Quelques mois
plus tard, en pleine force, il tomba, eut le temps de

(1) Le général de division Fraboulet de Kerléadec ; le Vte de
Rorthays, préfet du Morbihan ; le général de brigade Fournés,
le comte amiral Jaurés et beaucoup d'autres ; MM. de Kerdrel
vice-président du Sénat, **Fresneau** sénateur, et les représentants des familles **qui avaient** le plus contribué à la réédification
du nouveau **sanctuaire**, occupaient des places réservées à l'entrée du chœur. Voir pour les détails *Sainte-Anne d'Auray*.

recevoir une dernière absolution, de baiser une relique de sainte Anne, qu'il portait toujours sur lui,
et rendit le dernier soupir. Ce fut un coup cruel
pour l'évêque, qui était alors loin de sa ville épiscopale. Il revint en toute hâte, le cœur brisé, pour
prier et pleurer près du cercueil de son vieil ami,
qui avait été un de ses plus vaillants auxiliaires. Le
jour des obsèques, devant un très grand nombre
de prêtres et une foule de fidèles, dans une émouvante allocution, interrompue par des sanglots, il fit
le juste éloge de celui que nous avions perdu.
L'humble et grand serviteur de sainte Anne désirait
être enterré près du portail de la basilique pour
que ses restes mortels fussent foulés aux pieds
par les pèlerins. L'évêque reconnaissant les a fait
déposer dans un caveau, près de l'autel de sainte
Anne, là où il avait choisi lui-même sa sépulture,
ne pensant pas que ce vœu suprême ne pourrait pas
être exaucé.

En sept années, la France, dont les ressources
semblent inépuisables quand ceux qui la gouvernent
comprennent ses véritables intérêts, avait réparé les
ruines causées par les désastres de la guerre, et l'on
pouvait compter sur l'avenir. Mais, dans notre pays
si généreux, il y a toujours des fauteurs de troubles,
et, malgré de terribles expériences qui semblaient
devoir inspirer la sagesse, les sectaires n'avaient
pas désarmé.

Depuis de longues années déjà, des projets s'élabo-
raient dans l'ombre contre l'Eglise catholique, que

l'on voulait atteindre dans son enseignement et dans ses congrégations religieuses. En 1879, ces projets commencèrent à se faire jour, et l'on put redouter dès lors les violences dont nous sommes aujourd'hui les témoins attristés.

La loi du 15 mars 1850 avait proclamé la liberté de l'enseignement primaire et secondaire, et depuis trente ans la France avait assisté à une magnifique floraison d'écoles et de collèges où la sollicitude des parents chrétiens trouvait pour l'éducation de leurs enfants toutes les garanties nécessaires. De plus, la loi du 12 juillet 1875 avait décrété la liberté de l'enseignement supérieur. Des universités catholiques s'étaient fondées, à Paris, à Lyon, à Lille, à Toulouse et à Angers, — trop nombreuses peut-être, on l'a dit, parce que la division des ressources pouvait nuire au succès, mais en tout cas très utiles pour la formation de chrétiens instruits, destinés à prendre une part active dans la direction de la société française. Malgré des difficultés nombreuses, cette œuvre admirable fut créée et prospéra.

On sait ce qui advint quatre ans après la loi de liberté. L'évêque de Vannes, qui avait applaudi à la création des universités nouvelles, protesta de tout cœur contre les projets sectaires, dans une éloquente pétition adressée au sénat et à la chambre par l'Archevêque de Rennes et les évêques de Bretagne (1). Il s'honora, ainsi que ses vénérés collègues, en

(1) 19 avril 1879.

signant ce vigoureux appel, où la question était traitée
de main de maitre. Rien ne put vaincre l'obstination
des hommes néfastes qu'effrayait l'action féconde
de la liberté. Dès lors le programme de haine reçut
un commencement d'exécution. Ne pouvant suppri-
mer l'œuvre, ils l'amoindrirent : le nom d'université
fut enlevé aux instituts catholiques ; les jurys mixtes,
garantie d'une impartialité plus grande, furent sup-
primés, et les étudiants furent contraints de prendre
leurs inscriptions devant les facultés de l'Etat. C'était
décapiter les établissements rivaux (1).

Mgr Bécel ne se découragea pas, au milieu des tra-
casseries qui attaquaient l'œuvre naissante et déjà

---

(1) Un membre distingué du sénat de Belgique, avec qui Mgr Bécel
était depuis longtemps en relations, M. Descamps, lui écrivait,
plus tard, à ce sujet :

« J'ai remarqué votre appel en faveur des Universités catholiques françaises. J'étais à Paris quand fut votée la première loi
de liberté pour l'enseignement supérieur, et c'est un des meilleurs souvenirs de ma vie d'alors d'y avoir collaboré par de
nombreuses notes et des mémoires remis à des membres de la
Commission. Avec quelle déloyauté on a mutilé cette œuvre,
modeste cependant en comparaison de la liberté dont nous
jouissons ici ! Non seulement nous avons toute latitude quant
au fond et à la forme de notre enseignement, mais nous possé-
dons la collation des grades et nos élèves ne sont examinés que
par nous.

« Votre Grandeur connait sans doute l'effort immense que
nous avons fait, il y a 15 ans, pour sauver l'âme des enfants par
la fondation d'écoles primaires catholiques. Maîtres du pouvoir,
nous allons prochainement faire un nouveau pas et adopter le
régime anglais du bon scolaire dont profiteraient les écoles libres
comme les écoles officielles. Que nos frères de France ne se

prospère. Après des hésitations assez longues, il crut
devoir, avec deux de ses collègues de Brétagne, rat-
tacher son diocèse à l'Institut catholique de Paris,
parce qu'il était plus central et qu'il croyait y voir
des marques d'une vitalité plus grande. Dès lors, il
se préoccupa activement des moyens de lui procurer
les ressources nécessaires ; il s'engagea même pour
une somme annuelle, trop considérable pour qu'il
ait toujours été possible de la recueillir, et il y envoya
des sujets choisis qui, par leur intelligence, leur
travail et les grades obtenus, ont fait honneur au
diocèse de Vannes.

découragent pas. Nous avons vu nous aussi les emblèmes religieux rejetés du « mobilier scolaire » par nos maîtres d'alors.
Dieu a béni nos persévérants efforts.

« Il y a dans le peuple français des ressorts d'une puissance
merveilleuse. Votre parole est faite, Monseigneur, pour mettre
en mouvement ces ressorts. »

X

DANS LA LUTTE

Projets Ferry. — L'article VII. — Les décrets du 29 mars
1880. — Nos religieux. — Un collège sauvé. — Le catéchisme. — Un admirable auxiliaire. — Floraison d'écoles. —
Petits séminaires.

1879-1882

Les ennemis de l'Eglise ne devaient pas s'arrêter
dans cette voie et se contenter d'un premier succès.
Ils visaient à la restauration du monopole univer-
sitaire, et, dès le début de cette campagne antili-
bérale, ils demandaient d'interdire l'enseignement
aux congrégations non autorisées, et d'exclure les
hommes indépendants des conseils d'instruction
publique, dont presque tous les membres devaient
être des fonctionnaires.

Le fameux article VII de la loi Ferry fut rejeté par
le Sénat. Mais cet échec n'était pas fait pour déconcerter les maîtres d'alors, dont l'intolérance annon-
çait déjà celle qui devait s'étaler quelque vingt ans
plus tard, et mettre en péril les intérêts les plus
graves de notre pays. A défaut d'une loi, ils recou-
rurent aux décrets, qu'ils essayèrent d'appuyer sur
de prétendues lois existantes, et où la passion

anticléricale — ce barbarisme, aujourd'hui florissant, fut créé vers ce temps-là — voulait remplacer le droit en tuant la liberté. Les Jésuites — qui ont toujours gêné tous les sectaires — furent proscrits, leurs collèges furent fermés, et les congrégations non autorisées eurent un délai de trois mois pour obtenir, sous peine de mort, l'autorisation légale.

Les décrets étaient datés du 29 mars 1880. Dès le mois suivant, l'évêque de Vannes, vivement préoccupé du tort que ferait à son diocèse l'exécution de ces mesures illégales, écrivit au président de la République une lettre énergique où il plaidait avec une éloquence pleine de cœur la cause des congrégations menacées chez nous.

« Permettez-moi, monsieur le président, de me joindre à mes vénérés collègues pour vous exprimer la profonde affliction que me cause la funeste campagne entreprise par le pouvoir exécutif et la trop légitime inquiétude qu'elle inspire à mon patriotisme comme à ma foi.... Loin de briser l'admirable hiérarchie ecclésiastique, les réguliers lui servent d'ornement, la fortifient et la complètent. Que pourrais-je ajouter aux remarquables considérations qui ont fait l'objet des réclamations si mesurées des cardinaux et des évêques ?... Vous aimerez à rendre hommage aux convictions et aux sentiments qui dirigent l'épiscopat tout entier dans l'imposante manifestation dont il ne pouvait s'abstenir en cette grave circonstance. C'eût été trahir ses devoirs les plus sacrés.... Protecteur des droits acquis, l'é-

vêque n'hésita jamais à prendre la défense des op-
primés.

« Depuis quinze ans, monsieur le président, j'ai
le bonheur de voir à l'œuvre ces hommes d'élite...
Fidèles à leur sainte vocation, ils n'ont d'autre
ambition que d'étendre le règne de Dieu, de se dévouer pour leurs frères, sans oublier de rendre le
tribut à César. Ils se concilient partout l'attachement
des prêtres et des fidèles ; en ce temps de suffrage
universel, il serait instructif d'interroger à leur
égard les habitants de nos villes et de nos campagnes.

« A tout point de vue, le départ des RR. PP.
Jésuites serait désastreux pour ma ville épiscopale,
où ils ont de zélés missionnaires et de savants professeurs. A quiconque leur reprocherait de ne pas
former de bons citoyens, je répondrais : Entrez donc
dans leur chapelle ; lisez sur la muraille les noms
des anciens élèves de l'Ecole libre Saint-François-
Xavier, morts au champ d'honneur pendant la guerre
contre la Prusse. Elle est longue et d'autant plus significative la liste de ces jeunes héros, à la mémoire
desquels leurs condisciples, prêts au même sacrifice,
ont élevé ce monument funèbre.

« A la triste nouvelle que les vénérables Trappistes de Thymadeuc étaient exposés à se voir chas-
ser de leur solitude, où leurs durs labeurs, leurs ferventes prières et leurs continuelles mortifications
opèrent des prodiges, les paroisses voisines se sont
émues ; la pensée seule d'être privées de leurs généreux bienfaiteurs les révolte et les consterne.

« Deux ou trois prêtres de la Compagnie de Marie servent d'aumôniers aux pieuses Filles de la Sagesse, qui ont usé leur santé dans les hôpitaux, les classes et les salles d'asile. L'ancienne Chartreuse d'Auray est ainsi devenue l'hôtel des invalides de la charité chrétienne.

« A Sarzeau, les Pères des Sacrés-Cœurs élèvent des enfants et des jeunes gens pour leurs missions en France et à l'étranger. J'attache un grand prix à leur présence dans la presqu'île de Rhuys, qu'ils ont toujours édifiée et secourue.

« A Merville, près Lorient, les RR. PP. Capucins sont venus, avec mon approbation, fonder un couvent, d'où ils ne sortiront qu'à l'appel de mes bien-aimés coopérateurs, pour travailler aux retraites diocésaines.

« Les RR. PP. Eudistes m'ont aussi demandé l'autorisation d'établir dans une campagne voisine d'Hennebont un petit scolasticat. L'étude et la prière se partagent les heures des maîtres et des élèves. Ils se préparent ainsi à augmenter le nombre des chrétiens fidèles et des Français dévoués.

« Voilà, monsieur le président, les hommes et les œuvres qui auraient à souffrir dans mon diocèse, si, ce qu'à Dieu ne plaise! les décrets du 29 mars étaient mis à exécution. J'ose en appeler avec confiance à votre loyauté. Usez de toute votre influence pour nous préserver d'un malheur public dont les conséquences me semblent incalculables. »

Les Pères de la Compagnie de Jésus avaient, à Vannes, leur florissant collège Saint-François-Xavier qui, depuis 1850, avait rendu d'immenses services à toute la région bretonne et au-delà. La science des professeurs, les succès des élèves et l'héroïque dévouement d'un grand nombre d'entre eux pendant la guerre de 1870, l'avaient fait apprécier de tous. Or, il ne devait pas se rouvrir à la rentrée suivante, et l'émotion était grande dans tout le pays, à Vannes surtout, où la suppression de cet établissement eût été une véritable catastrophe.

L'évêque le sauva. D'accord avec la société civile qui fut aussitôt créée pour en assurer l'existence matérielle, il lui fournit des professeurs choisis dans le clergé, surtout parmi les anciens élèves, à qui il donna comme supérieur (1) un prêtre de grand talent, M. le chanoine Le Clanche, qui n'hésita pas à se dévouer avec ses confrères pour y maintenir l'enseignement à la même hauteur qu'autrefois.

Ce fut un grand acte, dont le bienfait s'est perpétué jusqu'à nos jours, malgré des obstacles et des vicissitudes qui n'ont fait qu'en assurer la vitalité.

La persécution ne devait pas s'arrêter là. Plusieurs communautés du diocèse étaient menacées par les décrets. Trois seulement — c'était trop déjà — en furent victimes. Chez les Capucins de Lorient, chez les Eudistes de Kerlois et chez les Trappistes de Thymadeuc, les exécuteurs se heurtèrent à une résistance passive, très digne et très ferme, qui ne les empêcha pas d'accomplir leur besogne, mais qui

____
(1) 16 septembre 1880.

sauva l'honneur des religieux. Capucins et Trappistes furent chassés de leurs couvents ; à Kerlois, la chapelle seule fut fermée. Dans cette tempête, l'évêque était avec les nobles vaincus. Il leur écrivit pour leur exprimer son affection et ses espérances : il leur rendit justice, comme il l'avait fait déjà dans sa lettre officielle à M. Grévy, en affirmant, une fois de plus, les services qu'ils rendaient.

Ce ne fut guère alors qu'une bourrasque ; les sectaires se sont vengés depuis.

Très préoccupé de l'avenir et prévoyant les attaques qui allaient être dirigées contre l'âme des enfants à qui les écoles chrétiennes assuraient encore un enseignement religieux conforme aux sentiments de leurs familles, Mgr Bécel avait à cœur de les armer pour les luttes de l'avenir, en leur inculquant, dès le premier âge, la connaissance des vérités nécessaires.

Dans cette intention, il voulut refondre le vieux catéchisme que tant de générations avaient appris, en donnant à l'exposé de la doctrine chrétienne plus d'étendue sur certaines questions et pour l'ensemble une précision plus grande. La commission qu'il institua à cet effet travailla avec ardeur sous sa direction très active, et rédigea, pendant de longues séances, le catéchisme diocésain en usage aujourd'hui. C'est une chose nécessaire souvent, mais dangereuse, que la transformation de ce petit livre où la doctrine doit être condensée en quelques pages nettes et claires, où rien ne doit être oublié. Aussi nous n'étonnerons personne en disant que, malgré le long et intelligent travail du comité rédacteur, l'édition nouvelle ne réussit pas à conquérir tous les suffrages. La critique, même la plus sérieuse et la plus désintéressée, trouvera toujours à reprendre dans ces résumés succincts, où la doctrine la plus haute doit être devenue assez simple pour descendre à la portée des intelligences enfantines dont elle sera l'aliment.

Le 5 août 1881, l'évêque promulguait le nouveau catéchisme dans une lettre où il disait :

« Il est indispensable de cultiver avec une ardeur persévérante notre intelligence et de diriger toutes les facultés de notre âme selon les desseins de notre Créateur. Tel est l'objet essentiel d'une éducation bien comprise et consciencieusement donnée. Jugez donc de la gravité des questions mises à l'ordre du jour au sujet de l'enseignement...... Pères et mères, maîtres et maîtresses, quelles sublimes fonctions vous avez à remplir ! Nous apprécions, comme il convient, les diverses matières de l'enseignement classique et l'amélioration des méthodes pédagogiques ; nous applaudirons toujours aux mesures propres à réaliser les progrès désirables ; si nos vœux étaient exaucés, disons mieux, si justice vous était rendue, une sage et inviolable liberté, accordée au mérite et à la vertu sous la garantie de lois équitables et fécondes, engendrerait une noble et fructueuse émulation.

« Est-il croyable que nous portions ombrage ou

que nous devenions suspects en prêchant l'amour
de Dieu et du prochain, le respect de tous les droits !
Quoi qu'il arrive, nous continuerons notre œuvre
d'évangélisation religieuse et sociale auprès des
savants et des simples ; mais nous aurons à cœur
de prodiguer des soins particuliers aux humbles
agneaux de notre troupeau. Catéchiser les enfants,
quelle vocation ! .... Il ne s'agit de rien moins que
d'apprendre à ces aimables protégés du bon Jésus
ce qu'il faut croire, espérer et demander, faire,
éviter et recevoir pour être sauvé. Le catéchisme
renferme toutes ces merveilles. Oh ! que les livres
des philosophes qui ne s'éclairent qu'à la lueur impar-
faite et vacillante de leur raison naturelle, sont
creux et vides auprès de cet abrégé de la doctrine
chrétienne ! » (1)

L'enseignement religieux allait devenir plus que
jamais nécessaire. Mgr Bécel se lança avec une ardeur d'apôtre dans la bataille pour les âmes, et il
fit à ses diocésains un grave et pressant appel.

« Dieu a ses droits primordiaux et imprescrip-
tibles. Si les hommes, quels qu'ils soient, comman-
dent ce qu'il défend, on lui doit obéissance, en dépit
de leurs menaces et de leurs vexations..... Nous
avons qualité pour affirmer que, sauf de très rares
exceptions qui peuvent se rencontrer dans quelques
localités de ce beau et vaste diocèse, tous les enfants
ont le bonheur de naître de parents catholiques... Si

(1) Lettre pastorale du 5 août 1881.

l'on prenait la peine de demander à ces pères et à
ces mères comment ils entendent élever leurs enfants,
ils répondraient unanimement : Nous voulons qu'ils
soient instruits de leur religion, qu'ils apprennent
le catéchisme et qu'ils observent fidèlement les com-
mandements de Dieu et de l'Eglise.

« La plupart des pères et des mères de famille se
trouvent dans l'impossibilité presque absolue d'exercer personnellement cet apostolat, qu'ils entendent
déléguer aux instituteurs et aux institutrices. Si
donc leurs mandataires omettaient de se conformer
à leurs intentions, ils tromperaient leur confiance.
A plus forte raison, se montreraient-ils indignes de
cette noble mission s'ils s'oubliaient à contredire, de
parole ou d'exemple, les saintes croyances et les
touchantes habitudes de notre Bretagne.

« Ils resteront neutres, dira-t-on.... De bonne
foi, en pareil milieu du moins, pourquoi cette neu-
tralité?Comment la justifier, disons mieux, comment
l'excuser ?

« La loi du 28 mars dernier ne répond nullement
aux vœux de nos populations. Les parents ont le
droit et le devoir d'exiger que leurs représentants ne
portent aucun préjudice à la foi et aux pratiques
chrétiennes de leurs enfants. Puissent-ils veiller attentivement à ce que les leçons et les exemples
de l'école ne contrarient en rien l'éducation du foyer
domestique ! S'il en arrivait autrement, ils ne devraient pas hésiter à soustraire leurs enfants aux
mauvaises influences d'instituteurs ou d'institu-

trices assez audacieux pour ne pas redouter l'anathème prononcé par Notre-Seigneur contre ceux qui auraient le triste courage de scandaliser un petit enfant.

« Si les parents pouvaient choisir entre l'école officielle, d'où l'enseignement chrétien est banni, et une école libre qui leur offrit des avantages positifs à ce point de vue, ils seraient inexcusables de ne pas préférer la dernière.

« Ceux qui n'auraient pas la faculté de choisir une école chrétienne, devraient donner eux-mêmes ou faire donner convenablement à leurs enfants l'instruction religieuse.

« Quant aux pénalités qui pourraient ébranler les faibles ou les indifférents, elles ne sauraient influencer les hommes de caractère et de principes. Ceux-ci se rappelleraient la parole fortifiante du Sauveur des hommes : *Heureux ceux qui souffrent persécution pour la justice, parce que le royaume des Cieux leur appartient !....*

« Il est urgent d'aviser aux moyens de fonder des écoles libres partout où ces fondations seront nécessaires et possibles. Des entreprises de cette nature ne s'exécuteront pas sans des dépenses considérables. En considération de leur importance, le clergé et les fidèles se résigneront à de nouveaux sacrifices. Ils nous trouveront toujours prêt à marcher à leur tête dans cette voie pénible mais glorieuse du désintéressement. Combattre le bon combat, sous l'étendard de la Croix, pour Dieu et pour la patrie, voilà toute notre politique, notre seule ambition. » (1)

L'évêque de Vannes avait bien prévu. A tout prix il fallait assurer l'instruction chrétienne de l'enfance, et il n'avait pas attendu jusque-là pour obvier au mal et jeter les bases d'une organisation nouvelle. Lorsque la loi du 28 mars 1882 décréta l'obligation et la laïcité de l'instruction primaire, la Providence lui avait déjà fait rencontrer l'admirable chrétien qui devait être pour lui un auxiliaire si précieux. Le comte Ludovic de la Villesboisnet était un de ces hommes rares qui, ayant autant de piété que de science, ne demandent qu'à travailler pour les âmes, et vont, s'il le faut, jusqu'à l'héroïsme du sacrifice. Il le fit, avec une humilité égale à son désintéressement.

L'évêque et le gentilhomme s'unirent intimement pour mener cette magnifique campagne qui devait sauver, dans le diocèse, l'enseignement chrétien. Elle dura longtemps — elle dure encore — avec une persévérance acharnée, qui semblait grandir à mesure que se multipliaient les obstacles, et assura d'étonnantes victoires.

Dès le mois d'octobre 1879, de généreux chrétiens avaient fondé à Vannes une *commission de défense de l'enseignement chrétien et des intérêts religieux du Morbihan.* M⁾ʳ Bécel en était le protecteur, très écouté parce que l'on connaissait son zèle. M. de la Villesboisnet en fut l'âme.

(1) Lettre circulaire du 28 avril 1882.

Cette collaboration de tous les instants produisit de véritables merveilles. A mesure que la persécution grandissait, le zèle et la générosité de l'évêque, de ses auxiliaires, des prêtres et des fidèles semblaient aussi grandir. Riches et pauvres apportaient leurs offrandes ; ceux qui n'avaient rien fournissaient leur travail pour la construction des écoles nouvelles ; et, grâce à l'impulsion énergiquement donnée, la campagne pour le salut de l'enfance se poursuivit avec un succès constant, qui déconcertait les adversaires de l'enseignement chrétien.

Ce fut bientôt, dans tout le diocèse de Vannes, une magnifique floraison d'écoles où la foi d'un peuple, relativement pauvre, continuait vaillamment les traditions de l'Église, qui a toujours été la grande propagatrice de l'instruction. A chaque école laïcisée répondait la création d'une école libre, et le chiffre des fondations chrétiennes ne tarda pas à dépasser celui des laïcisations. Puis, tous les moyens furent employés pour assurer le bon fonctionnement de l'œuvre de salut : surveillance assidue des ouvrages scolaires, inspection annuelle de tous les établissements, fête solennelle, célébrée chaque année à la cathédrale, sous la présidence de l'évêque, et suivie, le même jour, d'une grande réunion où le bureau du comité lui rendait compte des résultats de l'année précédente. Des concours de catéchisme avaient été organisés ; là où c'était nécessaire, l'enseignement du français par le breton avait été introduit dans les classes, et les heureux effets de cette idée aussi logique que féconde n'avaient pas tardé à se faire sentir. Enfin, les congrégations religieuses ne pouvant pas toujours donner assez de maîtres, Mgr Bécel permit aux séminaristes qui en auraient le goût de se préparer à l'obtention du brevet élémentaire et de se dévouer à l'enseignement pendant les premières années de leur sacerdoce.

A sa mort, en 1897, près de 90 écoles avaient été laïcisées ; mais près de 150 écoles catholiques avaient surgi pendant ces quinze ans de lutte, de rude labeur et de générosité. Les prières de milliers d'enfants sauvés par son zèle ont escorté son âme au tribunal de Dieu.

L'enseignement primaire n'était pas le seul auquel s'intéressât Mgr Bécel. Dès les premières années de son épiscopat, il avait eu à cœur de faire fleurir les études dans les établissements diocésains. S'il voulait que les petits enfants reçussent, avec les éléments très utiles de l'instruction, l'éducation chrétienne, nécessaire pour en faire véritablement des hommes, sa vigilance se portait avec un souci encore plus grand sur ceux qui, se croyant appelés à devenir prêtres, avaient besoin d'une science plus complète et d'une plus sérieuse formation. Au grand séminaire, il organisa tout un plan d'études, qui eut son corollaire et son développement logique dans les examens des jeunes prêtres et les conférences ecclésiastiques dont il précisa le fonctionnement.

Le petit séminaire de Sainte-Anne, qui florissait près de la célèbre chapelle, avait été fondé en 1814 par Mgr de Bausset, et confié d'abord aux Jésuites, puis, après leur exil, à des prêtres du diocèse. La loi de 1850 — œuvre de liberté, qui était aussi une œuvre de justice — avait permis d'augmenter considérablement le nombre des élèves, et il avait eu des jours de gloire avant l'arrivée de Mgr Bécel, qui avait à cœur de maintenir cette prospérité et même de la faire grandir encore. Là, il avait vécu, il avait prié, il avait travaillé ; et l'évêque conservait, bien vivaces, les souvenirs lointains de l'écolier. De plus, la grande œuvre qu'il avait entreprise, les fêtes qu'il présidait, les pèlerinages qu'il se plaisait à multiplier, l'attiraient très souvent au petit séminaire, où il aimait à séjourner et qui devint pour lui comme une succursale de l'Evêché.

Aussi travailla-t-il de tout son pouvoir à la transformation presque totale du vieux couvent des Carmes, qu'il avait vu sombre et triste avec ses pièces étroites et ses plafonds surbaissés (1).

A une autre extrémité du diocèse, le vénéré Père de La Mennais, usant aussi du bénéfice de la loi Falloux, avait créé, à Ploërmel, dans la maison mère de sa congrégation de Frères instituteurs, un collège libre qu'il mit sous la protection de saint Stanislas. Pendant vingt ans, cette œuvre si utile, à laquelle

---

(1) Depuis 1880, il avait trouvé, pour achever ce renouvellement du petit séminaire, un auxiliaire précieux en M. Le Guen, supérieur de cet établissement diocésain. C'était un prêtre d'une grande vertu, doué d'aptitudes spéciales pour tout ce qui concernait l'architecture et les beaux arts.

l'évêque de Vannes donna un grand nombre de professeurs, prospéra pour le plus grand bien de toute la région ploërmelaise. Mais la société des Frères de l'Instruction chrétienne prospérant aussi de son côté, la maison devint trop étroite, et les directeurs du collège, d'accord avec les supérieurs des Frères, dûrent songer à une nouvelle organisation de leur œuvre pour l'empêcher de périr. Sans compter avec les difficultés, toujours très grandes en pareil cas, quelques-uns des directeurs n'hésitèrent pas à prendre sur leurs épaules un lourd fardeau, et acquirent l'ancien couvent des Carmes. Mgr Bécel, qui avait à cœur le succès de l'œuvre, autorisa le transfert ; il fit plus, et prit à la charge du diocèse cette maison qui avait rendu de grands services en favorisant les vocations ecclésiastique. Une souscription diocésaine fournit les ressources nécessaires ; il continua de donner des professeurs, qui furent plus que jamais sous sa direction; de vastes bâtiments furent construits, complétés plus tard par une remarquable chapelle, et enfin, le gouvernement, se rendant au désir de l'évêque, accorda, par décret du 23 mai 1881, le titre et les droits d'école secondaire ecclésiastique au collège Saint-Stanislas, qui devint le petit séminaire de Notre-Dame des Carmes. Il a prospéré depuis, et l'évêque de Vannes put être heureux d'avoir dans son diocèse deux établissements officiels, qui, par le talent des professeurs et le travail des élèves récompensé par d'éclatants succès, lui ont toujours fait honneur.

Il applaudissait aussi au succès des autres, et il

patronna toujours avec un dévouement paternel l'institution Saint-Louis de Lorient, dont il nommait les professeurs, — œuvre plus locale, sans doute, mais qui ne tarda pas à se faire apprécier dans la ville populeuse où un grand nombre de familles en comprennent la nécessité et le bienfait.

S'il se préoccupait ainsi de l'enseignement dans les maisons d'éducation, il employait aussi tous les moyens pour empêcher l'ignorance d'envahir les masses, en rappelant à tous les vérités nécessaires. Le résumé très bref qu'il rédigea pour être lu au prône est un modèle de clarté et de précision. En 1884, il avait écrit un *Abrégé de la doctrine chrétienne, suivi de considérations pratiques sur la prière*, qu'il répandit et fit répandre à un très grand nombre d'exemplaires, brochure très pratique, mémento lumineux du catéchisme, ce livre d'or que trop de gens, fiers parfois de leur science profane, semblent dédaigner aujourd'hui.

XI

JOIES ET CONSOLATIONS

1882-1887

Au milieu des angoisses qui étreignaient son
âme dans la lutte sans trève qu'il menait courageusement pour l'enfance, l'évèque de Vannes eut une
grande joie, le 25 février 1882, parce que, ce jour-là,
un ardent désir de son cœur était accompli, et qu'il
donnait à l'épiscopat de France un vaillant de plus.
Dans la basilique de Sainte-Anne, il consacrait son
ami le plus cher, compagnon de ses premières
études, prêtre excellent dès le début, puis héroïque,
alors que, devenu aumônier de marine, il assistait
nos soldats là-bas dans l'Extrème-Orient, se distin-
guait sur les champs de bataille et se faisait mettre
à l'ordre du jour, pour son courage qui étonnait les
plus braves.

Mgr Trégaro devait être mis, plus tard, à l'ordre
du jour, d'une manière différente mais non moins
glorieuse, après les éclatantes revendications qu'il
sut formuler avec une indomptable énergie.

En cette fête, l'évêque de Vannes était assisté de NN. SS. Hugonin, évêque de Bayeux, et Le Coq, évêque de Nantes ; il jouissait d'un bonheur sans mélange, bien sûr que le nouvel évêque justifierait sur le siège de Séez les espérances que sa vie entière avait fait concevoir : et dans les paroles qu'il prononça, il put prophétiser sans crainte la fécondité de cet épiscopat de quinze ans, où sainte Anne s'entendit constamment, sans doute, avec Notre-Dame pour bénir le loyal évêque de Séez.

Un autre bonheur, très rare de nos jours dans une vie d'évêque, était réservé à Mgr Bécel. Depuis le commencement du XIXe siècle le diocèse de Vannes avait vu prospérer la congrégation des Filles de la Vierge, fondée un siècle auparavant par Mlle Catherine de Francheville ; il avait vu naître et grandir celles des Filles de Jésus de Kermaria, des Sœurs de la Charité de Saint-Louis et des Sœurs de Saint-Jacut. L'œuvre accomplie par ces Religieuses, occupées à différents ministères, avait fourni une ample moisson de prières, de travail et de sacrifices, par les retraites, l'instruction des enfants et l'éducation des orphelines. Il n'y avait pas, semblait-il, de lacune à combler et rien ne faisait croire qu'une congrégation nouvelle pût s'ajouter à celles qui existaient déjà. On se trompait.

A l'extrémité du pays de Vannes, dans la paroisse de Mauron, qui touche à l'Ille-et-Vilaine, vivait une humble et pieuse chrétienne qui, depuis sa jeunesse, avait au cœur un impérieux désir. Elle avait lu dans l'évangile la guérison des lépreux qui, dans leur joie égoïste, oublièrent de remercier le divin Maître, et elle pensa que si beaucoup de chrétiens demandent, très peu songent à rendre grâces. De là l'idée d'une association qui remercierait Dieu du don divin que Notre-Seigneur Jésus-Christ fait continuellement à la terre en se donnant lui-même dans le Saint-Sacrement.

L'œuvre de l'*Action de grâces* allait naître. Pie IX l'approuva et la bénit en 1859. La fondatrice, Mlle Virginie Danion, était heureuse ; mais ces âmes d'apôtres ne sont jamais satisfaites, tant que leurs projets ne sont pas réalisés jusqu'au bout. Ici encore, le grain de sénevé devait devenir un arbre. A l'association il fallait un centre, c'est-à-dire une chapelle dont la généreuse chrétienne ne demandait qu'à faire les frais. Son beau-frère, M. Sigismond Ropartz, avocat distingué, en même temps que littérateur et artiste, se chargea d'en parler à Mgr Bécel, qui consentit bien volontiers à l'érection du sanctuaire.

— Soyez tranquille, Monseigneur, lui avait dit M. Ropartz, nous ne vous bâtirons pas une grange.

Il tint parole. La chapelle, un vrai joyau, fut consacrée par l'évêque le 7 septembre 1872. Quelques mois auparavant, revenant de Rome, il l'avait enrichie du corps de sainte Victoire, souvenir précieux de l'époque des premiers martyrs.

Un grand pas venait d'être fait, et Mgr Bécel ne pouvait mieux témoigner son intérêt à l'œuvre nouvelle. Pourtant l'ambition pieuse de la fondatrice n'était pas satisfaite : ce qu'elle voulait, ce n'était pas seulement une association de prières, mais une communauté religieuse vouée à l'adoration perpétuelle du Saint-Sacrement. Douée d'une remarquable intelligence, elle avait une volonté ferme que sa piété fervente rendait très humble ; et, dans son rêve idéal, elle voyait un groupement d'âmes choisies, vivant dans l'ombre du cloître, et se sacrifiant, victimes volontaires, pour rendre à Jésus-Hostie les hommages et les remerciements qui lui sont dûs.

Ce n'était pas un rêve ; mais les grandes idées, qui valent plus que l'or, ont besoin pour devenir des actes de passer par le creuset de l'épreuve. L'évêque de Vannes y contribua. En pareille circonstance, il faut du sang-froid, de la réflexion et cette sagesse prudente qui attend, pour mieux voir. Il fut sage, et attendit. Aux premières ouvertures de Mlle Danion il répondit « sinon avec une grande froideur, du moins avec une sorte de défiance qui n'échappa point à la timide solliciteuse ; en le quittant, elle retourna à la chapelle de l'évêché, reprendre près de son *Evêque divin* sa ténacité pour son œuvre (1). »

Plusieurs fois, elle revint à la charge, et jamais l'évêque — toujours si bon, elle le reconnaît — n'eut pour elle un mot d'encouragement, une de ces bonnes paroles qui poussent à agir. « Ne m'imaginant pas, nous dit-elle, que cette difficile entreprise

(1) Ce sont les propres expressions de la fondatrice, dans les notes qu'elle a bien voulu nous adresser après la mort de Mgr Bécel.

d'un institut nouveau pût s'accomplir par des mains aussi inhabiles que les miennes, je proposai à Sa Grandeur cinq ou six congrégations qui s'offraient pour entrer, autant que possible, dans mes vues. Elle refusa très catégoriquement : « Gardez votre œuvre, me dit-elle, et essayez vous-même... Si cette communauté d'Action de grâces est dans les desseins de la Providence, elle réussira entre vos mains ; sinon, non. » (1)

On comprend, après cela, les tristesses de cette chrétienne qui voyait le but et désespérait de l'atteindre : « C'était, ajoute-t-elle, de la prudence et de la sagesse toujours — bien appréciées depuis, mais qui ne m'en causaient pas moins, vu mon caractère à la fois tenace et timide, bien des découragements, des indécisions et des combats. »

Le 5 octobre 1872, l'évêque lui écrivit pourtant une lettre consolante :

« Ma chère fille, je vous envoie de grand cœur la bénédiction que vous me demandez. L'assentiment donné par votre vénérable mère, par les autres membres de votre famille et par M. le curé de Mauron, peut être considéré comme un signe du bon plaisir de Dieu. Allez-y simplement, sans présomption, sans découragement. L'avenir ne nous appartient pas ; employez le présent à servir et à glorifier le divin Maître. Priez, ma chère fille, pour votre bien dévoué. »

____

(1) Notes écrites le 12 janvier 1898.

C'était une approbation, et la fondatrice reprit
avec courage son pieux labeur. Il fallut néanmoins
douze années encore pour qu'elle pût croire l'œuvre
établie sur des bases solides. Enfin, le 27 novembre
1884, Mgr Bécel reçut les vœux des trois premières
professes de l'Action de grâces : la nouvelle congrégation était fondée. Dans son allocution, l'évêque
remercia Dieu d'avoir exaucé la fondatrice après un
demi-siècle de désirs et de prières ; il ajouta que si,
par une prudence peut-être outrée, il n'avait ni
aidé ni entravé l'action de la Providence, il était
heureux, en ce jour, de bénir le nouvel arbre planté
dans le champ de l'Église.

La Mère Marie du Saint-Sacrement est morte,
quelques années après son évêque, dans les sentiments de piété fervente qui avaient animé sa vie.

Nous espérons que son œuvre vivra.

Depuis l'avènement de Sa Sainteté Léon XIII,
Mgr Bécel avait accompli deux fois le pèlerinage *ad
limina* (1). La bonté paternelle du Pape, ses encouragements et ses conseils semblaient donner au pieux
évêque une vigueur nouvelle dans l'accomplissement
de sa grande mission. Lorsque l'univers catholique
célébra, en 1887, le jubilé épiscopal du Souverain
Pontife, il voulut que ce glorieux anniversaire fût solennellement fêté dans tout son diocèse. Les prêtres,
les fidèles, les communautés religieuses répondirent

____

(1) Le dernier datait de 1883. Pour résumer les bontés du
Pape à son égard, il nous disait, à son retour : Le Saint-Père
ne me refusa rien.

à son appel par un concert unanime de prières ferventes ; les dons affluèrent aussi, témoignage éloquent
de la foi généreuse de son peuple. Et, quand il partit
pour Rome, il put apporter à l'auguste jubilaire,
avec les hommages de tous, un grand nombre de ca-
deaux, parmi lesquels on remarquait une statue en
argent massif de sainte Anne d'Auray, posée sur un
socle d'onyx, reproduction exacte et artistique de la
statue miraculeuse ; un beau volume orné à chaque
page de fines enluminures, œuvre d'une communauté religieuse (1), plusieurs ornements et une
grande quantité de linges d'église. C'est au mois de
novembre 1887 que l'évêque de Vannes fit ce voyage
réconfortant. Le Souverain Pontife, recevant avec
joie les témoignages de la piété morbihannaise, com-
bla d'attentions délicates l'évêque qui s'en revint tout
heureux. Il passa par Fribourg, pour visiter Mgr Mer-
millod, le noble et intrépide évêque exilé de Genève,
et arriva à Paris le 6 décembre

Deux jours auparavant, M. Sadi Carnot avait été
élu président de la République française. Or l'évêque
de Vannes avait connu intimement, dans sa jeunesse
sacerdotale, la famille de Mme Carnot ; il avait vu

(1) « La douane de Turin, écrivait Mgr Bécel, dans une lettre
du 15 novembre, a retenu les caisses destinées au Souverain
Pontife... On m'a fait payer 4 fr. 90 pour le livre des Fidèles
Compagnes. Les employés l'ont apprécié au moyen d'une...
balance. Les sauvages de Mgr Clut seraient-ils capables de mieux
juger une œuvre d'art ? » — Le bon évêque n'avait pas à se
plaindre : combien aurait-il eu à payer si le livre avait été apprécié à sa juste valeur ?

tout enfant la nouvelle présidente, il savait ses sentiments chrétiens et il songea à lui écrire, non pour lui offrir des félicitations vulgaires, mais pour l'exhorter à se servir de sa haute influence dans l'intérêt de la France et de l'Eglise.

Nous sommes heureux de pouvoir publier cette lettre très épiscopale, avec les corrections qu'il fit à son premier projet, avant la copie définitive :

« Le vote émis, le 3 décembre, par l'Assemblée nationale vous a élevé au faîte des honneurs. Permettez à l'ancien précepteur de vos cousins Georges et Gaston Saint-Bris de vous en exprimer, sans arrière pensée politique, ses respectueuses félicitations. J'ai aussi à cœur de former des vœux ardents pour le succès de la mission qui vous incombe. Mes anciennes et si intimes relations avec votre honorable famille autorisent, me semble-t-il, une pareille démarche.

« C'est par discrétion et par prudence que je m'abstiens de me présenter à vous. Oserais-je, Madame, vous demander de me servir d'interprète auprès de Monsieur le Président ? Puisse-t-il procurer à notre cher pays la paix au dedans et au dehors, la justice pour tous et la vraie liberté ! Pour arriver à ses fins patriotiques, l'honnêteté, le savoir, la fermeté, le désintéressement ne lui suffiraient pas. Il aura besoin d'une assistance supérieure, que les hommes, le voulussent-ils, seraient incapables de lui prêter efficacement. Supplions Dieu, Madame, d'éclairer et de protéger Son Excellence dans l'exercice de sa

haute mais difficile magistrature. A Rome, d'où
j'arrive, j'entendis, la semaine dernière, le Pape,
parlant aux pèlerins Hongrois, proclamer opportu-
nément ce principe incontestable de tout gouvernement fort, stable et prospère : « Les États fleurissent
non pas tant par la force des armes et par les richesses que par la religion et par la vertu. »

« Léon XIII aime la France ; il prie chaque jour
pour elle ; il en souhaite le relèvement et la gloire ;
il espère que, aussi bien avisée que les nations hérétiques et schismatiques, elle comprendra la nécessité de chercher dans ses bons rapports avec la
Papauté les meilleures garanties de l'ordre social.

« Connaissant, Madame, vos religieuses dispositions, je suis persuadé que vous userez de toute votre
influence pour que l'Église et ses ministres n'aient
point à souffrir et à se plaindre de la nouvelle direction donnée, chez nous, aux affaires publiques.
Il y va, d'ailleurs, de l'intérêt de tous, gouvernants et gouvernés. »

(1) De la lettre qui précède nous devons en rapprocher une
autre, que Mgr Bécel écrivit, sept ans plus tard, à une tante de
Mme Sadi Carnot (17 mars 1894) :

« ... J'espère que vous ne serez point exposée à devenir la
victime des misérables qui tirent si brutalement les conséquences logiques des discours et des actes de ceux qui nous
gouvernent. Ils ne veulent pas de Dieu. Les autres ne veulent
pas de maîtres. Ceux-là ont la sotte prétention de dire que la
science n'a que faire de la *religion* ; ceux-ci se servent de la
science pour fabriquer leurs engins destructeurs.

« Les Francs-Maçons et les Juifs sont les prophètes de nos

Madame Carnot n'osa pas répondre à cette lettre ; mais elle était trop catholique pour ne pas comprendre les conseils que lui donnait l'évêque de Vannes, et nous aimons à croire qu'elle s'en servit, en certaines circonstances, pour tourner l'âme de son mari vers les choses d'en haut, et que, frappé à mort, il se rappela ses exemples et ses paroles, au moment suprême où l'arme d'un criminel le jetait devant la justice de Dieu.

politiciens. Or, il est constant que le Grand Maître de la Franc-Maçonnerie c'est le diable.

« Si votre nièce avait quelque influence sur son mari, elle devrait bien en user pour lui ouvrir les yeux et lui faire comprendre la lourde responsabilité qu'il assume devant Dieu et devant les hommes, en signant tout ce qu'il signe, et en se montrant incrédule, de parti pris, quand il est le chef d'un état catholique.

« Les évêques qui vont à l'Elysée, ont-ils eu le courage de lui présenter respectueusement des observations ? Je me ferais scrupule d'en douter. Il me semble que, seul, l'amour de mon pays me donnerait cette hardiesse.

« Madame Carnot n'ayant pas cru devoir m'accuser réception des deux lettres que je me suis permis de lui écrire, je me garderai bien désormais de lui donner signe de vie. Je prie Dieu de lui épargner, ainsi qu'à son mari, les peines qui pourraient bien être la conséquence de leur politique. »

. . . .

Hélas ! ces craintes ne devaient pas tarder à se réaliser : trois mois plus tard, le 24 juin, le président tombait sous le poignard de Caserio.

par discrétion et par
que je m'abstiens de
ter à vous.

— Je, Madame, vous
me servir d'interprète
par Monsieur le Président
il procurer à notre chère
en paix au dedans et au
conseille pour tous et le
jeté !

pour arriver à ses fins patri-
félonnêteté, le savoir, le
port le Désintéressement ne lui
se ... pas. Il aura besoin
instance impérieuse,
qu'emmène, le voulussent-ils,
incapables de
à lui prêter
un

ÉVÊCHÉ
de
VANNES.

Paris
~~Vannes~~, le 7 Déc. 1887.

Madame,

Le vote émis, le 3 décembre, par l'Assemblée nationale vous a élevée au faîte des honneurs. Permettez à l'ancien précepteur de vos cousins Georges et Gaston Saint-Bris de vous en exprimer, sans arrière-pensée politique, ses respectueuses félicitations. J'ai aussi à cœur de former des vœux ardents pour le succès de la mission qui vous incombe. Mes anciennes et si intimes relations avec votre honorable famille autorisent, me semble-t-il, une pareille démarche.

Madame Sadi Carnot.

C'est par discrétion et par prudence que je m'abstiens de me présenter à vous.

Oserais-je, Madame, vous demander de me servir d'interprète auprès de Monsieur le Président? Puisse-t-il procurer à notre chère Patrie la paix au dedans et au dehors, la justice pour tous et la vraie liberté!

Pour arriver à ces fins patriotiques, l'honnêteté, le savoir, la fermeté, le désintéressement ne lui suffiraient pas. Il aura besoin d'une assistance supérieure, que les hommes, le voulussent-ils, seraient incapables de lui prêter

efficacement. [Nous supplions] Dieu
Madame, de l'éclairer et de protéger
Son Excellence dans l'ex-
ercice de sa haute mais
difficile administration.

À Rome, d'où j'arrive, j'entendis, la semaine dernière
le Pape, parlant aux pèlerins
Hongrois, proclamer opportuné-
ment ce principe incontestable de tout gouvernement
fort, stable et prospère: «Les
États fleurissent non pas tant
par la force des armes et par
les richesses que par la religion
et par la vertu.»
Léon XIII aime la France; il prie
chaque jour pour elle; il en souhaite
le relèvement; il espère que, aussi bien
avisée que les nations hérétiques et
schismatiques, elle comprendra la nécessité

de chercher dans ses bons rapports avec
la Papauté les meilleures garanties de
l'ordre social.
Connaissant Madame, vos religieuses dispositions, je suis persuadé que
vous userez de toute votre influence pour que l'Église et ses
ministres n'aient point à souffrir
et à se plaindre de la
nouvelle direction donnée
chez nous, aux affaires publiques. Il y va d'ailleurs, de
l'intérêt de tous, gouvernants et gouvernés.

Daignez, Madame, agréer
l'hommage de mon profond
respect et de mon entier dévouement

† Jean-Marie, M. de Nancy

cher dans ses bons rapports avec
[...] les meilleures garanties de
[...] social.

[...]issant, Madame, vos religieuses dis-
[...]ions, je suis persuadé que
[...] de toute votre influ-
[...] pour que l'Église et ses
[...]tres ~~ne souffrent pas~~
n'aient point à souffrir
à se plaindre de la
[...] direction donné,
nous, aux affaires publi-
à Il y va, d'ailleurs, d'intérêt de tous, gouver-
et gouvernés.

[...]gnez, Madame, agréer
[...]age de mon profond
et [...] dévouement.

[...] Marie, W. de N[...]

XII

LA LUTTE RECOMMENCE.

Un anniversaire. — Les séminaristes à la caserne. — Lettre au président de la République. — Conseils paternels. — Paroles de Jules Simon. — Œuvres militaires. — Noces d'argent. — La reconnaissance d'un peuple.

1889-1891

Au commencement de juin 1889, Mͣ Bécel adressa au clergé et aux fidèles du diocèse une lettre où nous lisons :

« Il y aura deux cents ans le 17 de ce mois qu'une humble et fervente religieuse recevait du ciel la douce mission de convier la France à se consacrer officiellement au Sacré-Cœur de Jésus. Hélas ! la patriotique intervention de cette âme d'élite, que l'amour de Dieu et de son pays consumait à l'ombre d'un cloître, demeura sans effet. En ce temps-là, le royaume dit *très chrétien* était gouverné par un roi puissant et redouté. Déjà couvert de gloire et rêvant de nouvelles conquêtes, Louis XIV, entouré d'hommes illustres, et sans doute aussi de conseillers présomptueux qui ne considéraient pas les événements au point de vue providentiel, refusa l'alliance que le Roi des rois lui proposait par l'entremise de Margue-

Mgr Bécel

15

rite-Marie. Il eut lieu de s'en repentir, comme nous avons sujet de nous en plaindre....

« A sa mort, un déluge d'impiétés et de **débauches**, présage d'un déluge de sang, vint fondre sur la France. Cent ans plus tard, elle devint le théâtre des plus odieux attentats.... Depuis la Terreur jusqu'à nos jours, elle a passé par toutes sortes de vicissitudes politiques et sociales ; elle a subi de terribles châtiments, dont nous ne verrons peut-être pas la fin. Cependant, il y a quelques années, au sortir d'une guerre désastreuse suivie de dissensions intestines non moins affreuses, l'aurore d'une ère nouvelle éclaira soudain les hauteurs de Montmartre. L'œuvre du Vœu national s'est poursuivie avec une ardeur et une constance qui consolent et donnent un grand espoir d'obtenir grâce et pardon. Si les désirs de la Bienheureuse Marguerite-Marie ne sont pas absolument réalisés du moins l'église du Sacré-Cœur, votée par l'Assemblée nationale, domine déjà la capitale. Elle sera bientôt achevée et inaugurée solennellement. à ce cri mille et mille fois répété : *Cor Jesu sacratissimum, miserere nobis !* » (1)

Pour associer toutes nos paroisses aux supplications solennelles qui devaient se faire le 17 juin dans la basilique de Montmartre, le pieux évêque prescrivait. pour le même jour, des prières publiques et une quête pour le monument grandiose qui sera un jour *l'ex-voto* de la France régénérée. En cette fête, qui

_____

(1) Lettre pastorale du 6 juin 1889

fut un grand acte de foi et d'espérance, il se fit un devoir de lire lui-même *l'Amende honorable* et de *renouveler* la consécration de son diocèse au Sacré-Cœur.

Les catholiques de France avaient bien besoin de recourir au cœur du divin Maître.

On avait pu prévoir, lorsque parurent les lois antilibérales contre l'enseignement chrétien, que les sectaires poursuivraient jusqu'au bout l'exécution de leur programme. Après les enfants, ils s'attaquèrent aux séminaristes dont, sous prétexte d'une égalité menteuse, ils voulurent faire des soldats. La loi du 15 juillet 1889 fut une violation audacieuse des immunités ecclésiastiques.

« C'en est donc fait ! disait, non sans ironie, Mgr Bécel : les séminaristes habiteront la caserne, porteront le sac et seront exercés au maniement des armes, pour apprendre à panser sur les champs de bataille, dans les ambulances et les hôpitaux. nos pauvres soldats blessés ! » (1)

Il ne se contenta pas de gémir, il protesta énergiquement et écrivit au président de la République la lettre suivante :

« Monsieur le Président,

» Permettez à l'un des plus anciens évêques de France, dont le nom ne vous est peut-être pas inconnu, d'exprimer respectueusement à Votre Excel-

____
(1) Lettre au cte Lanjuinais, 10 juillet 1889.

lence la peine et les inquiétudes que lui cause, au double point de vue religieux et patriotique, la nouvelle loi sur le recrutement de l'armée.

» Je reçois à l'instant du ministère des cultes les certificats de nos étudiants ecclésiastiques, et j'y lis, en marge : *Dispensés.*

» En effet, ces chers jeunes gens ne resteront pas sous les drapeaux aussi longtemps que les autres conscrits. Mais, de bonne foi, une année de caserne ne suffira-t-elle pas pour les détourner de leur sublime vocation ? Dès lors, comment parviendra-t-on à pourvoir au service religieux, déjà très incomplètement assuré dans un grand nombre de diocèses?

» Dans quelles dispositions les Séminaristes reprendront-ils leurs saints exercices, après avoir vu ce qui se passe et entendu ce qui se dit dans un semblable milieu !

» Si, du moins, puisqu'on les destine à soigner, en temps de guerre, les malades et les blessés, ils étaient préparés d'une manière spéciale à l'emploi qu'ils peuvent avoir à remplir ! Mais non : par une inconcevable contradiction, ils seront obligés d'apprendre ce qu'ils n'auront pas à faire en campagne.

» D'ailleurs, quel surcroît de force donneraient à notre valeureuse armée quelques centaines d'élèves du sanctuaire, dont les aînés volaient naguère, avec la plus louable émulation, au secours de la patrie en danger ?

» Quoi qu'il en soit, pourront-ils éviter la chambrée, où les attendent les plus redoutables périls ?

» Aussi, Monsieur le Président, l'épiscopat français, dont le patriotisme ne saurait être mis en question, déplore-t-il amèrement la douloureuse nécessité où le réduit la nouvelle loi militaire. N'a-t-il pas lieu de craindre que cette atteinte portée à l'immunité ecclésiastique n'attire sur la France de nouvelles calamités ? Que Dieu nous en préserve ! Nous lui demandons cette grâce avec toute la ferveur dont nous sommes capable.

» Votre Excellence pourra-t-elle répondre efficacement à nos cris de détresse ? Je demeure convaincu qu'elle rendra justice à la droiture de nos intentions comme à notre dévouement au pays. »

Ces observations, si fortement motivées, ayant été considérées comme non avenues, il plaida près du ministre de la guerre la cause des séminaristes, « dans le but d'obtenir que la nouvelle loi militaire leur fût appliquée d'une manière moins inquiétante ; » et enfin, il adressa à ses chers enfants, exilés du sanctuaire, une lettre où il leur indiquait, avec une sagesse tout empreinte d'une bonté admirablement paternelle, les moyens d'assurer leur persévérance et d'exercer autour d'eux une influence salutaire. « C'est une consolation que mon cœur réclame, leur disait-il. Vous y trouverez vous-mêmes, je l'espère, quelque soulagement à relire, aux heures de tristesse et d'ennui, les recommandations de votre évêque. Pourrait-il ne pas vous accompagner constamment de ses vœux et de ses prières, au cours d'une année si redoutable pour votre sainte vocation ? (1) »

Notre célèbre compatriote M. Jules Simon, avec qui l'évêque de Vannes entretenait déjà des relations intimes, lui écrivit, à ce sujet, le mois suivant :

« Monseigneur, vous avez bien voulu m'envoyer un exemplaire de votre lettre aux séminaristes partant pour la caserne. Je vous en remercie. Je l'ai lue avec grand plaisir. Elle est pleine de sagesse. L'épreuve est dure, et j'ai fait tout mon possible pour empêcher qu'elle eût lieu. A présent qu'il faut passer par là, il est possible qu'elle tourne au profit des bonnes mœurs, et c'est ce qui arrivera si on vous écoute.

« Je causais un jour de cette loi avec Mgr Czacki. « Croyez-vous, lui dis-je, Monseigneur, qu'il n'en résultera pas une grande difficulté pour le recrutement du clergé ? » Il me répondit : « Ce n'est pas le partant que je crains, c'est le revenant. Il restera du troupier dans le prêtre (2). »

Ces craintes ne se réalisèrent pas dans le diocèse de Vannes, et Mgr Bécel eut la joie de constater, avant de mourir, que les séminaristes soldats donnaient autour d'eux le bon exemple et, à part quelques exceptions très rares, restaient fidèles à leur vocation.

Avant de protester en cette circonstance spéciale, il avait agi efficacement dans l'intérêt de nos soldats en créant à Vannes, qui possède trois régiments et

(1) Lettre du 30 août 1890.
(2) Lettre du 21 septembre 1890.

l'école d'artillerie, une œuvre paroissiale militaire, où, loin des périls qui les entourent, ils pussent trouver le moyen d'occuper utilement leurs loisirs. Son zèle le porta à multiplier ces centres de réunions paisibles, et il étendit le bienfait de cette œuvre aux garnisons de Lorient, de Belle-Ile-en-Mer et de Pontivy.

Un grand anniversaire approchait. L'évêque semblait l'oublier, mais ses diocésains reconnaissants y songeaient pour lui. Depuis 25 ans, il s'était donné à eux tout entier ; ses œuvres, ses enseignements, ses fatigues, sa vie toute à Dieu et aux âmes avaient créé entre le pasteur et le troupeau des liens que rien ne pouvait briser. Il fallait qu'une cérémonie solennelle réunît comme en un faisceau toutes les affections et toutes les gratitudes pour dire au Père combien il était aimé.

Nous n'avons pas à raconter les détails de cette manifestation (1). Elle fut splendide. A Vannes, le 25 juillet 1891, jour anniversaire de sa consécration épiscopale ; à Sainte-Anne, le lendemain ; ailleurs encore, sur plusieurs points du diocèse, pendant les semaines qui suivirent, l'évêque aimé fut l'objet d'enthousiastes ovations.

Le Saint-Père, récompensant un quart de siècle de labeurs féconds, lui avait conféré le privilège per-

____

(1) Ils ont été donnés dans un volume illustré, où sont complètement relatés tous les incidents de ces grands jours, avec les discours des différents orateurs et une savante notice de M. de Farcy sur les riches ornements qui furent le cadeau de fête du clergé diocésain.

sonnel du *Pallium*, réservé d'ordinaire aux archevêques. Il l'avait reçu, dans sa cathédrale, des mains fraternelles de Mgr Coullié, son vieil ami, alors évêque d'Orléans ; et M. le chanoine Brettes, à défaut de Mgr Bourret, évêque de Rodez, qui, à son grand regret, ne put pas venir, rappela, dans un discours magistral, la noble carrière de l'évêque qui avait si amplement justifié sa devise : *Caritas cum fide*

Le lendemain, à Sainte-Anne d'Auray, nous lui disions, et tous s'unissaient à ce souhait filial :

Vivez : de vos hivers nous ferons des printemps,

souhait qui, hélas ! n'a pas été exaucé comme l'auraient voulu les foules qui l'acclamaient pendant ces jours de fête.

Les ornements qu'il portait à la messe jubilaire, étaient un don de ses prêtres, œuvre vraiment artistique, chappe, chasuble et le reste, où des sujets brodés avec une finesse exquise rappelaient la gloire de sainte Anne, patronne de la Bretagne, et celle des saints qui ont vécu sur notre sol morbihannais.

Il était heureux, l'excellent évêque, et tout le diocèse avec lui. En cette fête inoubliable, où tous les cœurs battaient à l'unisson du sien, les liens d'affection qui l'attachaient à son peuple se resserrèrent, si c'était possible.

Hélas ! quelques années encore, et le jour de la séparation viendrait.

DERNIÈRES ANNÉES

I

SÉRIE D'ÉMOTIONS

Le droit d'instruire. — Deux leçons *séditieuses*. — Devoir et récompense. — Aimable réponse. — Paroles de Léon XIII. — Le Congrès eucharistique de Jérusalem. — Mort de Mgr Gonindard. — Jours d'angoisse. — Diplomatie désintéressée. — Victoire. — Lettre d'un ami.

1893.

Après les jours de joie, les jours d'épreuve ne devaient pas tarder à revenir encore. La guerre déclarée à l'Eglise se poursuivait habilement, et déjà l'on voyait poindre à l'horizon politique des projets de persécutions nouvelles.

Au commencement de 1892, ce ne fut guère qu'une escarmouche, mais significative et montrant bien la mesquinerie des gouvernants qui voulaient interdire aux évêques de Bretagne l'exercice d'un droit sacré, celui d'instruire leurs diocésains.

Le cardinal Place, archevêque de Rennes, avait fait ajouter au catéchisme deux leçons très courtes.

où il rappelait aux parents chrétiens l'obligation d'élever chrétiennement leurs enfants, et à tous les citoyens celle d'accomplir en conscience le devoir électoral. Ces deux leçons, qui n'avaient certes rien de subversif, au contraire, indiquaient aux catholiques ce qu'ils devaient faire pour agir en vrais catholiques, dans l'intérêt de leurs familles, de l'Eglise et de la société française.

Les évêques de la province bretonne ayant suivi l'exemple du métropolitain, le gouvernement prit ombrage de cet acte, très licite, de leur ministère, et cita, pour abus, l'archevêque de Rennes devant le conseil d'Etat. Les jugements du conseil d'Etat ont trop souvent pour effet d'honorer ceux qu'ils croient atteindre : aussi l'évêque de Vannes écrivit-il au cardinal pour revendiquer sa part dans la condamnation :

« Ayant rempli le même *devoir*, je pourrais, ce me semble, avoir quelque droit à la même *récompense*.

« On a peut-être eu raison de me considérer comme *une quantité négligeable*. Quoi qu'il en soit, Eminentissime Métropolitain, j'ai à cœur de vous déclarer que je suis tout disposé à vous suivre devant vos juges. Leur sentence n'aura rien que d'honorable pour ceux qui la subiront.

« *Loquere, Domine, audit humillimus et addictissimus servus tuus* » (1).

Très aimablement, le cardinal lui répondit :

(1) Lettre du 3 juillet 1892.

« Cher et vénéré seigneur, je suis venu chercher des forces dans l'air salubre et vivifiant de la Tour ; mais ce qui m'est infiniment plus salutaire, c'est le témoignage d'amitié que vous voulez bien me donner, car il dilate mon cœur.

« Je suis trop honoré de payer pour notre chère province, et je n'oublierai jamais votre vaillance et votre sympathie fraternelle. »

Le poids d'une pareille condamnation était facile à porter.

Au mois de février 1893, l'évêque de Vannes était à Rome. Reçu en audience, le 8 février, par le Saint-Père, il fut encore, plus que jamais peut-être, profondément touché de la bonté paternelle de l'auguste Pontife.

— Approchez, Monseigneur, lui dit Léon XIII. Vous venez souvent me voir, et votre visite me fait toujours grand plaisir. Je le sais, Mgr Bécel est très dévoué au Pape.

— De tout mon cœur, très saint Père ; je voudrais pouvoir vous en donner des preuves plus fréquentes et plus parfaites....

A l'évêque, qui le remerciait de l'insigne honneur qu'il lui avait fait en le décorant du Pallium, Léon XIII répondit : « Vous méritiez cette distinction. » Puis il le félicita de ce qu'il avait accompli dans son diocèse, au prix de tant de sacrifices, pour la fondation et l'entretien des écoles chrétiennes. « C'est à cette œuvre, ajouta-t-il, qu'il faut consacrer vos ressources, dans l'intérêt de l'Eglise et de votre pays. »

« Vous ne vous attendez pas, dit Mˢʳ Bécel dans une lettre pastorale qu'il publia à son retour de Rome, à recevoir pleine et entière communication de l'entretien tout à fait intime au cours duquel votre évêque a puisé, au double point de vue religieux et patriotique, lumière, courage et confiance... Il saura garder le secret du Pontife-Roi. Mais il lui est permis de vous dire que les intentions de Léon XIII ont été souvent méconnues, que ses paroles ne sont pas toujours comprises ; qu'il est affligé de s'entendre mal juger et même condamner par des hommes qui, tout en se disant catholiques, voudraient limiter à leur gré son autorité suprême et mettre des entraves à sa sollicitude : « Ils devraient plutôt me remercier, s'écria-t-il, avec une émotion communicative, des efforts que je fais pour sauver tout ce qui est en perdition. Le Pape aime la France ; il l'aime beaucoup, et il voudrait la voir marcher généreusement dans la voie de la vérité et de la justice. Il n'ordonne à personne de renoncer à ses préférences et à ses traditions de famille. Il respecte tout ce qu'il y a de respectable dans le for intérieur de chacun... Mais il sait que l'unité fait la force et que la division des honnêtes gens n'aboutirait à rien... Voilà pourquoi il a parlé, comme il en avait le droit, à l'avantage de tous, avec l'espoir d'être écouté, compris et obéi... »

« Nos très chers Frères, vous eussiez partagé la vive impression que nous ressentions de ces accents si fermes et d'une éloquence si pénétrante. Nous

n'en doutons pas, l'écho, très affaibli, que vous en
portera cette lettre pastorale, vous sera tout à la fois
agréable et utile : c'est le but où nous tendons, en
vous l'adressant. » Graves paroles, qu'il est toujours
bon de méditer.

Trois mois plus tard, de grandes choses allaient
avoir lieu à Jérusalem, où le Congrès eucharistique
devait tenir ses assises. Le Souverain Pontife, dési-
rant avec ardeur que les travaux de cette pieuse
assemblée pussent servir à rapprocher de l'Eglise
catholique les Eglises orientales séparées de Rome,
voulut donner à ce congrès une solennité exceptionnelle, et choisit pour le représenter en qualité de
légat S. Em. le cardinal Langénieux, archevêque de
Reims. Il honorait la France en confiant cette grande
mission à l'un de ses plus nobles fils.

Alors se produisit un incident qui fut pour le diocèse
de Vannes un sujet de légitime fierté. Le légat du
Saint-Siège et notre évêque étaient unis depuis longtemps par les liens d'une sincère affection, et le cardinal, qui appréciait grandement Mgr Bécel, lui proposa, avec l'approbation du Pape, de l'accompagner
jusqu'en Terre-Sainte.

Craignant de ne pouvoir pas supporter les fatigues
de ce lointain voyage, l'évêque se vit contraint de
décliner l'honneur qui lui était fait, mais il en resta
profondément reconnaissant.

Nous lisons dans une lettre qu'il écrivait, le

______

(1) Lettre du 10 février 1893.

10 juillet suivant, à l'éminent archevêque de Reims :

« De loin, *de trop loin*, j'ai applaudi, de toute mon âme, aux ovations qui vous attendaient en Orient. Avec les rares qualités qui vous distinguent, comment n'eussiez-vous pas rempli parfaitement la haute et délicate mission que vous avait confiée le Souverain Pontife ? Votre Eminence a bien mérité, une fois de plus, de l'Église et de la France. Dieu en soit béni !....

« Je n'oublierai point l'honneur que Votre Eminence me fit, en me proposant de l'accompagner à Jérusalem. C'eût été pour moi un bonheur inexprimable. Ne me sentant pas capable d'entreprendre ce pèlerinage, je dus me résigner à en faire le sacrifice. Il m'en coûta plus que je n'essaierais de vous le dire.

« Daigne Votre Eminence agréer, avec ma sincère gratitude, l'hommage de ma profonde et très affectueuse vénération ».

Nous ne croyons pas être indiscret en publiant la réponse, si pleine de cœur, de l'éminent cardinal :

« Mon cher seigneur et vénérable ami, j'ai été touché au vif par votre bonne lettre, si pleine de ces sentiments qui fleurissent sur la terre de Bretagne : loyauté, fidélité, dévouement.

« J'ai expérimenté plus d'une fois, au cours de cette sainte mission, combien puissantes étaient les prières adressées à sainte Anne par un cœur comme le vôtre. Rien ne peut rendre ce que Dieu a fait pour nous durant ces jours bénis. Le *digitus Dei est hic* revenait à tout instant sur nos lèvres.

« J'ai pensé à vous, cher seigneur, bien souvent, mais plus spécialement dans mes visites au sanctuaire qui fut la demeure de la Mère de Marie. On y a fait récemment des découvertes précieuses dans une crypte, longtemps ignorée et qui paraît être le lieu même où se réalisa le mystère de l'Immaculée Conception.

« J'ai pour votre glorieuse patronne une grande dévotion et je voudrais que Votre Grandeur s'associât à mon dessein de lui confier, par une prière publique, que feraient les pèlerins de Sainte-Anne, l'œuvre du retour de l'Orient à l'unité. Ne pourrait-on pas recommander aux pèlerins cette intention : prions pour que le Congrès eucharistique de Jérusalem porte tous les fruits qu'en attend Léon XIII pour le salut des Orientaux ?

« Je vous livre cette pensée, cher et digne ami, en vous envoyant mes meilleurs vœux et l'assurance de mon fraternel dévouement en Notre-Seigneur » (1).

Quelques jours après l'entrée triomphale à Jérusalem (2) de l'envoyé du Pape, monté sur un cheval blanc qu'enveloppaient les larges plis de son manteau rouge, et escorté d'une foule immense qui l'acclamait, Mgr Gonindard, archevêque de Rennes, mourait subi-

(1) Lettre du 17 juillet 1893.
(2) 13 mai 1893.

lement en rentrant dans sa ville épiscopale (1).

Le gouvernement, d'accord avec la Nonciature, songea à lui trouver un successeur, et l'on pensa à l'évêque de Vannes, dont la nomination à ce poste d'honneur eût été accueillie avec joie, excepté dans le diocèse de Vannes, par la Bretagne entière.

L'évêque était, d'ailleurs, du même avis que ses diocésains : il n'aurait voulu à aucun prix quitter le peuple qu'il aimait et dont il était aimé.

Avant même que la proposition officielle lui eût été faite, il avait entrevu d'après quelques indices, qu'il *rapprochait* — ce sont ses expressions, — *d'une* parole trop bienveillante dont le Souverain Pontife *l'avait honoré pendant son dernier séjour à Rome*, ce choix très honorable, qui eût été, pour lui, un véritable malheur. « Je ne pourrais pas, disait-il accepter cette charge, à cause de mon âge, de ma santé très ébranlée », et son humilité profonde lui faisait ajouter : « de mon insuffisance ».

Pendant quinze jours, nous le vîmes dans une véritable angoisse, sombre, inquiet, vraiment malade. Mais, dès la première alerte, il s'était mis énergiquement en campagne : « J'ose espérer, écrivait-il à M. le comte Lanjuinais, député du Morbihan, que vous ne refuserez pas de me rendre le plus grand service que je puisse vous demander..... Je n'ai point désiré l'épiscopat ; après 27 ans d'exercice, je suis obligé en conscience de refuser d'être archevêque.

____

(1) Le 17 mai.

« J'ai à cœur de consacrer à mon excellent diocèse, où j'ai trouvé la plus touchante sympathie, ce qui me reste de forces et d'activité (1). »

« Vous avez d'ailleurs pu apprendre que, à la mort du cardinal Brossais Saint-Marc, pressenti au sujet de sa succession, j'avais répondu nettement que je déclinerais cet honneur. »

Il est vraiment curieux et édifiant de voir un prélat, estimé de tous, mettre autant d'acharnement à repousser les honneurs que beaucoup d'hommes du monde en mettent à les demander.

Ses amis ne perdirent pas de temps.

« Je suis profondément touché de l'honneur que Votre Grandeur a daigné me faire, en me chargeant d'une mission bien agréable à remplir pour un de ses diocésains », lui écrivait, le 4, le comte Lanjuinais. « Vous connaissez, de longue date, la respectueuse affection qu'ils ont vouée à leur évêque ; ils désirent le conserver à leur tête le plus longtemps possible, et je vous remercie, en leur nom, sans crainte d'être démenti par personne, de m'avoir affirmé une fois de plus votre ferme résolution de ne point les abandonner.

« Je connais fort peu M. Poincaré ; mais M. de Lamarzelle qui a, avec lui, d'anciennes relations de camaraderie, m'a offert très gracieusement d'aller le trouver et m'a semblé convaincu qu'il ne lui refuserait pas une faveur *négative* à laquelle nous attachons tant de prix. »

(1) Lettre du 1ᵉʳ juin 1893.

C'était une première lueur d'espoir.

Le 6, autre lettre, mais d'un de ses collègues qui ne s'attendait certes pas au dénouement de cette affaire.

« Très cher et vénéré seigneur, lui disait M⁸ʳ Labouré, évêque du Mans, qu'il avait invité à la fête prochaine de sainte Anne, d'abord, guérissez-vous et affranchissez-vous de l'influenza, c'est mon premier vœu.

« Mon second désir serait de vous voir à Rennes quand même. Sans doute, il doit vous en coûter de quitter Vannes. Mais que je vois de raisons pour que vous ne refusiez pas ! Croyez-moi, laissez aller les choses. Ne vous mettez pas à la traverse : le choix qui interviendrait pourrait peut-être vous causer d'amers et légitimes regrets. Ne pas chercher l'honneur d'un tel poste, mais ne pas s'y soustraire si l'offre vous en est faite, me paraît la formule vraie. »

Huit jours plus tard, l'évêque du Mans fut bien obligé d'avouer que l'évêque de Vannes n'avait aucune raison de regretter son refus.

Le 7, nouvelle lettre du comte Lanjuinais : « Il y a, en ce moment, trois sièges archiépiscopaux vacants, et M. Poincaré est fort embarrassé pour leur trouver des titulaires. Il avait pensé à vous ; mais, en présence de votre refus, il tâchera d'éviter de vous proposer et a promis, en tout cas, à M. de Lamarzelle de ne pas revenir sur cette décision, sans l'en avertir.

« J'espère qu'il parviendra à mettre la main sur un évêque moins attaché que vous à son diocèse ».

La victoire semblait certaine. « Cependant, disait

le bon évêque à son dévoué correspondant, je vous saurai gré de me *protéger* jusqu'au bout. Ce qu'il faut redouter, c'est que l'on demande au Pape d'intervenir.... Que deviendrais-je ?

« J'ai fait allumer une lampe devant l'autel de sainte Anne. »

Ce dernier trait n'est-il pas charmant ? Grâce à Dieu, le Pape n'eut pas à intervenir : le 13 juin, Mgr Labouré, évêque du Mans, fut nommé archevêque de Rennes, et préconisé dans le consistoire qui eut lieu le surlendemain.

Ce jour-là, en entrant dans le cabinet de travail de Mgr Bécel, il nous fut facile de voir, à sa physionomie joyeuse, qu'il avait remporté la victoire :

— Je ressuscite, nous dit-il en souriant.

Nous étions aussi heureux que lui.

Pendant ces quelques jours, qui lui avaient paru si longs, il n'avait pas été seul à souffrir. Un de ses meilleurs amis, Mgr Coullié, évêque d'Orléans, avait eu aussi ses heures d'épreuve et d'inquiétude, avant l'heureuse solution qui allait faire de lui le primat des Gaules. Aimant d'un amour filial notre patronne sainte Anne, dont il avait si souvent visité le célèbre sanctuaire qu'il nous dit un jour : « Je pourrais célébrer aujourd'hui mes *noces d'argent de pèlerin*, l'archevêque nommé de Lyon, était uni au diocèse de Vannes par des souvenirs de famille, et à notre évêque par les liens d'une vieille amitié. Il lui écrivait le 19 juin :

« Dans ces quatre jours d'angoisses et d'agonie,

j'ai été d'abord archevêque de Rennes et enfin archevêque de Lyon. Rennes, c'était la Bretagne, c'était Sainte-Anne, et puisqu'il fallait la séparation d'Orléans, je vous retrouvais avec toutes les délicatesses de votre cœur. L'obéissance me conduit à Lyon : suivez-moi, cher seigneur, de vos prières et de votre affection. A moins d'empêchement absolu, je désire être à Sainte-Anne pour le jour de sa fête : il me semble que Notre-Dame de Fourvières me fera meilleur accueil lorsque je pourrai lui porter des nouvelles de sa Mère. Et puis je vous reverrai, et j'aurai la consolation de vous redire l'expression de mes sentiments les plus respectueux et les plus tendrement dévoués. »

De pareilles affections réconfortent dans la lutte, et la lutte venait de recommencer.

LES FABRIQUES. — LETTRE PASTORALE

Digne protestation. — Violation du droit. — Abstention. — Un sujet actuel. — Un sénateur et deux généraux.

1893-1894

Par un décret en date du 27 mars, l'Etat, continuant sa campagne contre l'Eglise, avait bouleversé l'administration des fabriques paroissiales. Sans prendre l'avis des évêques, il réglementait, en la compliquant, cette comptabilité, afin d'exercer un contrôle inquisitorial sur des ressources dont il n'avait pas l'emploi.

Mgr Bécel protesta aussitôt, par la lettre suivante, aussi pondérée que ferme, près du ministre des cultes:

« Je manquerais de sincérité, et je croirais ne pas remplir le devoir de ma charge, si je me bornais à vous accuser réception de votre dépêche en date du 30 mars dernier. Elle me parvint le Vendredi-Saint et ne rendit que plus douloureux pour moi le grand deuil dont l'Eglise catholique célébrait le lugubre anniversaire, dans la prière, les larmes et la pénitence.

« Votre Excellence déclare que le décret du 27 mars ne porte point atteinte aux droits des évêques pour la comptabilité des fabriques.

« En ce cas, je n'en ai compris ni la lettre ni l'esprit.

« Le 2 février 1890, j'écrivis respectueusement à M. le Président de la République que la nouvelle loi militaire était une violation manifeste de l'immunité ecclésiastique.

« Ne trouvez pas mauvais, M. le Ministre, que, par obligation de conscience, je vous exprime loyalement la peine profonde et l'inquiétude trop légitime que me cause la mesure prise contre la libre gestion des biens des fabriques paroissiales ; d'après le droit canon, elle appartient aux évêques. Or, le susdit décret la leur retire.

« De sorte que, par la loi militaire et le décret dont il s'agit visant les lois du 26 janvier 1892 et du 5 avril 1884, le clergé, et les intérêts temporels dont il a la garde, passe en des mains séculières, nonobstant l'exemption dont nous avons joui, à justes titres, et qui, je l'espère, nous sera rendue.

« Dès lors, M. le Ministre comment pourrais-je ne pas déplorer la triste situation qui nous a été ainsi faite ! Dieu veuille que nos réclamations soient accueillies favorablement, et qu'il nous soit loisible de servir paisiblement notre pays, sans trahir notre religion ! » (1)

Au mois de décembre suivant, nouvelle lettre au sujet des *modèles et instructions* envoyés par le ministère. L'évêque de Vannes se plaint avec raison de ce que le ministre « n'ait tenu aucun compte des observations et des doléances des évêques », tandis

(1) Lettre du 2 avril 1893.

que « les chefs des autres cultes reconnus par l'Etat ont été admis à donner leur avis au cours de ces importantes négociations... Les gardiens et les défenseurs des intérêts de l'immense majorité des Français ont été tenus à l'écart. »

« Pour se conformer, ajoute-t-il, aux *modèles* reçus trop tardivement, il faudrait être habitué à tous les détails d'une comptabilité minutieuse, à laquelle d'ailleurs les deniers du culte ne devraient pas être assujettis ». Comptabilité impossible dans beaucoup de paroisses... Ne passera-t-elle pas, grâce aux démissions du trésorier et du président du bureau, « entre les mains d'hommes qui, ne partageant pas nos croyances, seront d'autant moins disposés à nous venir en aide ? »

« S'il le faut, nous subirons, une fois de plus, ce que nous n'aurons pas pu empêcher. Mais je tiens à pouvoir me rendre, devant les hommes, le consolant témoignage d'avoir, dans cette douloureuse circonstance aussi bien qu'en plusieurs autres, défendu la liberté de l'Eglise. » (1).

C'était très net. Les intéressés, connaissant et approuvant la pensée de l'évêque, s'en inspirèrent pour tracer leur ligne de conduite ; tout le diocèse donna à sa résistance la forme significative et pratique de l'abstention. Si plus tard, il fallut subir ce qu'on ne pouvait éviter, l'honneur, du moins, était sauf : le chef avait parlé, et jointe à ses paroles,

(1) Lettre du 24 décembre 1893.

cette abstention silencieuse protestait éloquemment contre l'intervention arbitraire du pouvoir.

En 1894, Mgr Bécel prit pour sujet de son instruction pastorale à l'occasion du carême *L'ignorance en matière de religion*, sujet très actuel hélas ! qu'il traita amplement, avec une hauteur de vues et une vérité frappante qui produisirent une profonde impression. De tous côtés lui arrivèrent félicitations et remerciements. Nous avons sous les yeux une foule de lettres, qui prouvent avec quelle joie des hommes très intelligents, quelques-uns même célèbres, avaient accueilli ces enseignements si opportuns.

Nous en choisissons trois seulement, parmi tant d'autres qu'il nous eût été agréable de citer :

« Votre lettre pastorale a mis sous mes yeux, en des termes d'une haute portée, le tableau fidèle, effrayant parce qu'il est fidèle, de la société française contemporaine.

« Oui, *il faut revenir au décalogue et à l'Evangile* : mais, de cette société à présent vieillie dans tous les excès de la civilisation et des révolutions, les trois quarts sont ou hostiles à cette grande vérité, ou hors d'état de la comprendre.

«L'autre quart est dispersé, divisé, hors de participation à la direction gouvernementale, hors d'influence sur les foules. Et votre vieux diocésain, qui a expérimenté, 60 ans, la progression de cette décadence sociale qui touche aujourd'hui à la décomposition, se cantonne dans sa prière « *Domine salva nos, perimus* » (1) !

(1) Général Trochu, 30 janvier.

— « Ai-je le droit de vous féliciter ? Suis-je assez compétent pour apprécier votre œuvre ? Je possède au moins la compétence d'un cœur fidèle, effrayé des désastres que l'ignorance religieuse a déjà produits dans notre pauvre pays, et préoccupé des ruines qu'elle fera encore, si, éclairées par des avertissements comme celui que vous donnez à vos diocésains, les foules ne reviennent pas à ces pieux usages dont vous tracez un si touchant tableau.

Au milieu des enseignements que vous adressez aux fidèles, je n'ai pas pu me défendre d'un sourire, à la lecture du passage que vous consacrez à certains prédicateurs. Comme c'est vrai, Monseigneur ! mais pour le dire, il vous a fallu un vrai courage ; cette vertu est devenue bien rare dans notre pays, ce qui n'empêche pas de ressasser cette rengaine que tous les Français sont braves. Les pasteurs eux-mêmes ne le sont pas tous ; comment les ouailles le seraient-elles davantage ?

« Les tristesses politiques n'avaient jamais atteint le degré auquel elles sont rendues aujourd'hui. Quelques anciens incendiaires, qui se sont improvisés pompiers, se figurent qu'ils pourront éteindre le feu qui consume le pays : ils l'ont trop bien allumé pour avoir cette puissance. Le cri de *Vive la commune*, poussé par Thivrier, et auquel cinquante poitrines ont fait écho dans le parlement, est un symptôme autrement menaçant que la bombe de Vaillant (1) ».

(1) M. de Kerdrel, sénateur du Morbihan, un des meilleurs amis de Mgr Bécel.

— « L'ignorance en matière de religion ! Quel sujet admirablement choisi !.. C'est la plaie dont nous souffrons dans tous les rangs de la société, et dont nous mourons.

« Aucun sujet ne pouvait être plus opportun, et je crois, Monseigneur, que la manière dont vous l'avez traité fera ouvrir les yeux à bien des aveugles volontaires. Vous avez donné à votre clergé de bien belles armes pour crosser les lecteurs de mauvais journaux et les lectrices de mauvais romans : ce sont les deux scandales de notre époque. Que j'aime l'attitude que prend notre épiscopat !

« Vous connaissez ce principe que, à la guerre, on ne se défend bien qu'en attaquant.

« Eh bien ! Monseigneur, puisque l'on vient vous attaquer jusque dans vos sacristies, c'est le cas d'en sortir pour mettre le principe en action, en faisant de vigoureuses attaques.

C'est le seul chapitre sur lequel je puisse me permettre de hasarder un avis devant Votre Grandeur. » (1)

Le pieux évêque était heureux d'avoir jeté dans les masses ses enseignements pratiques qui, n'eussent-ils fait du bien qu'à quelques âmes, n'auraient pas été inféconds.

____

(1) 17 février. Cette lettre est d'un général qui, après avoir été dans l'armée un vaillant serviteur de la France, s'est fait le Pierre l'Ermite d'une vraie croisade de prières et a mérité le beau nom de Général des Chapelets.

III

LA LOI D'ABONNEMENT

1895

Il ne suffisait pas aux sectaires d'avoir frappé les
Congrégations d'un nouvel impôt, inique parce qu'il
était destiné à faire payer un *accroissement* qui
n'existait pas. C'était un moyen d'atteindre les sociétés religieuses dans leurs ressources matérielles,
consacrées avant tout aux œuvres d'enseignement
et au soulagement des pauvres. Les unes se soumirent,
d'autres résistèrent. Il y avait tant d'intérêts en jeu,
qu'il était souvent très difficile de voir clairement la
décision à prendre.

Ce n'était qu'un premier pas : sous prétexte de ré-
gulariser l'impôt, la loi dite *d'abonnement* vint remplacer le premier système et hâter la ruine des congrégations, qui, sous le fardeau excessif dont on les
accablait, s'indignèrent, pour la plupart, devant les
charges injustes et arbitraires qui devaient causer
promptement leur ruine. On n'avait pas encore in-

venté la machine, plus expéditive, qui les exécute
aujourd'hui.

Aussitôt, Mgr Bécel, comptant encore sur l'esprit
de justice qui était autrefois l'honneur de la France,
s'adressa au nouveau Président de la République (1) :
« Plusieurs lettres ouvertes, lui disait-il, vous ont
été adressées au sujet du nouvel impôt dont il est
question de frapper les Congrégations religieuses.
Permettez à l'un des plus vieux évêques de France,
qui donnera toujours l'exemple du respect dû à
toute autorité légitimement constituée, de solliciter
pour elles votre haute protection.

« Il est de mon devoir de défendre les droits de
mes diocésains, dans la mesure de mes forces, sans
empiéter sur ceux d'autrui.

« Or, Monsieur le Président, pour les motifs incontestables qui ont été soumis, dans l'espèce, à
votre jugement impartial, les Congrégations religieuses placées sous ma juridiction, et qui rivalisent
de zèle et de désintéressement autour de moi, sont
menacées de ruine par le susdit projet d'injustes
mesures fiscales. Je serais inexcusable de ne pas
faire parvenir jusqu'à Votre Excellence le cri de ma
conscience alarmée.

« Les services que, de tout temps et au prix de
pénibles efforts, ces âmes d'élite ont rendus à notre
pays, leur donnent autant de titres à votre bienveillante et puissante intervention, dans la redoutable

____

(1) M. Félix Faure.

extrémité où voudraient les réduire, de parti pris, des hommes qui, pour satisfaire leurs passions anti-religieuses, sacrifient même les intérêts de la patrie.

« Comme l'un de vos anciens collègues au Parlement vous l'a rappelé, votre esprit de modération, les votes que vous avez émis en plusieurs circonstances mémorables, nous permettent d'espérer en vous.

« L'occasion vous sera offerte prochainement d'affirmer une fois de plus vos desseins équitables, votre désir d'apaisement, de concorde et d'union entre tous les Français.

« En inaugurant ainsi votre magistrature, vous obtiendrez les suffrages de tous les honnêtes gens. Les déshérités de ce monde, qui bénéficient particulièrement de la charité, des prières et des austérités des Religieux et des Religieuses, dans les innombrables asiles ouverts à .l'indigence et à toutes les souffrances physiques et morales, béniront votre nom ; vous aurez la gloire, devant Dieu et devant les hommes, d'avoir fait luire l'aurore d'une ère de justice et de liberté pour tous. » (1).

Les congrégations eurent jusqu'au 15 octobre pour se soumettre. Or, en France où, malheureusement, l'entente ne s'était pas produite pour arrêter le mal dès le début, les avis étaient partagés sur l'opportunité de la résistance, énergique et inébranlable quoique passive.

(1) Lettre du 4 mars 1895.

L'évêque de Vannes n'hésita pas. Avec deux de ses collègues, le 28 avril 1895, il adressa une lettre, véritable document historique, à Mᵍʳ l'évêque de Beauvais (1), qui se faisait l'avocat de la soumission. Bien qu'il y ait, ce semble, un siècle depuis lors, tant les événements ont marché vite, nous devons, dans cette biographie, reproduire ce grave document.

« MONSEIGNEUR,

« Permettez à trois de vos collègues, réunis pour une grande cérémonie à Saint-Brieuc, de faire parvenir respectueusement à Votre Grandeur la sincère expression de la surprise et de la douleur que leur a causées sa lettre du 18 avril, publiée dans les journaux.

« Il nous semble, Monseigneur, que vous établissez une confusion regrettable entre la législation et la constitution, entre la loi et le pouvoir.

« Que l'on doive rester respectueux à l'égard du pouvoir, même lorsqu'il s'égare, nous ne le contestons pas ; mais que l'on soit dans l'obligation de lui obéir, lorsqu'il impose arbitrairement des choses contraires à l'équité naturelle, aux lois divines et ecclésiastiques, il n'est pas un catholique qui puisse soutenir pareille doctrine.

« Vous avez sans doute applaudi, comme nous, aux discours éloquents, et irréfutables prononcés dans nos Assemblées délibérantes au cours de la discus-

_____

(1) Mgʳ Fuzet, aujourd'hui archevêque de Rouen.

sion du projet de la prétendue loi d'accroissement.
Les considérations exposées dans votre lettre laissent
subsister dans toute leur force les arguments si parfaitement mis en lumière à la Chambre des Députés,
au Sénat et dans bon nombre de journaux conserva-
teurs et républicains, pour établir l'injustice d'impôts
écrasants et l'impossibilité où la plupart des Congrégations religieuses se trouveraient de les payer.

« Ces impôts seraient-ils la ruine prochaine ou
éloignée des Congrégations ?

« Vous dites non, pour votre diocèse ; nous disons
oui, pour les nôtres, et nous avons mille raisons de
croire qu'à part le diocèse de Beauvais, pour lequel
vous vous portez garant, les Congrégations vont
succomber sous le fardeau dont on veut les écraser.
Que faire dès lors ?

« Vous répondez, en vous adressant, il est vrai,
aux seules congrégations de votre diocèse :

« Point de résistance ; donnez plutôt votre robe
et votre manteau ; la Providence saura vous garder
et vous couvrir de sa protection. »

« Nous, au contraire, nous dirons aux communautés de nos diocèses, dont nous connaissons la détresse :

« Répondez simplement : « Nous ne pouvons
faire ce que la loi exige ; nous sommes dans l'impossibilité de supporter les charges qu'elle nous
impose ».

« Si Votre Grandeur trouve que cette réponse
constitue une résistance bruyante, une opposition

ouverte, un défaut de respect et de soumission à
l'égard des puissances établies, nous ne pouvons en
aucune façon partager sa manière de voir.

« Les martyrs, ajoutez-vous, n'opposèrent jamais
à leurs persécuteurs que des remontrances respectueuses et des prières ferventes ; soit, Monseigneur,
mais ils attendirent en général qu'on les jetât en
prison ou qu'on les conduisît dans les amphithéâtres.

« A leur exemple, nous nous ferions scrupule de
manquer de respect aux pouvoirs légitimement cons-
titués ; mais aussi notre conscience nous défendrait
de nous soumettre à des exigences contraires à la
vérité et à la justice. Lorsque les Apôtres disaient
fièrement aux magistrats de Jérusalem : « Il vaut
mieux obéir à Dieu qu'aux hommes, » ils ne leur
manquaient pas de respect, ils défendaient les droits
de Dieu contre les entreprises injustes des hommes.

« Envisageant ensuite la question au point de vue
des résultats pratiques, vous ajoutez : « La lutte
contre l'État, il ne faut pas s'y méprendre, c'est à
bref délai la vente de votre mobilier, la fermeture
de votre maison, la dispersion de votre personnel. »

« Mais alors, Monseigneur, si la persécution à
outrance était décidée, s'il fallait mourir, ne serait-
il pas plus digne et plus sage d'attendre la mort que
de se suicider ?

« Et, d'ailleurs, les Congrégations ne sont pas
libres de disposer de leurs biens grevés de fondations
et affectés à des œuvres déterminées. Elles ne sont
pas libres non plus de se prêter à telles et telles dis-

positions de l'article 7 de la loi, enquêtes à domicile, expertises mobilières, etc., qui vont contre les règles monastiques de la plupart des Congrégations. Que le fisc prenne ces biens de force, qu'il viole ces règles, c'est une persécution que l'on peut subir, mais au devant de laquelle il serait indigne d'aller.

« Beaucoup de bons esprits pensent que le Gouvernement, éclairé sur les injustices de la loi, hésiterait à l'appliquer, si toutes les Congrégations se retranchaient derrière l'impossibilité matérielle de payer ces nouveaux impôts.

« Vous êtes d'un autre avis, puisque vous annoncez de la part de l'État de terribles représailles. Permettez-nous de mieux espérer des hommes qui nous gouvernent ; la cause des Congrégations religieuses est celle de la religion, de la justice et de l'humanité, trois grandes choses que les hommes du gouvernement tiennent à respecter.

« Vous dites, Monseigneur, que la seule action que vous puissiez approuver de la part des Congrégations religieuses et que vous appuierez de tout votre pouvoir, c'est la réclamation légale, sincère, dépouillée de toute apparence d'opposition de parti et de mauvais dessein.

« Loin de nous la pensée et l'intention de conseiller la révolte. Nous signalons la situation exceptionnelle faite aux Congrégations et l'impuissance où elles seraient réduites à payer des contributions si exorbitantes.

« Vous en appelez à Bossuet. Pouvez-vous croire

que Bossuet verrait dans l'attitude de Congrégations qui cherchent à se défendre, en invoquant la justice, un commencement de sédition ?

« Une voix épiscopale s'étant élevée, il nous a paru juste que d'autres fussent entendues. C'est à cette seule fin, Monseigneur, que nous publions ces courtes observations.

« Veuillez agréer, Monseigneur, l'expression de nos sentiments respectueux et bien dévoués en Notre-Seigneur.

> Signé : † JEAN-MARIE, *Év. de Vannes.*
> † PIERRE-MARIE, *Év. de Saint-Brieuc et Tréguier.*
> † ABEL, *Év. du Mans.*

Cette ferme déclaration fut accueillie avec enthousiasme dans tout le diocèse de Vannes. Applaudissant à ces énergiques paroles, les prêtres se groupèrent, dans tous les cantons, pour remercier l'évêque, dont ils étaient fiers, et affirmer qu'ils étaient en complète communion d'idées avec lui.

Ces adresses, que nous avons sous les yeux, sont d'une lecture réconfortante, parce qu'elles montrent combien puissante eût été l'union si elle avait existé partout. Nous ne pouvons en citer qu'une, qui donne brièvement et nettement le ton de l'ensemble :

« Monseigneur, les prêtres du doyenné, réunis pour leur première conférence, prennent la liberté de vous dire la joie qu'ils éprouvent de votre attitude si digne et si ferme en face de la persécution.

« Ils savaient, avant la publication de votre lettre à l'évêque de Beauvais, que cette lettre péremptoire était depuis plusieurs jours entre les mains du cardinal de Reims, et qu'il l'avait eue sous les yeux lorsqu'il avait écrit la sienne. Ils savaient aussi que vous n'aviez pas attendu le plus récent attentat des francs-maçons pour préparer, avec un zèle persévérant, cette union de l'épiscopat français que l'ennemi redoutait par-dessus tout et qui s'affirme enfin, non seulement pour protester, mais pour agir.

« Ce sera le salut.

« Il est bien permis à votre clergé de penser avec quelque fierté que son évêque, par son action et son autorité personnelle, y aura grandement contribué.

« Daignez agréer, Monseigneur, avec nos humbles félicitations, l'hommage de notre profond respect (1) ».

Ces adhésions furent une force pour l'évêque, au milieu de ses préoccupations incessantes. Il alla vaillamment jusqu'au bout. Le terme fatal approchant, il adressa la lettre suivante aux supérieures des religieuses :

« Ma révérende Mère et chère Fille, il faudra que, dans quelques semaines, vous ayez pris une décision relativement à la loi dite *d'abonnement*, en date du 16 avril 1895. J'ai fait ce qui dépendait de moi pour sauvegarder vos intérêts. Il vous appartient de vous prononcer, après avoir réfléchi, pris conseil et surtout prié.

(1) 20 juin 1895.

« A cette fin, le 3 mai dernier, S. E. le Cardinal Rampolla écrivait à S. E. le Cardinal-Archevêque de Tours : « Le Saint-Père désire vivement que les évêques et les supérieurs d'Ordres mettent toute leur sollicitude à déterminer une ligne de conduite *uniforme, digne et conduisant à de bons résultats.* »

« Je vous serais reconnaissant de me faire connaître vos dispositions au sujet de cette loi injuste, contraire à la constitution, méconnaissant le principe de l'égalité des citoyens devant l'impôt, dont le but est la ruine progressive des communautés religieuses, et qui ne saurait dès lors obliger en conscience.

« A vous de voir s'il vous convient de vous y *soumettre* ou de garder une *attitude passive.* Je me reprocherais de vous influencer, quand il s'agit d'une si grave résolution. Que Dieu vous éclaire et vous soutienne, au milieu des épreuves et des sacrifices qu'un prochain avenir semble nous réserver à tous ! Fidèles à notre vieille devise bretonne, sauvons du moins l'honneur.

« Veuillez agréez, ma révérende Mère et chère Fille, l'assurance de mon respectueux et paternel dévouement. Je bénis de tout cœur la mère et les filles. Courage et confiance » (1) !

Les réponses que reçut Mgr Bécel lui causèrent une grande joie. « Confiance et courage ! » avait-il dit. La confiance ne fut pas sans inquiétude, car la volonté des adversaires était connue ; mais le cou-

(1) Lettre du 28 août 1895.

ragé fut entier et sans défaillance. Le Pasteur connaissait ses ouailles ; il ne fut pas surpris.

Il n'avait adressé sa lettre qu'aux religieuses ; mais il savait déjà les dispositions de la seule congrégation d'hommes née dans son diocèse. Le R. Frère Cyprien, digne successeur et vrai fils du vénéré Père de la Mennais, n'avait pas hésité un instant : d'accord avec son conseil, il s'était posé résolument sur le terrain de la résistance passive. C'était d'autant plus beau que cette société, sortie d'un cœur d'apôtre, se développait d'une manière étonnante et devenait de plus en plus prospère. Pauvre chère congrégation, bons Frères si persécutés aujourd'hui !

Les religieuses n'hésitèrent pas non plus : elles formaient cinq familles, sorties de notre sol, et gardant, ce qui dans le monde semble parfois une hyperbole, la foi granitique de nos ancêtres. Filles de Jésus de Kermaria, Sœurs de Saint-Jacut, qui se sacrifient dans nos écoles rurales ; Filles de la Vierge, qui ajoutent à leurs pensionnats et à leurs écoles l'œuvre si salutaire des Retraites ; Sœurs de la Charité de Saint-Louis, qui, non contentes des fatigues de l'enseignement, se dévouent à l'éducation des orphelines ; humbles Sœurs de l'Action de grâces, qui passent leur vie devant le Saint-Sacrement ; maisons indépendantes de divers ordres : Ursulines, Trinitaires, Augustines, Carmélites, toutes répondirent à la missive épiscopale avec leur sainte fierté de catholiques et leur ténacité de Bretonnes, décidées à donner l'exemple.

En nous lisant ces réponses, parfois sublimes, Mgr Bécel avait souvent les yeux pleins de larmes. Nous voudrions tout citer, mais nous sommes réduit à glaner, çà et là, dans ces lettres quelques phrases qui justifieront l'émotion et la joie de son noble cœur (1).

— « Vous pouvez nous compter du nombre de celles qui adoptent *pleinement* la devise bretonne. Après une lutte de cinq ans contre le droit d'accroissement, il n'a pu nous venir à la pensée de fléchir devant le comble de l'iniquité.

« Ne s'abonne pas qui ne peut pas payer : c'est notre cas ; et, le pourrions-nous, que nous ne le ferions pas : c'est une criante injustice, au dire même de ceux qui y ont trempé la main.

« Mieux vaut, à l'exemple de notre illustre et vaillante patronne, accomplir résolûment notre devoir jusqu'au bout. Dieu aidant, rien ne nous fera changer. »

— « Nous sommes résignées à tout, même à l'exil et à la mort, plutôt que de faillir à ce que nous regardons comme un devoir. »

(1) Le 30 août, un évêque, à qui il s'ouvrait volontiers, lui écrivait : « La plupart des communautés de mon diocèse sont disposées à franchir la date du 15 octobre sans donner signe de vie au fisc. Si ensuite la persécution se déchaîne, et si toutes les communautés de France font bloc, elles feront bloc. Si certaines communautés, menacées dans leurs œuvres vives et leur existence, capitulent et s'exécutent, comme c'est probable, alors nous verrons... En principe, on ne bouge pas ; c'est bien *l'attitüde passive.* » Dans le diocèse de Vannes, toutes firent bloc : aucune ne capitula

— « Nous serons heureuses et fières, Monseigneur, de marcher à votre suite dans la voie que vous nous avez si courageusement tracée. Vous avez eu l'honneur d'être un des premiers à monter sur la brèche, et nous espérons bien qu'aucune des communautés de votre diocèse ne refusera de combattre avec vous pour la cause sacrée des intérêts de la sainte Eglise. Pour nous, du moins, avec l'aide de Dieu, nous sommes disposées à tout souffrir plutôt que d'abandonner le combat. »

— « Aujourd'hui, Monseigneur, je suis heureuse de vous dire que la communauté adopte, à l'unanimité, l'attitude passive. Toutes nous sommes prêtes à tous les sacrifices, à la mort même, pour Dieu et notre Mère la sainte Eglise. »

— « Après avoir mûrement réfléchi et nous être mises en face des pires éventualités, nous nous sommes décidées, en chapitre, à *l'unanimité*, à adopter l'attitude passive. Nous sommes Françaises, et, comme tous les Français, nous avons droit à l'égalité devant l'impôt. En réclamant ce droit, nous ne pensons pas nous révolter contre la Constitution.

« Nous sommes religieuses ; nous mettons le bien général de l'Eglise de France avant notre bien particulier. Nous nous sommes, par notre *profession*, consacrées à Dieu ; nous saurons, s'il le faut, avec le secours de sa grâce, nous sacrifier pour lui ».

— « Nous sommes enfants de la Bretagne ; aussi est-ce avec toute la fierté de nos cœurs, et notre

amour pour la bonne cause, que toutes nous voulons
résister à l'iniquité. »

— « Les biens que possède notre chère Congrégation sont destinés à l'usage exclusif de nos pauvres et à
l'aliment de nos œuvres. Nous ne pourrions dis-
traire la moindre partie de ce dépôt sacré sans manquer à nos obligations de gardiennes et de dispensa-
trices de ces ressources, et sans enfreindre le vœu
de pauvreté auquel nous nous sommes engagées au
jour de notre profession religieuse.

« Le pain de nos pauvres, on pourra l'arracher de
nos mains mais ; nous le faire livrer de bon gré,
jamais ! Nous ne le pouvons pas, nous ne le ferons
pas ! »

Ne retrouve-t-on pas dans ces pages un écho des
fières paroles que Dieu inspirait aux chrétiens de la
primitive Eglise? On sait les attentats commis depuis
cette époque. La résistance a été inutile, dira-t-on
peut-être. Qui le sait ? En tout cas l'honneur, une
fois de plus, était sauf ; cela suffit.

IV

L'HOMME

Bon et pieux. — Les saints préférés. — Le chapelet. — Impressions vives. — Dans les difficultés. — Réponse à une question. — Quelques répliques. — En temps d'élections. — Curieuse histoire. — Pour les pauvres. — Une soutane et trois ceintures. — Tertiaire de Saint-François. — Prose et vers. — Trois poètes.

Avant d'arriver aux derniers jours du vénéré prélat dont nous avons essayé de raconter la vie, nous devons, par des faits plus intimes, montrer l'homme dans l'évêque et compléter, en y ajoutant quelques traits, les détails de sa physionomie.

Avec sa distinction innée et l'amabilité qui était une des marques de son caractère, il n'était dépaysé nulle part. Les gens du monde appréciaient, avec l'aisance de ses manières, le tact qu'il mettait dans ses paroles, et la facilité avec laquelle il se faisait tout à tous, sans jamais rien perdre de sa dignité ; les autres, prêtres, religieux ou religieuses, élèves des séminaires, enfants des écoles étaient charmés de l'amabilité de son accueil.

Il était bon, et il était pieux. Sa bonté était délicate ; sa piété, simple et profonde, n'avait pas d'allures mystiques, et ne prenait jamais cet air d'intransigeance qui semble toiser de haut les défauts inévitables du prochain. Sa foi sans détours. sans circuits, sans raisonnements inutiles, ressemblait à celle de l'enfant. Il se regardait, d'ailleurs, comme un petit enfant devant Dieu et devant le Pape, vicaire du Christ ; et il allait simplement son chemin, gardant les vieilles dévotions sans repousser absolument les nouvelles ; aimant l'Eucharistie, la Vierge et les saints, parmi lesquels il avait ses préférés, comme son patron saint Jean, sainte Anne et saint Vincent Ferrier ; toujours fidèle à ses pieux exercices, bréviaire récité à l'heure voulue, lecture de piété, méditation, chapelet — qu'il était loin de dédaigner, *bien qu'il sût lire* — et en voyage, prières liturgiques de l'itinéraire.

C'est parce qu'il était pieux qu'il était bon. Pour le rester toujours, il avait à lutter contre la sensibilité de sa nature. Très délicat, il ressentait vivement une indélicatesse, et les blessures que lui faisait un manque de gratitude ou un déni de justice étaient parfois profondes.

Même chez les meilleurs, l'homme se cache toujours dans quelque recoin de l'âme, et se montre aux heures difficiles. Nous avons vu ses hésitations en face d'une grande œuvre, où sa foi pourtant robuste ne parvenait pas, du premier coup, à lui montrer les moyens de mettre d'accord son ardent désir de bien faire et les soucis de sa responsabilité. Souvent, lorsque survenait une affaire épineuse, un rapport qui l'émouvait, la première impression était pénible et quelque peu pessimiste ; alors sa parole devenait froide, parfois même dure. Mais la bonté de son cœur et la droiture de ses intentions prenaient assez vite le dessus sur cette émotion première ; et, se mettant en face de la difficulté, il l'étudiait pour essayer de la résoudre, et se plaisait, d'ordinaire, à réconforter, par de bonnes paroles ou par l'appui qu'il leur prêtait, ceux-là mêmes qu'au premier abord il avait pu contrister.

Fidèle au programme de sa vie entière, il était désireux d'unir, dans tous ses actes, la sagesse et la force. Y réussissait-il toujours ? Voici ce que lui écrivait M. de Kerdrel, après le 25ᵉ anniversaire de son épiscopat :

« Les temps sont durs pour les évêques, et quelques-uns d'entr'eux n'apportent pas dans leurs actes la fermeté et la prudence qui caractérisent les vôtres. L'union si rare de ces deux qualités est cependant plus nécessaire que jamais ; et ce qui n'est pas moins indispensable, c'est de n'en pas faire un usage excessif. La prudence à l'excès ressemble à de la lâcheté et l'énergie déréglée s'appelle de la violence. Or la violence compromet la dignité de celui qui l'emploie ; et ce n'est pas tout : les violents veulent quelquefois se faire pardonner leur violence par des platitudes ; *in medio stat virtus.*

« Il semble, Monseigneur, que Votre Grandeur a fait de ce texte l'objet favori de ses méditations et la règle de sa conduite. Aussi de quel respect et de

quelle affection vos diocésains ne vous entourent-
ils pas ? D'autres font plus de bruit que vous, Monseigneur ; font-ils autant de bien ? Là est toute la
question ; pour moi elle est résolue. »

Ses relations avec certains ministres, et par là
même avec certains préfets, furent difficiles. Il fallut,
par exemple, lui imposer d'office le règlement pour
la sonnerie des cloches, qu'il regardait comme atten-
tatoire aux droits de l'Eglise, et qu'il refusa de signer. Les réponses qu'il faisait aux accusations ca-
lomnieuses lancées contre ses prêtres étaient toujours correctes et dignes, mais écrites parfois avec
une énergie que la direction des cultes prenait pour
de la violence. N'était le désir de ne pas ressusciter
de vieilles querelles, nous pourrions en citer de
nombreux exemples (1).

(1) Voici deux traits que nous pouvons publier :

Dans une lettre au ministre des cultes il avait dit « qu'une
nstitutrice *laïque* aurait été odieusement poursuivie parce-
qu'elle se confessait et communiait ». Le préfet, « voulant, dit-
il, faire respecter la liberté de conscience », lui demanda le
nom de cette institutrice, afin de frapper ceux qui l'auraient
empêchée d'obéir à ses convictions. » Mgr Bécel lui répondit :

« J'ai peine à croire que vous ayez espéré connaître par moi
le nom de l'institutrice dont il fut question dans ma réponse,
en date du 23 octobre dernier, à Monsieur le Ministre de l'Instruction publique et des cultes. Ce n'est pas, d'ailleurs, la seule
confidence de ce genre qui m'ait été faite. Ignorez-vous la
surveillance rigoureuse exercée de nos jours sur les fonctionnaires, les dénonciations auxquelles ils sont en butte, les dangers qu'ils courent de devenir victimes d'animosités locales,
d'autant plus redoutables qu'elles sont moins courageuses et
souvent peu loyales ?

Les conseils qu'il donnait en temps d'élections étaient inspirés par une grande sagesse : aux fidèles il recommandait d'accomplir leur devoir en vrais catholiques, soucieux des intérêts de l'Eglise et de la France ; aux prêtres il demandait de ne pas aborder en chaire la question politique, mais aussi d'user

« Quelle estime auriez-vous, Monsieur le préfet, pour un évêque qui s'oublierait à livrer des secrets professionnels et à trahir la confiance de pauvres gens dignes de pitié ? Je ne veux pas que l'on puisse m'appeler *accusator fratrum*.

« Permettez-moi donc de garder pour moi les profondes tristesses et les légitimes inquiétudes que m'inspirent à la fois ma religion et mon patriotisme. Traité en suspect depuis quelques années, j'ai subi plus d'un affront, même dans l'exercice de mon saint ministère. Je sais encore qu'un de vos subordonnés m'a comparé naguère au *phylloxéra* ! De semblables procédés m'affligent, sans mettre au fond de mon cœur une goutte d'amertume contre les personnes. Je ne cesserai pas de me montrer, en toutes circonstances, courtois, réservé, charitable, désireux de la paix dans l'ordre, la justice et la liberté. »

Extrait d'une autre lettre :

« Une dame qui fait partie du jury d'examen crut pouvoir demander à une jeune fille quelle était la meilleure des religions. Il lui fut répondu : « C'est la religion catholique. » — « Non, Mademoiselle, répliqua cette dame ; c'est la religion protestante. »

« Ce fait se passe de tout commentaire.

« Gardien de la foi dans ce diocèse, je ne voudrais pas être obligé de la défendre contre ceux et celles qui sont chargés officiellement de diriger chez nous l'enseignement primaire ou secondaire.

« Permettez-moi d'espérer, Monsieur le préfet, que vous ne négligerez rien pour réprimer de semblables abus de pouvoir. Vous voudrez bien voir dans cette démarche le désir que j'éprouve d'éviter tout éclat, *salva conscientia* ».

activement de leurs droits de citoyens français et de travailler, par tous les moyens légitimes, à éclairer les ignorants et à faire triompher la cause du bien.

Il lui arriva, un jour, une curieuse histoire. Un vieux recteur, son compatriote, qui le connaissait depuis sa première jeunesse, ayant, pour instruire ses ouailles, esquissé d'une manière trop complète le portrait des deux candidats en présence, fut dénoncé à la Préfecture, et le préfet obligé de transmettre la plainte à l'Evêché.

Quelques jours après, le bon recteur, mandé d'office, se présente devant Sa Grandeur.

— Inutile de m'annoncer, dit-il; je connais le chemin. — Arrivé près du cabinet de travail, il retire ses souliers, frappe à la porte et entre. Il avait la barbe longue, comme un pénitent. Aussitôt il se jette à genoux, baisse la tête et d'un air contrit :

— Bénissez-moi, mon père, parce que j'ai péché.

— Allons, M. le recteur, répond l'évêque, qui avait peine à garder son sérieux, je vous pardonne, mais ne recommencez pas.

— Merci, Monseigneur. Maintenant, je vais me faire la barbe... et je reviendrai dîner.

Ainsi fut fait. Or l'élection n'avait pas réussi du premier coup, et, avant le ballotage, le vieux prêtre dit à ses paroissiens :

— Il paraît, mes Frères, que j'ai trop parlé, l'autre jour : j'ai été grondé par Monseigneur. Aussi je ne vous dirai rien aujourd'hui ; mais... n'oubliez pas ce que je vous ai dit la dernière fois.

L'évêque, d'accord avec le préfet, qui était fort intelligent, avait pardonné, et l'histoire n'eut pas de suite. Mⁱ Bécel riait de tout cœur en la racontant (1).

Dans les dernières années de sa vie, il était si

(1) Les choses ne se passaient pas toujours de cette manière. Une autre année, deux candidats malheureux avaient porté plainte contre plusieurs vicaires. La réponse de l'évêque ne manque pas d'intérêt :

« Lorsque vous aurez lu les papiers que j'ai l'honneur de vous envoyer sous ce pli, vous serez plus que surpris des accusations dont M... ne s'est pas fait scrupule. De quoi n'est pas capable un homme assez audacieux pour faire imprimer et afficher dans toutes les communes d'un canton que l'évêque de Vannes perçoit chaque année cent mille francs ? De ce grossier mensonge il restera bien quelque chose dans l'esprit de nos pauvres campagnards, qui ont tant de peine à gagner leur vie.

« D'autre part, s'il est vrai que le candidat se soit vanté de *faire sauter* M. le sous-préfet, il payera d'ingratitude ce haut fonctionnaire. Vous savez mieux que moi que votre représentant n'a rien négligé, durant son voyage en Basse-Bretagne, pour seconder les efforts du candidat officiel. D'autres renseignements, dont celui-ci n'aurait pas à se glorifier, me sont parvenus. Je n'ai pas l'habitude de m'occuper de ce qui ne me regarde pas.

« En second lieu, M. le recteur de.... m'a déclaré que ses vicaires n'ont déchiré aucun bulletin, qu'ils ne se sont point tenus à la porte du scrutin, qu'ils ont assisté à tous les offices de la paroisse et qu'entre les offices ils ont joué aux boules avec des jeunes gens, comme ils le font tous les dimanches. On a fait courir le bruit que les prêtres de cette paroisse allaient être *changés*. Que n'a-t-on pas dit, que n'a-t-on pas fait contre le clergé en temps d'élections ? Depuis trente ans, j'en ai vu et entendu de toute sorte. Rien ne saurait m'étonner désormais.

« Quoi qu'il en soit, Monsieur le préfet, je continuerai de recommander aux prêtres de faire leur devoir, et d'user de leurs droits, en temps et lieu, avec prudence, charité et, au besoin, sans peur.

mal noté au ministère des cultes qu'il ne pouvait obtenir les subventions nécessaires pour l'Evêché ou pour la cathédrale.

Il essayait d'oublier cet ostracisme en s'occupant avec zèle de sa haute mission. La sympathie qui l'entourait de toutes parts aurait suffi pour le consoler. Les riches lui donnaient pour ses œuvres si nombreuses ; les pauvres étaient l'objet constant de sa sollicitude. Accablé de demandes, il donnait toujours. Parfois on lui disait, quand de très loin, des gens presque inconnus faisaient appel à sa générosité :

— Ils vous trompent, Monseigneur ; prenez garde.

— Tant pis pour eux, répondait-il, très calme J'aurai, du moins, le mérite de ma bonne intention.

Ami des pauvres, il se faisait pauvre lui-même, afin de multiplier ses largesses. Il nous souvient d'une soutane violette dont la couleur était devenue plus que douteuse ; et, comme on plaisantait un peu de ce vêtement par trop vénérable :

— Bah ! dit-il : elle peut encore aller longtemps.

— Il vous faudrait une ceinture neuve, lui disait un jour la bonne religieuse qui surveillait son vestiaire.

— J'en ai trois !

— Mais les trois ne valent rien.

— Eh bien ! prenez-les pour en faire *une*. Elle me suffira.

C'est qu'il songeait aux pauvres ; et, vers la fin de sa vie surtout, cette pensée charitable lui revenait continuellement.

Il donnait sans cesse, pour les églises, pour les séminaires, pour toutes les bonnes œuvres ; et, s'il n'avait pas eu près de lui un administrateur très expert ès choses de finance, sa caisse eût été souvent vide. Il ne le fallait pas.

Cet amour des pauvres — et aussi le désir de sanctifier son âme — le poussa à s'unir plus intimement au grand Pauvre d'Assise, en entrant dans le Tiers-Ordre de saint François.

Pendant le carême de 1896, un prêtre du diocèse, devenu franciscain, le R. P. Arthur Frélaut, prêchait à la cathédrale avec son talent et son zèle bien connus. Le pieux évêque le fit appeler et lui dit :

— Je crois que le meilleur moyen de me préparer à obtenir les grâces du Jubilé, c'est de vous faire une revue de tout mon épiscopat et de vous demander de m'enrôler dans le Tiers-Ordre.

Le dimanche de Pâques, j'avais, ajoute le Père, le bonheur de lui donner le saint habit, et lorsque, après la cérémonie, il reparut au salon où se trouvaient réunis plusieurs membres de son clergé, il s'écria avec l'accent d'une véritable joie : « Messieurs, saint François compte un fils de plus, et moi, je l'espère, un bon protecteur au ciel. »

Nous empruntons au *Petit Messager de Saint-François* ce récit, dont nous pouvons garantir l'exactitude. Nous étions là, quand Mgr Bécel prononça ces paroles, et il nous semble voir encore l'expression joyeuse de sa physionomie.

Cette piété se retrouve en ses écrits, lettres pastorales et lettres circulaires, dont la collection, après plus de trente années d'épiscopat, formerait de nombreux volumes. Il n'avait pas la prétention d'être un de ces écrivains de race, dont le talent s'impose : mais il était très au courant des finesses de la langue et des subtilités de la grammaire ; ce qui lui permettait de critiquer sûrement les œuvres des autres et de mettre le doigt sur les *lapsus* ou les passages défectueux. Doué d'une grande facilité — trop grande même — mais absorbé par les mille occupations, — voyages, cérémonies, visites, correspondances — de sa vie essentiellement active, où il trouvait pour ses bonnes œuvres un magnifique profit, il n'avait plus le temps de méditer à loisir les ouvrages qu'il composait. De là, les lacunes, les répétitions de texte et de mots qu'on trouve dans ses écrits (1).

Pour lui, de la prose aux vers il n'y avait qu'un pas, et il le franchit ; il écrivit des cantiques en l'honneur de saint Vincent Ferrier, de sainte Anne, de la sainte Vierge, et sur différents sujets qui plaisaient à sa piété. Ces cantiques en valaient bien d'autres, que l'on chante couramment sans même songer à leurs défauts ; mais ils sont anonymes, ou rien n'attire l'attention sur l'auteur.

Il n'en est plus de même quand cet auteur occupe

(1) Dans ses dernières années, il commençait vers 4 heures du matin une lettre circulaire ou pastorale, il y travaillait toute la journée, et le lendemain, avant le soir, sa lettre était portée à l'imprimerie. Aussi trop souvent y remarquait-on les défauts d'une composition hâtive, à côté de passages où l'on trouvait la marque d'un véritable talent.

une haute situation, et qu'un contraste s'accuse entre une œuvre médiocre et la dignité de celui qui l'a produite. Un de ses confidents littéraires, dont il provoquait très simplement la critique, le lui dit, après son premier chant, qu'il écrivit à la gloire de saint Vincent Ferrier.

— A votre place, Monseigneur, je ne le signerais pas.

— Pourquoi donc ?

— Parce que, quand un évêque publie des vers, on s'attend à un chef-d'œuvre.

Peu après, nouveau cantique, nouvelle consultation ; mais l'auteur n'avait pas oublié.

— Je ne le signerai pas, dit-il en souriant.

— Vous ferez bien. Monseigneur.

On ne pouvait être plus franc ; mais il faut ajouter que le bon évêque demandait instamment cette franchise et se soumettait aux critiques avec une simplicité très humble, qui était pour nous l'objet d'une profonde édification.

— Je sais bien, disait-il un jour, que je ne suis pas poète ; mais j'essaie ainsi d'honorer les saints que je préfère. Voilà tout.

Docile aux observations qu'il sollicitait, il eut le courage de refondre en partie son cantique à sainte Anne et de refaire entièrement, parce que les paroles ne s'adaptaient pas à l'air qu'il avait choisi lui-même, celui qu'il composa sur les *Dons du Saint-Esprit*, la dernière. et la meilleure peut-être. de ses compositions.

Nous connaissons des poètes qui n'auraient ni ce désintéressement, ni cette humilité, à commencer sans doute par celui qui, grâce à la bonté de l'évêque, lui prodiguait largement ses conseils.

Tous les vers qu'il composait n'étaient pas des cantiques, et les impromptus qu'il écrivait au courant du crayon — nous en avons un grand nombre sous les yeux — allaient souvent faire visite à de vieux amis, qui les accueillaient avec un sourire... bienveillant. De plus, distraction parfois fort agréable, ils provoquaient des réponses, assez curieuses, d'hommes de grand talent qui maniaient plus volontiers la prose.

Ainsi, le savant historien de la Bretagne, M. de la Borderie, lui écrivait un jour :

« Je demande à Votre Grandeur la permission de lui dire la cause du retard si coupable que j'ai mis à lui témoigner ma reconnaissance.

« C'est que j'eusse voulu, Monseigneur, vous répondre en la même langue que vous aviez employée, c'est-à-dire en vers.

Mais *ma Muse* (!) a, entre autres, deux défauts capitaux : elle est d'abord extrêmement revèche ; puis, si elle se décide enfin à se rendre à mon appel, une fois qu'elle a commencé elle ne sait plus finir et son travail, si mauvais qu'il soit, est fort lent.

« De là, Monseigneur, l'interminable pièce jointe à cette lettre et dont je supplie Votre Grandeur d'agréer l'offrande — sans oser croire, hélas ! cette offrande digne d'obtenir pour mon péché de paresse

un pardon que j'implore uniquement de votre indulgence. » (1)

Un autre académicien, l'illustre auteur du *Barzaz-
Breiz*, qui appelait cela « jouer de la flûte », lui
écrivait à son tour :

> Je ne suis pas le *dernier barde* ;
> Vous me le prouvez, Monseigneur.
> Donc je veux que la hallebarde
> De votre grand suisse me larde
> Si jamais plus je me hasarde
> A faire sonner la bombarde,
> Le tambourin ou la guimbarde,
> Cher Maître, hormis en votre honneur.
> Dieu fasse paix au vieux sonneur !
> D'achever sa gamme il lui tarde.

Ces deux grands Bretons, qui étaient pour l'évêque
de Vannes de vrais amis, sont morts. Il est mort
aussi, le spirituel auteur de *Pandore* et de *La Garonne*, qu'il rencontra plusieurs fois chez des amis
communs. Un jour qu'ils venaient de recevoir de
Mgr Bécel l'oraison funèbre de Mgr David, évêque de
Saint-Brieuc, Gustave Nadaud fut chargé de répondre
à l'envoi, et il le fit en des vers qui ne valent pas
certaines de ses chansons :

> Nous sommes réunis au manoir de Sermaise
> Huit Rodier, un Nadaud ; et c'est moi (j'en suis aise)
> Que ces neuf volontés désignent sans concours
> Pour vous remercier de votre beau discours.

(1) Nous donnons, à l'appendice, cette pièce inédite du célèbre membre de l'Institut, d'autant plus remarquable qu'elle
n'est pas d'un poète de profession.

Grâce à vous, Monseigneur, nous venons de connaître
Un prélat éminent, un vénérable prêtre ;
Et nous sommes heureux de suivre vos leçons,
Puisque c'est par vous seul que nous le connaissons.
Je pense, Monseigneur, qu'on ne saurait mieux dire
Le respect et l'amour que son nom nous inspire,
Quand nous lui témoignons, croyant lui faire honneur,
L'amour et le respect dus à Votre Grandeur.

Mgr Bécel avait beaucoup d'amis, amis fidèles avec qui il entretenait une correspondance régulière et qui étaient pour lui des auxiliaires généreux dans l'accomplissement de ses œuvres.

Avec ses collègues qui se succédèrent sur les différents sièges de la province ecclésiastique de Bretagne, et, avec plusieurs autres évêques, en dehors même de ceux dont les noms sont revenus plus d'une fois dans notre récit, il avait les relations les plus cordiales. De quelques-uns il a fait l'éloge après leur mort ; et ces oraisons funèbres, où il mettait sa piété et son cœur, complètent heureusement la série de ses œuvres pastorales. Ce n'était pas de ces thèses où l'orateur développe une pensée maîtresse tout en esquissant un portrait, mais plutôt des biographies édifiantes où il racontait la vie du défunt dont il faisait l'éloge.

Nous avons celles de NN. SS. le cardinal Saint-Marc, archevêque de Rennes, David, évêque de Saint-Brieux, Guilloux, archevêque de Port-au-Prince, Le Hardy du Marais, évêque de Laval, Nouvel, évêque de Quimper, vénérés prélats qu'il pouvait justement louer, — auxquelles il faut ajouter l'éloge funèbre de

M. le duc de Rohan, ce noble chrétien qui mourut en faisant sa prière du soir.

Toutes sont écrites sans recherche, sans phrases, simplement.

Très sérieux de sa nature, Mgr Bécel n'aimait ni le genre sonore ni ce qu'on appelle aujourd'hui les *mots*. Il en a fait quelquefois pourtant, mais sans le vouloir et presque sans y songer. Nous en citerons deux ; c'est à peu près tout.

Un jeune préfet, nouvellement arrivé, lui faisait sa première visite. Un peu embarrassé peut-être en face de l'évêque, il s'avisa de lui dire :

— Vous êtes depuis longtemps à Vannes, Monseigneur ?

— Depuis que j'y suis, répondit le prélat, j'ai vu passer seize préfets.

Nous ne garantissons pas absolument le chiffre, mais il était considérable.

Une autre fois, un personnage lui parlait de la situation religieuse à Vannes et des associations pieuses existant dans les paroisses de la ville.

— Vous avez, Monseigneur, une congrégation de la sainte Vierge ?

— Oui, Monsieur, et même plusieurs. Une entre autres, très florissante, est établie à la cathédrale.

— Ah ! oui, reprit presque dédaigneusement le personnage, la congrégation des *ancilles* (1)...

— Vous avez raison, Monsieur : la sainte Vierge a dit la première : *Ecce ancilla Domini.*

____

(1) En latin *ancilla* signifie *servante*.

Cet esprit de bon aloi, auquel s'ajoutait souvent une grâce charmante, paraissait surtout dans ses lettres particulières, où l'humour s'unissait à une simplicité de bon goût; et ceux qui l'ont entendu savent ce qu'il mettait de délicatesse, d'à-propos et de finesse aimable dans les allocutions qu'il prononçait, à Sainte-Anne par exemple, avant le départ de ses invités.

Très gai et toujours souriant, aux heures de loisir, quand les soucis ne papillonnaient pas autour de son esprit, facilement inquiet, il n'oubliait jamais qu'il devait être apôtre ; et, même pendant les jours de villégiature, qu'il passait ordinairement à Saint-Gildas de Rhuys, il se consacrait avec ardeur au soulagement des âmes troublées que Dieu mettait parfois sur sa route.

Nous avons lu avec émotion des lettres où ces âmes, sauvées, conseillées, dirigées par lui avec une charité ferme et douce, racontent de véritables drames, intimes et poignants, où le trouble, la crainte, l'espoir s'expriment en accents qui émeuvent jusqu'à ce que, arrivées à la pleine lumière et à la paix, elles joignent à ces récits sincères l'expression de leur reconnaissance pour l'évêque qui les a ramenées à Dieu. Il y a là, entre autre, une double conversion qui eût édifié profondément nos lecteurs, s'il nous avait été permis de la raconter.

Un jour, Mgr Bécel rencontra un vieux médecin, très instruit mais incroyant, et des relations aussi amicales que sérieuses s'établirent entre eux. Il y a

quelque vingt ans de cela, le pauvre docteur écrivit
à son confident :

> Oh ! que ne puis-je aimer, comme vous, la prière :
> La prière en commun, au pied du saint autel !
> Elle console l'homme en proie à sa misère
> Et transporte son âme aux cieux, vers l'Éternel.
> La pieuse oraison puise son origine
> Dans l'idéal divin, dans la grâce divine.
> Mais c'est la foi qui manque. Oh, donnez, Monseigneur,
> Donnez-moi le secret de croire au fond du cœur !

Nous citons en entier la réponse que fit l'évêque à
ce cri d'une âme en détresse, qui avait soif de la vérité :

« Mon cher docteur, les vers que je reçois de vous
à l'instant sont un cri de votre âme, de ses besoins
et de ses aspirations.

Vous me demandez le secret *de croire au fond
du cœur...*

« La foi est un don de Dieu. Adressez-vous humblement, loyalement à lui, avec la confiance qu'un
fils doit montrer à son père ; c'est-à-dire, *priez*. Ecou-
tez le vieux prophète David : *Accedite ad Deum et
illuminamini !*

« Nous ne devons pas sans doute abdiquer les
droits de notre raison. Nous pouvons discuter les
fondements du symbole de nos croyances. L'Église le
permet à ses enfants, et même elle les y invite.
Rationabile obsequium nostrum, dit saint Paul...

« Mais pendant que notre esprit étudie, il faut que
notre cœur prie et que notre volonté agisse. L'étude

peut conduire l'homme à la connaissance de la vérité. La prière et les bonnes œuvres (1) lui obtiennent le secours surhumain qui lui est nécessaire pour se rapprocher de son Créateur et puiser la grâce aux sources vives des sacrements...

« Dans votre longue pratique médicale, n'avez-vous pas remarqué que *le cœur fait souvent mal à la tête*? L'exercice du ministère pastoral m'a donné lieu de faire, à un autre point de vue, la même observation.

« C'est du cœur que montent les nuages qui obscurcissent le regard de l'intelligence.

« Demandez, de ma part, à votre curé ou à tout autre prêtre de vous aider à tirer, *sans plus de délais*, les conséquences pratiques de cette doctrine salutaire. Vous apercevrez la lumière de Celui qui s'est ainsi nommé : *Ego sum via, veritas, vita.*

« Comme préparation à l'entrevue que je vous conseille et que vous aurez le courage de solliciter avant la fin du carême, prenez la peine de lire et de relire attentivement le mandement que je vous envoie par le même courrier. Il est court. *Intelligenti pauca !*

« J'ai prié, je prierai pour vous, notamment le 7 mars, aux pieds de la statue de sainte Anne.

Allons, cher docteur, à l'œuvre ! *Ecce dies salutis.* Je joins à ma bénédiction pastorale la nouvelle assurance de mon respectueux dévouement. »

(1) *Eleemosyna ab omni peccato et a morte liberat.* — Espérez donc fermement.

Nous espérons que le vieux docteur s'est rappelé ces paternels conseils, à l'heure suprême où la mort est venue le saisir brusquement.

Cette confiance que témoignaient à Mgr l'évêque de Vannes les âmes blessées, tous ceux qui le connaissaient étaient heureux de la lui témoigner aussi. Nous en avons une preuve éloquente dans une proposition que lui fit, un jour, le cardinal Place, archevêque de Rennes.

Beaucoup de nos lecteurs se souviennent, sans doute, du différend survenu entre Son Eminence et les Oratoriens de cette ville.

On était entré dans la phrase la plus pénible de ce débat où chacun croyait sincèrement avoir le bon droit de son côté. Le Saint-Siège, saisi de l'affaire, réclamait aux uns et aux autres tous les renseignements de nature à préparer les éléments de la sentence, lorsque survint une question incidente entre deux des principaux personnages engagés dans le procès. Cette question délicate ne pouvait être tranchée que par un jury d'honneur. Monseigneur Bécel, le doyen des évêques de la province, connu, estimé et aimé de tous, parut l'arbitre désigné. Aussi le cardinal n'hésita-t-il pas à lui demander ce service.

C'est alors que se révélèrent une fois de plus l'humilité, la prudence, la droiture de notre évêque.

En dévot serviteur de sainte Anne, dont il récitait toujours les litanies à la fin de son action de grâces, il commença par faire allumer une lampe qui brûla jour et nuit devant l'image de sa patronne vénérée. Puis, il fit appeler le savant professeur de droit canonique de son grand séminaire, M. J. Dubot, docteur en théologie... Ce dernier lui remit un rapport très étudié sur toute cette question si grave et si complexe; puis, encouragé par la bonté avec laquelle Sa Grandeur accueillait toutes ses observations, il lui conseilla fortement de n'accepter l'examen de la question incidente soumise à son arbitrage qu'à la *condition formelle que sa sentence sur ce point secondaire* ne pourrait en aucune façon être invoquée pour ou contre la décision d'ensemble. Cette réserve paraissait nécessaire au professeur pour sauvegarder le respect dû au Saint-Siège et les droits de la conscience.

Mgr Bécel fut très embarrassé. Quel parti devait-il prendre ? « La condition » paraîtrait peu flatteuse pour le cardinal. Mais si, d'autre part, elle constituait un acte de déférence envers le Saint-Siège saisi de la question principale, si surtout elle mettait à l'abri la responsabilité de l'arbitre, dont la décision ne manquerait pas d'impressionner les avocats romains ? L'homme droit par excellence n'hésita pas longtemps. Il écrivit à son vénéré métropolitain, comme il aimait à l'appeler, qu'il se croyait obligé de mettre une condition à son arbitrage... et, sur le refus de Son Eminence d'accepter cette condition, il renvoya le dossier.

V

LE SIÈGE D'UNE AME

Un Morbibannais célèbre. — Ame droite. — Place de la Madeleine. — Première communion. — Joie et larmes. — Inquiétudes. — Une belle lettre. — Confession politique. — Et l'autre ? — Mort chrétienne.

1895-1896.

Parmi les hommes du monde avec qui Mgr Bécel entretenait d'amicales relations il y avait un Morbihannais très distingué, sénateur, académicien, homme d'Etat et plusieurs fois ministre, M. Jules Simon. Leurs relations, très cordiales, avaient commencé, croyons-nous, peu après la guerre, lorsque l'évêque de Vannes obtint, pour la basilique de Sainte-Anne d'Auray, par l'entremise de notre célèbre compatriote, alors ministre de l'instruction publique et des beaux-arts, des marbres précieux, transformés en magnifiques bas-reliefs par le ciseau de Falguière.

A mesure que ces relations devinrent plus intimes, Mgr Bécel comprit mieux les qualités de ce Breton qui, après une pieuse jeunesse, avait composé des ouvrages où, sacrifiant à des théories philosophiques incomplètes et fausses, eut le grand tort de s'attaquer aux vérités surnaturelles.

L'évêque se prit à aimer ardemment cette âme, qui avait gardé de son éducation première une grande droiture et un désintéressement assez rare. Il suivait, avec un anxieux intérêt sa marche ascendante vers la pleine lumière ; et il espérait, en voyant cet homme de haute intelligence combattre, avec les catholiques, l'article VII de Ferry, les injustices de la loi militaire, la funeste loi du divorce, la spoliation des congrégations religieuses, et favoriser, en leur apportant le concours de son éloquente parole, des œuvres de préservation religieuse ou sociale, comme celles du Sacré-Cœur, de l'anti-esclavagisme et de la sanctification du dimanche.

L'homme politique était heureux de recevoir le prélat dans son modeste appartement de la place de la Madeleine (1). Il l'appelait « mon évêque »,

____

(1) La lettre suivante donne le ton de celles qu'il lui écrivait :

« Je voudrais bien échapper à la politique. Il semble que mon âge devrait me permettre de n'y plus penser ; mais je ne le puis, ni ne le dois. Et pourtant, il est doublement cruel d'assister à des événements qui vous touchent de si près, comme on assiste à un spectacle auquel on ne peut rien changer. Je n'ai pas aimé le pouvoir quand je l'avais ; et, à présent, il m'arrive quelquefois, quand les fautes sont trop lourdes, de regretter de ne l'avoir plus.

« Mon ami Guérin m'écrit pour que j'aille le voir au Fresne (à Mauron). Il oublie mes soixante-quinze ans ; et il ne sait pas à quel travail continuel je suis astreint. Je n'ai fait qu'entrevoir la Bretagne, dans une course à Saint-Brieuc et à Dinard, qui a duré cinq jours, tout autant.

« Je regrette que vous ne soyez pas venu nous voir à Saintl'écoutait avec plaisir et, aux heures de réflexion où reviennent, plus pressants, les lointains souvenirs, il ne se dissimulait pas le but que poursuivait son pieux ami.

L'évêque de Vannes n'était pas seul dans cette campagne, où il fallait faire discrètement le siège d'une âme. Ancien élève de M. Jules Simon à l'École normale supérieure, l'éminent évêque d'Autun, Mgr Perraud, avait continué avec son vieux maître d'affectueuses relations ; et il s'entendait avec Mgr Bécel pour chercher les moyens de faire revivre dans cette âme d'honnête homme la foi chrétienne du passé.

« J'ai pu, lui écrivait-il, aller voir mon ancien maître, qui avait subi quelques semaines auparavant l'opération de la cataracte. Il était en pleine voie de guérison — et j'ai reçu de lui, la semaine dernière, à propos de la Société anti-esclavagiste dont nous sommes, lui Président effectif et moi Président d'honneur, une lettre d'une écriture très nette.

« Que ne peut-on aussi aisément lui rendre la vue surnaturelle de la foi ?

« Qui donc m'a dit que, lors d'un de vos précédents voyages à Paris, vous l'aviez vu — à propos, je crois de la première communion de sa petite-fille ? Oh !

Cloud. Nous y avons de bon air, et une vue des plus magnifiques du monde. Mais la toile va tomber sur ce magnifique panorama, et il va falloir rentrer dans les brumés de Paris.

« Je vous prie d'agréer, Monseigneur, l'hommage de mon affectueux respect. »

comme je souhaiterais ardemment qu'il vous fût donné
de ramener aux croyances et aux pratiques de sa
pieuse jeunesse cet homme d'un caractère si loyal et
d'une si belle intelligence ! » (1)

Mgr Perraud était bien informé. Mlle Marguerite
Simon, encore presque enfant, avait été charmée par
la bonté de Mgr Bécel et lui témoignait cette confiance
des âmes sincères et bonnes, qui vont tout droit à
ceux dont elles se sentent aimées.

L'évêque compléta son instruction religieuse, trop
rudimentaire jusque-là ; il voulut la préparer lui-
même à sa première communion, et la pieuse cérémonie eut lieu dans la petite chapelle d'une communauté. Le grand-père, si aimant, était là — et pleurait : larmes de joie, qui annonçaient peut-être,
dans un avenir prochain, les larmes du repentir.
L'évêque d'Autun lui avait écrit, de son côté, une
lettre « aussi respectueuse et affectueuse que possible », à laquelle Jules Simon ne répondit pas ; mais
il ne fut pas blessé des conseils que lui donnait le
futur cardinal, puisqu'il la communiqua à Mgr Bécel,
qui profita de l'occasion pour lui adresser d'utiles
paroles, en présence de sa femme et de sa belle-fille.
« Aussi, disait Mgr Perraud à l'évêque de Vannes,
avec vous je veux espérer (2) ».

L'œuvre était difficile, à cause justement des qualités humaines de celui qu'ils voulaient rendre à
Dieu.

(1) Lettre du 29 janvier 1895.
(2) Lettre du 26 novembre 1895.

« J'ai accompagné de tous mes vœux votre voyage à Paris et votre ministère apostolique dans le foyer de mon vieux maître, écrivait, quelques mois plus tard, S. E. le cardinal Perraud. Comme vous, je dis : *Advesperascit* ! (1) Hélas ! je ne le vois pas se tourner vers cette douce et pure lumière qu'il a connue et aimée aux jours de sa jeunesse !..... Je sais que Jésus-Christ est rentré dans cette maison par la petite-fille et par la grand'mère. Assurément, c'est un grand progrès sur la situation d'autrefois. Mais Mme J. S. osera-t-elle chercher à exercer une influence sur cette âme dont elle admire par-dessus tout les incontestables qualités ?

« Le P. Maccarthy avait bien raison de dire que les vertus des incrédules sont un plus grand obstacle à leur conversion que leurs vices. Car ceux-ci peuvent les incliner à l'humilité, condition essentielle de la soumission de l'esprit à la foi, tandis qu'ils se complaisent dans leurs vertus et ne sentent pas le besoin de la grâce. (2) »

Mme Jules Simon, dont la foi s'était aussi ravivée sous la douce influence de Mgr Bécel, était complètement d'accord avec les deux prélats pour travailler au sauvetage de cette âme si chère. Elle en parlait au cardinal et à M. Hertzog, curé de la Madeleine, qui était un excellent ami de la maison.

« Tous deux, écrivait-elle à l'évêque de Vannes,

______

(1) M. Jules Simon avait alors 82 ans.
(2) Lettre du 17 mars 1896.

sont arrivés à la même conclusion : c'est qu'avec un esprit aussi réfléchi, aussi sincère, une vie si droite, si honnête, il n'y avait à espérer qu'en la prière, car il ne peut être amené à croire que par lui-même et l'aide d'En-haut. Ces conversations m'ont fait du bien parce qu'elles ont répondu à ce que je pensais. Je me trouve si inférieure à lui, à tous les points de vue ; je sais si bien que chèz lui il faudrait une foi absolue, que cela ne peut lui venir que par un effet surnaturel.

« Si je vous parle ainsi, Monseigneur, c'est que je pense à moi, qui me laisse guider le plus que je peux par mes sentiments et qui fais tous mes efforts pour ne pas raisonner. Je suis si loin de ce qu'il me semble que je devrais être ! J'ai communié dimanche dernier avec ma chère petite-fille ; elle était bien heureuse ! moi aussi, je me sens bien à l'église ; j'y éprouve une grande paix ; mais, revenue chez moi, il me semble que je deviens froide, indifférente ; le grand remède alors c'est de prendre les Evangiles, et une phrase, un mot me réchauffent et me consolent. Non, Monseigneur, je ne suis pas scrupuleuse, mais je me rends justice ; je n'ai pas l'excuse de l'aveuglement sur mon compte pour le bon et pour le mauvais ; je me juge, voilà pourquoi les paroles d'amour et de miséricorde de l'Evangile vont droit à mon cœur ; et voilà pourquoi aussi j'ai tant besoin de vos sages conseils et de vos encouragements (1). »

(1) Lettre du 28 janvier 1896.

Ces dernières lignes, qui sont le reflet d'une belle âme, laissent deviner l'apostolat que Mgr Bécel avait exercé dans cette famille que Dieu voulait à lui.

Peu auparavant, il avait saisi l'occasion de rappeler à M. Jules Simon ce que, plus d'une fois, sans doute, il lui avait fait entendre de vive voix. Le célèbre académicien avait publié, dans un grand journal, un article intitulé *Confession*, écrit avec cette apparente bonhomie, mordante et fine, dont il saupoudrait volontiers ses pages ; et dans cette confession politique, où il semblait avouer ses fautes, il faisait — si nous avons bonne souvenance — de spirituels et vigoureux *mea culpa* sur la poitrine de ses adversaires. L'évêque de Vannes, à qui il avait adressé ce numéro, lui répondit par des éloges auxquels se mêlaient des insinuations délicates, de manière à lui dire clairement que cette confession, si charmante qu'elle fût, ne suffisait pas, et qu'il en faudrait une *autre*.

L'évêque s'inquiétait, car la réponse tardait à venir. — « L'aurais-je froissé ? » se disait-il. Nullement. Quelques jours après, la réponse attendue arrivait, très aimable et très bonne :

— « Je vous ai compris, Monseigneur. Cette autre confession, je la ferai, quand le moment sera venu. Soyez sûr que je ne m'adresserai à aucun autre qu'à vous, car j'ai besoin de votre indulgence. »

Mgr Bécel pouvait espérer. Le 7 juin 1896, une dépêche l'appelait en toute hâte à Paris, près de son ami mourant. Deux ou trois jours de maladie avaient

suffi pour le terrasser. La veille, M. l'abbé Hertzog,
son curé, l'avait entretenu, seul, pendant une demi-
heure. L'évêque de Vannes, qui n'avait pas perdu
un instant, arriva à temps pour lui donner l'extrême-
onction. Dès qu'il le reconnut, le moribond, qui ne
pouvait plus parler, lui exprima, dans un regard,
sa joie et sa reconnaissance.

Mgr Bécel se fit un devoir d'assister aux obsèques
de l'homme éminent qui, malgré ses erreurs, était
devenu le défenseur du droit, parce qu'il aimait véritablement la liberté.

VI

LES DERNIERS JOURS

Un deuil. — *Annos æternos*. — La visite pastorale. — La
pensée de la mort. — Patience, résignation, espérance. —
Au Pape. — Les derniers sacrements — Scène admirable.
Paroles suprêmes. — La dernière nuit. — Le testament, les
obsèques, le tombeau.

1897.

Au commencement de cette année — qui, pour lui
aussi, devait être la dernière, — Mgr Bécel éprouva
une des plus grandes peines de sa vie : Mgr Trégaro,
évêque de Séez, mourut le 6 janvier, après de
longues souffrances qui avaient mis en relief l'énergie
et la foi de cette âme vaillante. Depuis près de
soixante ans, ils se connaissaient et s'aimaient ; ils
étaient l'un pour l'autre ce *dimidium animæ* dont
parlait le vieux poète.

Fatigué lui-même, et voyant les années s'ajouter
aux années, l'évêque de Vannes s'attristait en con-
templant ce qui se passsait autour de nous. Un jour,
nous le trouvâmes relisant cette lettre que son ami
le cardinal Bourcet lui avait écrite quelque temps
avant sa mort :

« Cher Monseigneur, je ne sais pas si *il vecchio ves-*

coco di Vannes a ramassé des cheveux blancs depuis que je n'ai eu le bonheur de le voir ; mais ce que je sais bien, c'est que sainte Anne lui conserve un cœur toujours jeune et affectueux pour ses amis.

« Vous serrez le décanat du corps de l'Episcopat français, cher ami. Que vous souhaiterai-je, humainement parlant ? Cette pourpre, que la bienveillance du Saint-Père a jetée sur mes épaules, alors que tant d'autres semblaient mieux faites pour la porter. Je ne m'en dédis pas. Et pourtant, cher ami, j'aime mieux vous souhaiter les *annos æternos*, comme je me les souhaite à moi-même et ce rayonnement *in consilio sanctorum*, auprès duquel toutes les gloires de la terre ne sont que poussière et vanité. »

Quand il eut fini : « C'est bien vrai, murmura-t-il: *Annos æternos*, il n'y a que cela ».

Malgré sa fatigue, il n'interrompit cependant en rien ses occupations habituelles : il fit, avec le même zèle et le même entrain, ses visites pastorales. qu'il commençait après Pâques, et en écrivit le compte-rendu que, depuis cinq ans, il adressait à la *Semaine religieuse* (1), travail difficile, qu'il poursuivait comme en se jouant, et qu'il termina après avoir passé en revue, dans ces pages alertes, toutes les paroisses du diocèse.

Depuis longtemps, la pensée de la séparation semblait occuper son esprit. Au mois de mai à Groix.

____

(1) Il avait créé cette revue diocésaine dans la seconde année de son épiscopat. — le 1er numéro parut le 2 janvier 1868.

vers la même époque en Basse-Bretagne, il dit à
ceux qui l'accompagnaient, à l'heure du départ :

— C'est peut-être la dernière fois que je viens ici.

A Lorient, un mois avant sa mort, après avoir
présidé — ce qui était pour lui une vraie joie — la
grande fête de la Victoire, il dit encore :

— C'est la dernière fois que j'assiste à cette belle
solennité.

Mais cette pensée de la mort n'abattait pas son
courage, et il continuait de se dévouer.

En apparence il avait conservé toutes ses forces,
bien que l'amaigrissement de ses traits, remarqué
surtout par ceux qui le voyaient plus rarement, ne
fût pas sans donner quelque inquiétude. C'est le
9 octobre qu'il sentit les premières atteintes du mal
qui devait nous le ravir. Le jeudi suivant, on célébrait, à la cathédrale, la fête des écoles chrétiennes,
et, toujours infatigable, il se fit un devoir de s'y
rendre ; mais il n'eut pas la force d'adresser la parole, comme il se plaisait à le faire toujours, aux
fidèles et aux enfants massés dans la grande nef.

Le soir, il dut s'aliter. La fièvre dont il souffrait
semblait bénigne, mais les médecins ne tardèrent
pas à diagnostiquer la fièvre typhoïde et l'âge du
vénéré malade, épuisé par tant de fatigues volontairement acceptées pour le bien des âmes, pouvait
faire craindre des complications, qui ne tardèrent
pas à se produire.

Alors il envisagea sa situation avec calme ; sa piété
sembla grandir avec la souffrance et l'on peut dire

que jusqu'à la fin son âme vécut dans une union intime avec Dieu.

Dès les premiers jours de sa maladie, alors qu'aucun symptôme alarmant ne faisait redouter sa fin prochaine, il avait comme le pressentiment qu'il ne devait pas guérir.

— Vous êtes mieux, Monseigneur, lui disait-on ; vous entrez en convalescence.

— Ne vous faites pas illusion, répondait-il. S'il plaît au bon Dieu de nous laisser ensemble quelques années, nous l'en bénirons ; s'il veut que nous soyons séparés, nous l'en bénirons encore. Cependant, pas d'illusion. Que la sainte volonté de Dieu soit faite !

Il avait toujours sur lui son chapelet, qu'il égrenait pieusement :

— Je ne puis plus, disait-il, réciter l'office divin ; il faut bien que j'y supplée par d'autres prières.

Ces prières étaient presque continuelles.

Souvent le vénéré malade répétait : « O mon Dieu ! je voudrais paraître devant vous, l'âme pure et limpide ! »

Et il s'humiliait même du bien qu'il avait fait, craignant de ne l'avoir pas accompli avec des intentions assez droites. Il se citait au jugement de Dieu, s'accusait, se condamnait :

— Trente-deux ans d'épiscopat, disait-il à voix haute, quelle responsabilité ! Pardon, mon Dieu ! Miséricorde !

Puis il jetait un regard sur le crucifix, et d'ardentes paroles en harmonie avec ses pensées sortaient de son cœur :

— Éternité ! Jugement de Dieu !... Ces mots lui échappaient souvent, comme à son insu, dans ses longues heures d'insomnie. Et il se plongeait dans de pieuses méditations entrecoupées de soupirs et d'élévations vers la divine miséricorde.

Et après cet examen impitoyable que son humilité lui faisait subir, la confiance, une confiance toute filiale, descendait dans son cœur ; et, comme si Dieu avait parlé, il se surprenait à prononcer sur lui-même les paroles de l'absolution.

Les témoins — dont il oubliait la présence — de ces scènes admirables étaient profondément édifiés. et l'un d'eux nous disait, plus tard : J'aurais voulu voir là, près de cette âme riche de bonnes œuvres, s'humiliant avec une simplicité d'enfant devant la justice divine, ces oublieux, qui, au milieu de leurs erreurs et de leurs fautes, se rassurent en comptant sur la dernière minute et en disant : Dieu est bon !

La prière était la force de cette âme droite qui se recueillait avec une entière sincérité devant Dieu.

— Monseigneur, on prie beaucoup pour vous la très Sainte Vierge, sainte Anne, saint Vincent Ferrier, lui dit un prêtre, le jour même où il venait de recevoir les derniers sacrements.

— Je ne les ai pas assez aimés, répondit l'humble malade.

— Monseigneur, vous les avez pourtant bien servis.

— Vous ne savez pas, vous autres, ce qu'on pense en face de l'éternité.

Admirable parole, que saint Jérôme aurait pu dire, lorsque lui, le saint docteur, tremblait dans son désert à la pensée du jugement.

Une personne lui disait, un soir : On prie beaucoup, partout, pour votre guérison. Si le bon Dieu ne vous accorde pas cette grâce, c'est que sa bonté vous en réserve une autre plus précieuse.

Et, avec une expression de bonheur, il répondit :

— Oh ! c'est surtout cela !

Cela, cette grâce plus précieuse, c'était une sainte mort.

Sa patience dans la douleur était aussi grande que sa piété :

— Vous souffrez beaucoup, Monseigneur ?

— Oh ! non : Notre-Seigneur a plus souffert que moi.

Et, se tournant vers le Christ :

— Mon Dieu, vous étiez *écorché*, vous, sur la Croix ; et, moi, je ne le suis pas encore.

Il aimait à baiser le crucifix, et il le faisait avec la plus aimante effusion, cherchant des lèvres une parcelle de la Vraie-Croix, qui y était enchâssée.

Deux minutes à peine avant son dernier soupir, il ne pouvait plus parler ; mais le dernier mouvement de ses lèvres fut un baiser au crucifix qu'on lui présentait.

C'était mourir dans un acte d'amour.

D'ailleurs, tout, depuis le commencement de ses

souffrances, avait été une préparation constante à ce filial et suprême abandon. De son âme s'élevaient des invocations continuelles à la très Sainte Vierge, à sainte Anne, à saint Vincent Ferrier, à saint Michel et aux saints Anges :

— O sainte Anne, ô Marie, s'écriait-il, nos cœurs sont à vous. Gardez-les si bien qu'ils ne battent que pour les nobles causes et qu'ils soient préservés, à la vie et à la mort, de toute souillure.

Ces effusions du cœur le soutenaient dans ses souffrances. Mais, loin d'être absorbé par ses propres pensées, il s'oubliait lui-même pour penser aux autres. Un jour, il dit à l'un de ses vicaires généraux :

— Avez-vous des nouvelles de Bangor ?

Il s'agissait de pourvoir à la paroisse d'Arzon, dont le recteur venait de mourir.

Sa grande préoccupation était de ne pas alarmer son entourage et ses diocésains. Lorsque, après l'administration des derniers sacrements, je me relevais en baisant la main qu'il me tendait :

— Il ne faut pas épouvanter, me dit-il. — On n'avait pu lui cacher que la *Semaine religieuse* allait demander des prières pour sa guérison.

Les pauvres, qu'il avait tant aimés et consolés, le préoccupaient en ce moment critique :

— Comme je plains, disait-il, les pauvres malades ! — Et s'adressant à la religieuse qui le veillait : — O ma Fille, soignez-les bien. Moi, je ne manque de rien ; mais comme ils sont à plaindre

ceux qui manquent de tout et qui n'ont personne
pour les assister !

Et dans sa sollicitude pour les pauvres, il faisait
distribuer une large aumône aux malades indigents.

Cette compassion, il l'étendait aux religieuses de
la Charité de Saint-Louis, qui se succédaient avec
un zèle admirable près de son lit de douleur.

— Quelle journée vient de s'écouler ! disait-il
après avoir plus souffert, et quelle nuit nous allons
passer ! Qui va me veiller aujourd'hui ?

On lui nomma la religieuse.

— Pauvre Fille ! Comme je la plains !

Derniers détails, qui montrent que sa résignation
et sa patience étaient à la hauteur de sa charité.
Quoi qu'on lui offrît, si douloureuse que fût sa position, il ne demandait jamais rien, ne préférait rien,
ne refusait rien. Il recevait tout avec la plus délicate
affabilité ; nous ne saurions dire quelle bonté il mettait dans ce simple mot *merci*, qu'il répétait toujours
en ajoutant un bon sourire à l'expression de sa reconnaissance.

Voyant une personne qui lui était chère tout at-
tristée et les yeux baignés de larmes :

— Ayez du courage, lui dit-il ; il faut vouloir ce
que le bon Dieu veut. Vous le voyez, moi j'ai du courage. Que la sainte volonté de Dieu soit faite !

Le 29 octobre, une crise, qui commença par de
violents frissons, se produisit dans la matinée ; la
science des médecins réussit à la conjurer, et la nuit
suivante fut relativement bonne. Mais, sept jours

plus tard, le jeudi 4 novembre, cette crise se renouvela, plus forte et plus alarmante.

Dès le début, Monseigneur avait dit aux auxiliaires dévoués qui l'entouraient : « Vous ne me laisserez pas mourir sans sacrements ; vous m'avertirez quand le danger sera plus grave. »

Le moment était venu. Aussitôt le pieux malade, se résignant à la volonté de Dieu, prit ses dispositions pour l'après-midi du même jour.

Il dicta lui-même une dépêche adressée au Souverain Pontife pour lui demander la bénédiction apostolique. Voici cette dépêche, qui est un acte de résignation et de foi :

Son Éminence le cardinal Rampolla, Rome.

Éminentissime Seigneur, l'évêque de Vannes, sérieusement malade, met aux pieds de Votre Éminence l'hommage de son profond respect et la prie de solliciter pour lui la bénédiction apostolique *in articulo mortis* et de déclarer à Léon XIII qu'il est toujours resté fidèle à l'enseignement du Saint-Siège. Elle voudra bien aussi remercier Sa Sainteté de toutes les preuves de bienveillance dont Elle l'a honoré et renouvellera à Notre Saint-Père le Pape l'expression de sa profonde vénération et de son amour filial.

Jean-Marie BÉCEL, *Évêque de Vannes.*

A trois heures, M. le doyen du chapitre, accompagné des chanoines, de plusieurs prêtres de la ville et du

personnel de la maison épiscopale, vint apporter à
notre bon évêque les derniers secours de la religion.
Les vicaires généraux, M. le chanoine Gorel, M. Dieu-
langard, supérieur du grand séminaire et le rédacteur
de la *Semaine religieuse* étaient déjà près de lui.

La chambre du malade avait été ornée pour recevoir la visite de Notre-Seigneur. En face, **une** image
du Crucifix, sur laquelle se portaient souvent ses
regards, semblait le bénir.

M. le chanoine Le Mené, doyen du chapitre, lui
donna, avec la solennité prescrite par le cérémonial
des évêques, le saint Viatique, l'Extrême-Onction et
l'indulgence à l'article de la mort, en faisant précéder
chacun de ces actes solennels d'une exhortation à
laquelle le pieux évêque répondait avec un accent
de joie qui montrait son acceptation complète de la
volonté de Dieu.

Un détail, qui prouve la foi ardente de son âme :
le prêtre avait omis l'onction des reins, qui n'est plus
prescrite aujourd'hui. Le malade le lui fit remarquer :
« Je veux, dit-il d'une voix ferme, tous les secours
de la religion. » Et soulevant lui-même le drap qui
le recouvrait : « C'est facile, ajouta-t-il » ; et il reçut
l'onction désirée.

Quand tout fut fini, il prit la parole pour nous
faire ses recommandations dernières, et il prononça
avec une force étonnante, une lucidité complète de
l'intelligence et une bonté d'âme qui semblait grandir avec la souffrance, des paroles que nous ne pouvons que résumer :

« Mes chers amis, je vous remercie d'être venus assister à cet acte solennel de ma vie. Les médecins me disent qu'il n'y a pas de péril imminent ; mais j'ai voulu donner l'exemple, et j'en suis heureux : depuis que j'ai promis de recevoir aujourd'hui les derniers sacrements, il me semble que j'ai moins souffert.

» Qu'arrivera-t-il maintenant ? Ce que Dieu voudra. S'il veut me prendre, je me résigne à sa volonté. J'ai confiance — et son regard se fixait ardemment sur le Crucifix — dans la miséricorde du bon Maître, qui, je l'espère, ne me condamnera pas, malgré mes fautes.

» Je n'étais pas préparé au lourd fardeau qu'il a mis sur mes épaules ; il est vrai — je puis me rendre cette justice — que je ne l'ai jamais ni désiré, ni demandé. Je n'ai pas été un évêque brillant ; mais j'ai voulu faire du bien et je crois que j'en ai fait quelque peu.

» Tout à l'heure, mon cher doyen, vous me rappeliez saint Charles, évêque de Milan, que l'Eglise fête aujourd'hui, et la bienheureuse Françoise d'Amboise, notre sainte duchesse, qu'elle fêtera demain. Je compte sur leur assistance et leurs prières. J'ajoute à leur souvenir celui d'un autre saint. Pendant la nuit, vous le savez, les malades, quand ils ne dorment pas, songent à bien des choses. Eh bien ! la nuit dernière, je me disais que, le 11 novembre, on solennisera la mémoire d'un grand apôtre de la France, et que, le 14, de grandes fêtes auront lieu à

Tours en son honneur. Sur le point de mourir, saint Martin disait à ses disciples : « *Non recuso laborem.* » Je répète après lui : Si le bon Dieu veut me prendre, qu'il me prenne ; s'il veut encore me laisser ici-bas, *je ne refuse pas le travail*

» Quoi qu'il en soit, mes chers amis, si je vous quitte, j'emporterai de vous tous, de mes auxiliaires si dévoués, de mes fidèles secrétaires, des prêtres et des fidèles de mon cher diocèse, le meilleur souvenir. Si parfois je leur ai fait de la peine, je leur en demande pardon ; pour moi, je n'emporterai en mourant que le souvenir de leur affection et des joies qu'ils m'ont procurées. Je ne les oublierai pas.

» Si Dieu me fait la grâce de me mettre dans le Purgatoire, priez pour moi, afin d'abréger mes souffrances.

» Il me semble pourtant, ajouta-t-il, et un sourire vint effleurer ses lèvres, que je n'ai pas encore la figure d'un mourant. »

Et après avoir ajouté ses recommandations dernières, auxquelles il mêlait, avec les effusions de son cœur paternel, ses suprêmes bénédictions, le vénéré prélat garda le silence et se recueillit dans l'adoration de son Dieu.

Nous étions tous là, à genoux, sous le charme de ces paroles, à la fois si douces et si fortes. Ce fut une scène incomparable de grandeur. Les assistants pleuraient, le cœur étreint par l'angoisse de la séparation prochaine ; mais en regardant l'auguste malade, si calme dans la douleur, si rayonnant de la majesté que donne à l'homme l'héroïsme chrétien, ils éprouvaient, avec l'admiration qu'inspire le courage, cette joie surnaturelle que la foi mêle aux plus poignantes tristesses et cette espérance invincible qui, dans les ténèbres du présent, fait entrevoir à l'âme les clartés d'au-delà la mort.

Sa dernière nuit fut vraiment admirable. La souffrance transfigure et, chrétiennement supportée, met en relief la force de l'âme et la beauté de la vertu.

Après l'administration des derniers sacrements, la faiblesse de l'évêque augmenta, et la nuit fut agitée. Le lendemain, la maladie s'aggrava rapidement ; mais il semblait que l'énergie du malade grandit avec la souffrance.

Lorsque MM. les vicaires généraux écrivirent, dans la soirée du jeudi, la lettre adressée au diocèse pour demander des prières, ils pouvaient dire en vérité que tout espoir n'était pas perdu. Hélas ! le vendredi soir, après une journée où les progrès de la maladie furent effrayants, l'angoisse était grande et l'on pouvait prévoir que la mort ne tarderait pas à venir.

Pendant cette nuit, qui devait être la dernière, le pieux malade ne cessa pas de prier. Très calme, attentif à tout ce qui se passait autour de lui, plein de bonté pour ceux qui se succédaient près de son lit de douleur, il redoutait pour eux la fatigue et, avec une sollicitude toute paternelle, il les engageait à se reposer.

Un peu avant minuit, M. Jégouzo, vicaire général, lui apporta la sainte communion. Le mourant reçut son Dieu avec une piété qui tirait des larmes.

Peu après, on récita les prières des agonisants. Toujours énergique, cette âme, maîtresse d'elle-même, complètement unie à Notre-Seigneur souffrant sur la croix, que son regard cherchait avec amour, voyait sans trouble l'importance de ces moments suprêmes.

— C'est fini, n'est-ce pas ? dit-il, en le regardant fixement, au dévoué vicaire général qui l'assistait.

— Oui, Monseigneur — il avait ordonné de ne lui rien cacher. Et le prêtre lui suggéra cette prière : *In manus tuas, Domine, commendo spiritum meum,* Seigneur, je remets mon âme entre vos mains.

Le malade la répéta après lui. Et aussitôt, étendant la main droite d'un geste énergique :

— Merci.

Puis, levant les deux mains pour les rejoindre, il prononça lentement ces paroles :

— Mon Dieu, je vous fais le sacrifice de ma vie pour l'Église, pour la France, pour mon diocèse, pour ma famille, pour mes amis.

Plusieurs fois ensuite, il répéta ces mots. Et c'étaient des invocations à Notre-Seigneur, à la sainte Vierge, à sainte Anne, à saint Vincent Ferrier : c'étaient des prières ininterrompues, des cris du cœur vers Dieu, dont il implorait la miséricorde.

— Quel est le saint que l'on fête aujourd'hui ? — La journée du samedi était commencée.

— Saint Melaine.

Et il reprit aussitôt : — Saint Melaine, priez pour moi.

A un autre moment, il dit :

— Quel triste anniversaire ! Mgr Trégaro, mon vieil ami, est mort à pareil jour (1).

Vers deux heures, le pieux mourant bénit avec effusion tous ceux qui l'entouraient. Puis il continua de prier, gardant jusqu'à la dernière heure la lucidité de son intelligence et parlant avec la plus grande affabilité.

Pendant les cinq minutes qui précédèrent sa mort, il perdit l'usage de la parole ; mais alors même on voyait ses lèvres remuer pour la prière.

Lorsque, vers quatre heures et demie — le samedi 6 novembre —, il rendit le dernier soupir, il y avait près de lui M. Jégouzo, vicaire général, MM. Le Guénédal, et Gorel, ses secrétaires, et Anglade, chanoine, qui, toute la nuit, l'avaient entouré des soins les plus délicats. Avec eux se trouvaient aussi son frère, curé-doyen de Questembert ; une de ses nièces ; la R. Mère Marie-Fidèle, supérieure générale des Sœurs de la Charité de Saint-Louis, sa cousine ; plusieurs autres Sœurs, et les domestiques de l'Évêché.

Le diocèse de Vannes était orphelin. C'était la fin, sur la terre, d'une noble vie, et, nous l'espérons, le commencement d'une vie plus belle dans un bonheur sans fin.

(1) Le 6 janvier 1897.

Le testament du pieux évêque complète l'enseignement de ses derniers jours, en montrant la grandeur et l'humilité de son âme.

« Au nom du Père et du Fils et du Saint-Esprit. Sous l'invocation de la très Sainte Vierge Marie immaculée, ma patronne, et de saint Jean l'Evangéliste, mon patron ; sous la protection de sainte Anne, de saint Patern et de saint Vincent,

« Je, soussigné, ai fait mon testament ainsi qu'il suit :

« Je remets humblement mon âme entre les mains de mon Créateur et je la recommande avec confiance, malgré mon indignité, à la miséricorde infinie de Jésus-Christ, mon Sauveur et mon Juge, le suppliant de la sanctifier, avant de l'appeler à son Tribunal.

« Pénétré de la plus juste et de la plus profonde reconnaissance, je remercie sincèrement Dieu de m'avoir comblé de tant de grâces ; particulièrement de m'avoir fait naître dans le sein de la véritable Église, de parents vertueux, de m'avoir permis l'entrée si redoutable de son sanctuaire, où je devais occuper un poste dont l'élévation me couvre de confusion et me fait trembler pour mon salut.

« Je demande pardon à Dieu de tous mes péchés de désirs, de paroles, d'actions et d'omissions, m'écriant avec le Prophète : *Delicta juventutis meæ et ignorantias meas ne memineris, Domine.*

« Que mes supérieurs, mes égaux et mes inférieurs aient la charité de me pardonner la peine que j'aurais pu leur faire ou leur occasionner.

« Pour moi, je pardonne de bon cœur à quiconque aurait des reproches à se faire à mon sujet.

« Mes parents et mes amis, les prêtres et les fidèles de mon diocèse ne doutent pas, je l'espère, de l'attachement que je leur ai voué en retour de tous les témoignages de respect, d'estime et d'affection que j'ai reçus d'eux, notamment au vingt-cinquième anniversaire de ma consécration épiscopale. Ils voudront bien me tenir compte de mes bonnes intentions et se souvenir pieusement de moi après ma mort. Si j'ai le bonheur d'arriver au Ciel, je n'y oublierai point ceux que j'aurai connus et aimés sur la terre.

« Né pauvre, j'ai à cœur de mourir sans fortune et sans dettes, en communion d'idées et de sentiments avec le Chef infaillible de l'Église Catholique, Apostolique, Romaine. Ma famille n'a point à compter sur une succession. Je l'en ai avertie....

« Je demande qu'aucun discours ne soit prononcé à mes obsèques et aux services funèbres célébrés pour le repos de mon âme, et que l'on ne mette point de fleurs sur mon cercueil. Je déclare, sans fausse humilité, que je ne mérite aucun éloge.

« Lorsque je rendrai compte de mon administration, j'aurai grand besoin des plus fervents suffrages ; j'espère qu'ils ne me seront pas refusés.

« Fait et écrit de ma main à Vannes, le 3 mars 1892, après avoir récité l'office de la Sainte Couronne d'épines de Notre-Seigneur Jésus-Christ. »

† JEAN-MARIE BÉCEL, *Évêque de Vannes.*

Il y a parfois des coïncidences de dates dans lesquelles, sans leur attribuer une importance extraordinaire, il nous est permis de trouver comme une aimable attention de la Providence.

Elles n'ont pas manqué aux derniers jours de Mgr Bécel, et nous sommes heureux de les signaler.

Le jeudi 4 novembre, au moment même où il recevait les derniers sacrements, l'Église offrait à notre vénération la B. Françoise d'Amboise, la sainte duchesse qui, devenue Carmélite, avait habité Vannes avant d'aller mourir à Nantes au monastère des Couëts.

Le 6 novembre, jour de sa mort, nous célébrions la fête de saint Melaine qui, né dans le diocèse de Vannes, illustra le siège épiscopal de Rennes.

Le 10, jour des obsèques, nous fêtions saint Gobrien, évêque de Vannes, qui, par humilité, alla mourir dans la solitude de Saint-Servan, près de Josselin.

Les obsèques furent célébrées sous la présidence du métropolitain de Bretagne, S. E. le cardinal Labouré, archevêque de Rennes, entouré de plusieurs évêques (1), de 600 prêtres et d'une foule immense de fidèles. La marche funèbre ressemblait à une procession triomphale, où la piété de tout un peuple rendait un dernier hommage au Père qu'il pleurait.

Le service solennel, célébré le trentième jour après les funérailles, fut présidé par Mgr Renou, arche-

---

(1) NN. SS. Leroy, évêque d'Alinda, Guillois, évêque du Puy, Valleau, évêque de Quimper, Carmené, ancien évêque de la Martinique.

vêque de Tours, le grand diocèse que le vénéré défunt n'oubliait pas et où il n'est pas oublié.

L'évêque de *sainte Anne* aurait voulu reposer dans la basilique bretonne près de la statue miraculeuse. Cette autorisation ne fut pas accordée, et ses restes mortels ont été placés dans une chapelle de la cathédrale.

Le monument que lui a érigé la gratitude de ses diocésains le représente à genoux, les mains jointes dans l'attitude de la prière et regardant notre patronne que son zèle a si noblement glorifiée (1).

Il fut inauguré et bénit, le 3 avril 1899, par Mgr Latieule qui, dans une émouvante allocution, parla de son prédécesseur avec le cœur et la délicatesse que nous avons tant de fois appréciés depuis.

(1) Ce monument est l'œuvre de M. Etienne Leroux, artiste de grand talent, à qui est due aussi la statue de Mgr Trégaro.

APPENDICE

APPENDICE

I

Nous donnons ici la liste, aussi complète que possible,
des cérémonies présidées par Mgr Bécel, et celle de ses
lettres pastorales pour le carême.

SAINTE-ANNE D'AURAY

1868. — *30 Septembre.* Couronnement de la statue de
      sainte Anne.

1870. — *30 Septembre.* Bénédiction du monument
      commémoratif du couronnement de la
      statue de sainte Anne.

      19 Décembre. Consécration du diocèse à sainte
      Anne.

1871. — *10 Avril.* Pèlerinage des soldats bretons.

1872. — *7 Mars.* Bénédiction de la Scala-Sancta.

      15 Septembre. Bénédiction de la nouvelle
      église.

      15 Septembre. Bénédiction d'une lampe offerte
      à sainte Anne par la Bretagne.

      8 et 15 Décembre. Pèlerinage de la Bretagne.

1873. — *21 Septembre.* Bénédiction des quatre nou-
      velles cloches de la Basilique.

1874. — *2 Août.* Bénédiction de l'orgue de la Basilique.

1874. — *23 Août*. Réception de Monsieur le Maréchal
de Mac-Mahon, président de la République,
à la basilique de Sainte-Anne.

8 Décembre. Bénédiction de la statue monumentale de sainte Anne, placée sur la
tour de la Basilique.

1875. — *29 Septembre*. Consécration de l'autel de la
statue miraculeuse.

1877. — *8 Juillet*. Inauguration de la chaire de la
Basilique.

8 Août. Consécration de la Basilique.

1884. — *7 Mars*. Bénédiction des porte-cierges et du
porte-lampes, offerts par le diocèse de
Séez.

Juin. Association des Anciens élèves du
petit séminaire de Sainte-Anne.

1886. — *14 Septembre*. Plantation de la Croix de Jérusalem, à Sainte-Anne.

1888. — *8 Décembre*. Inauguration de l'autel donné
par le Souverain-Pontife à Sainte-Anne.

1890. — *25 Juillet*. Translation d'une relique de sainte
Anne, offerte par Monseigneur l'évêque
de Beauvais.

BÉNÉDICTIONS

Églises, Chapelles, Calvaires.

1867. — *22 Décembre*. Eglise de Colpo.

1868. — *7 Juin*. Calvaire, à Réguiny.

22 Juin. Inauguration de l'ancienne église des
Carmes, (chapelle de l'Evêché).

19 Août. Premiers travaux de l'église de
Saint-Guyomard.

Octobre. Eglise de Merville.

1868. — *27 Octobre.* Première pierre de l'église de La Chapelle.

1871. — *14 Mai.* Calvaire à Beignon.

4 Septembre. Chapelle des Augustines, Malestroit.

6 Septembre. Église de Mauron.

1873. — *29 Avril.* Première pierre de la chapelle de Place-Kaër, en Crach.

11 Septembre. Chapelle de Congrégation, à Beignon.

Chapelle de Saint-Méen, à Beignon.

12 Septembre. Chapelle à Saint-Malo de Beignon.

12 Octobre. Église de l'Ile-aux-Moines.

Novembre. Oratoire des Sœurs du Bon-Secours, à Vannes.

Chemin de Croix dans le même oratoire.

1874. — *19 Avril.* Calvaire de Vannes.

19 Juin. Calvaire à Guiscriff.

20 Septembre. Chapelle de Place-Kaër en Crach.

5 Octobre. Croix du Rodoir, en Nivillac.

22 Novembre. Chapelle de Saint-Clément, en Brech.

26 Novembre. Chapelle de la maison des Petites-Sœurs des Pauvres, à Vannes.

1875. — *Mai.* Croix au cimetière de Saint-Dolay.

Mai. Calvaire à Glénac.

L'église de Saint-Nicolas-du-Tertre.

1er Août. Chapelle des Sœurs de Marie-Joseph à Sainte-Anne.

Septembre. Oratoire du château du Plessis, en Crac'h.

Deux statues dans la chapelle de Rosnarho.

Une croix, à Rosnarho.

1875. — *6 Octobre*. Première pierre de la chapelle de Lambilly, en Taupont.

29 Octobre. Chemin de croix dans l'église de Beignon.

23 Décembre. Chapelle du château du Rest, en Grand-Champ.

1876. — *Avril*. Eglise de Pontivy.

11 Mai. Chapelle de Notre-Dame du Vincin.

Mai. Première pierre de l'église de Mohon.

5 Juin. Première pierre de l'église de Pluneret.

5 Août. Chapelle et château de Kerguehennec en Bignan.

Septembre. Chapelle de Congrégation à Augan.

24 Septembre. Chapelle de la Sainte-Famille à Ploërmel.

12 Octobre. Chapelle de la Maison-Mère des Sœurs de Saint Jacut.

19 Octobre. Chapelle de Saint-Clément, à Quiberon.

5 Novembre. Première pierre de l'église de la Roche-Bernard.

1877. — *2 Juin*. Première pierre de la chapelle des Sœurs de la Charité de Saint-Louis à Vannes.

1878. — *9 Mars*. Première pierre de la chapelle du Carmel, à Vannes.

7 Août. Chapelle de la famille de Lambilly, dans le cimetière de Taupont.

29 Septembre. Chapelle des Fidèles Compagnes de Jésus, à Sainte-Anne.

4 Octobre. Couvent et première pierre de la chapelle des Capucins, à Lorient.

27 Novembre. Eglise de Saint-Malo des Trois-Fontaines.

1879. — *30 Juillet*. Chapelle des Enfants de Marie, à la communauté des Fidèles Compagnes de Jésus, Sainte-Anne.

1879. — 6 *Octobre*. Première pierre de l'église de
Pénestin.

5 *Novembre*. Eglise de Brandérion.

21 *Novembre*. Chapelle de Notre-Dame de
Lourdes, à Saint-Goustan.

1880. — 23 *Mai*. Eglise de Locqueltas.

29 *Juillet*. Eglise de Larmor-Baden.

18 *Septembre*. Première pierre de l'église de
Carentoir.

4 *Octobre*. Chapelle des Sœurs de Bon-Secours, à Lorient.

26 *Octobre*. Eglise de Pénestin.

1881. — 24 *Février*. Chemin de croix dans l'église de
Sarzeau.

24 *Juin*. Chapelle Saint-Michel, Ploërmel.

28 *Juin*. Eglise de Saint-Jacut.

8 *Octobre*. Eglise de Saint-Congard.

26 *Octobre*. Calvaire à Beignon.

1882. — 26 *Février*. Calvaire de Vannes,près du Collège.

21 *Septembre*. — Eglise de Cournon.

1883. — *Avril*. Calvaire, à Noyal-Muzillac.

Mai. Eglise de Reminiac.

Croix à Questembert.

1885. — 29 *Mars*. Eglise de Locmaria-Grand-Champ.

7 *Mai*. Calvaire à la Trinité-Porhoët.

2 *Août*. Première pierre de l'église d'Arradon.

29 *Octobre*. Eglise de Tréal.

1886. — 7 *Décembre*. Chapelle de l'Asile de Les-
vellec.

1887. — 29 *Juillet*. Première pierre de la Chapelle
du Petit-Séminaire de Ploërmel.

Septembre. Première pierre de la chapelle
de Saint-Mathurin, à Beignon.

3 *Octobre*. Première pierre de l'église de
Gàvres.

1888. — *21 Mai.* Un autel et une statue dans l'église de Pleucadeuc.

1889. — *22 Mars.* Chapelle du château de Kerscamp, près Hennebont.

Erection d'un chemin de croix dans la même chapelle.

26 Avril. Première pierre de l'église de Plumelec.

24 Juin. Chapelle de Saint-Jean, près Ploërmel.

1 Décembre. Eglise du Sourn.

1894. — *30 Septembre.* Eglise de Sauzon.

11 Décembre. Chapelle de la communauté de Saint-Gildas de Rhuys.

1895. — *5 Juillet.* Château d'eau de Vannes.

29 Août. Jubilé.

12 Février. Juvénat des Frères de Ploërmel, Hennebont.

13 Février. Nouvelle maison, à la Retraite, Lorient.

BÉNÉDICTIONS DE CLOCHES

1867. — *22 Décembre.* Bénédiction de cloches à Colpo.

1868. — *11 Juin.* Deux cloches, à la cathédrale.

5 Octobre. Deux cloches, à Bohal.

Novembre. Une cloche, à Plescop.

1869. — *13 Février.* A Auray.

13 Juin. A Saint-Patern, Vannes.

1875. — *19 Septembre.* Trois cloches, à Beignon.

1876. — *Juin.* A Saint-Gravé.

1876. — *21 Juin.* Trois cloches, à Mauron.

1877. — *10 Octobre.* Cinq cloches, à Saint-Jean-Brévelay.

1878. — *6 Janvier.* Trois cloches, à Plœren.

18 Mars. Quatre cloches, à Ménéac.

Mai. Trois cloches, à Péaule.

1879. — *16 Juillet*. Deux cloches, au Carmel de Vannes.

29 Septembre. Une cloche, à l'hospice civil et militaire, Vannes.

12 Octobre. Trois cloches, à Neulliac.

1881. — *23 Octobre*. A Gestel.

1882. — *24 Septembre*. A Porcaro.

12 Décembre. A Sérent.

1883. — *21 Avril*. Trois cloches, à Malansac.

Mai. Trois cloches, à Réminiac.

1885. — *8 Novembre*. Une cloche, à l'Ile-d'Arz.

1886. — *14 Février*. Deux cloches, à Sulniac.

10 Octobre. Trois cloches, à Pluneret.

1887. — *19 Août*. Une cloche, dans la chapelle des Sœurs de la Charité de Saint-Louis, à Saint-Gildas de Rhuys.

1889. — *1 Avril*. Trois cloches dans l'église de Pénestin.

9 Octobre. Trois cloches, à Taupont.

15 Décembre. A Brech.

1890. — *22 Mars*. Chapelle des Augustines, Malestroit (2).

BÉNÉDICTIONS DIVERSES

1868. — *20 Février*. Maison de correction et de refuge, à Sainte-Anne.

7 Juin. Presbytère de Réguiny.

1870. — *11 Octobre*. Drapeau des mobilisés de Sarzeau, dans l'église de Sainte-Anne.

30 Octobre. Drapeau des mobilisés de Baud et de Locminé. Ibid.

1 Novembre. Deux drapeaux des mobilisés du Morbihan, à la cathédrale.

10 Novembre. Drapeau pour le même corps, à la cathédrale.

1873. — *3 Mai*. Cimetière de la Chartreuse.

1874. — *19 Octobre*. Cercle catholique des Ouvriers, à Vannes.

1er Mars. Communauté des Sœurs de Saint-Jacut, à Malansac.

23 Avril. De la mer, à Etel.

25 Août. Fontaine de Saint-Gildas de Rhuys.

7 Octobre. Patronage de la Roche-Bernard.

26 Octobre. Presbytère de Theix.

1875. — *11 Avril*. Pensionnat des Frères de l'Instruction chrétienne, à Pontivy.

11 Mai. Première pierre de la communauté des Sœurs de la Charité de Saint-Louis, à Guer.

1876. — *Septembre*. Presbytère d'Augan.

Octobre. Hôpital de Trédion.

1877. — *8 Mars*. Première pierre du Grand-Séminaire.

1er Octobre. Salle d'asile de Saint-Patern.

1878. — *31 Mars*. Presbytère d'Arradon.

Mai. Cimetière de Marzan.

Juin. Monument élevé dans la chapelle du collège Saint-François-Xavier, de Vannes, à la mémoire des anciens élèves tués à l'ennemi.

7 Août. Château de Lambilly, en Taupont.

1879. — *16 Juillet*. Statue de Notre-Dame de Lourdes dans l'enclos du Grand-Séminaire.

1881. — *24 Avril*. Cimetière de Limerzel.

26 Juin. Ligne du chemin du fer de Questembert à Ploërmel.

24 Octobre. Tombeau d'Anne-Toussainte de Volvire, à Néant.

1882. — *18 Avril*. Minoterie de l'Etang du Duc, Vannes.

1er Mai. Deux statues dans la chapelle de Kergornec, à Gestel.

23 Juillet. Chemin de fer d'Auray à Quiberon.

1883. — *17 Avril*. Première pierre du cercle catholique de la Roche-Bernard.

1883. — *27 Mai.* Première pierre de la communauté
    des Petites-Sœurs des **Pauvres**, à Vannes.

1885. — *29 Avril.* Trois statues dans la chapelle du
    Rosaire, à Malestroit.

    23 Mai. Bénédiction de la mer, à Sauzon.

1886. — *22 Mars.* Petit-Séminaire de Ploërmel.

    12 Mai. Première pierre d'une nouvelle mai-
    son, à Kermaria.

1887. — *19 Mai.* Canot de sauvetage « l'Amiral-Mec-
    quet », à Groix.

1889. — *23 Avril.* Chaire dans la chapelle des Sœurs de
    la Charité de Saint-Louis, à Vannes.

    Mai. Communauté des Filles de Jésus, à Saint-
    Barthélemy.

    9 Septembre. Presbytère de Guégon.

1891. — *13 Octobre.* Bénédiction de l'orgue de Saint-
    Patern.

1892. — *30 Octobre.* Bénédiction de l'orgue de Ques-
    tembert.

CONSÉCRATIONS

ÉGLISES ET CHAPELLES.

1868. — *28 Octobre.* Eglise d'Augan.

1871. — *7 Septembre.* Chapelle de l'Action de Grâces, à
    Mauron.

1873. — *22 Juin.* Chapelle du collège Saint-François-
    Xavier, à Vannes.

    15 Octobre. Eglise de Plouhinec.

1875. — *5 Octobre.* Eglise de Taupont.

1877. — *19 Mars.* Autel de sainte Anne, à la cathé-
    drale.

    8 Août. Basilique de sainte Anne.

1879. — *21 Septembre.* Eglise d'Elven.

1879. —   *5 Octobre*.   Eglise de la Roche-Bernard.
          14 Octobre.   Eglise de Languidic.
          11 Novembre. Maître-autel de la nouvelle
          église de Brandérion.
1880. — *19 Mars*. Chapelle du Père-Éternel, Vannes.
1882. — *28 Septembre*. Eglise de Pénestin.
1884. — *10 Septembre*. Eglise de Bréhan-Loudéac.
1887. — *25 Septembre*. Eglise de Séné.
1888. — *13 Septembre*. Eglise d'Arradon.
          16 Décembre. Eglise de Saint-Goustan.
          23 Décémbre. Maître-autel de l'église parois·
          siale de Questembert.
1889. — *26 Juin*. Chapelle du Petit-Séminaire de Ploër-
          mel.
          4 Juillet. Chapelle de la Providence, à Carnel.
1890. — *29 Septembre*. Eglise de Férel.
1893. — *10 Octobre*. Eglise de Mauron.

BÉNÉDICTIONS D'ÉCOLES

1874. — *30 Août*. Peillac (2)
1879. — *20 Avril*. Ecole chrétienne des filles, à Arradon.
          30 Novembre. Première pierre de l'école Saint-
          Jean-Baptiste, Arradon.
1880. — *27 Juin*. Ecole Saint-Jean-Baptiste, à Arradon.
1883. — *4 Avril*. Saint-Patern, Vannes.
1884. — *10 Janvier*. Ecole chrétienne libre de Vannes.
1887. — *26 Septembre*. Languidic.
          27 Septembre. Baud.
          16 Octobre. Grand-Champ.
          26 Octobre. Ecole Saint-Yves, Gourin.
          22 Décembre. Deux écoles libres à Saint-Avé.
1888. — *9 Février*. Le Hézo.
          4 Mars. Mauron.

1888. — *15 Août.* Beignon.

   25 Novembre. Peillac (2)

   9 Décembre. L'Ile-aux-Moines.

   23 Décembre. Première pierre de l'école libre
de Questembert.

1889. — *19 Mars.* Des Frères, Lorient.

   12 Avril. Sœurs de la Sagesse, Malestroit.

   Juin. Guénin.

   24 Juin. Hameau de Saint-Jean, Ploërmel.

   25 Juillet. Guémené-sur-Scorff.

   17 Septembre. L'orphelinat et l'école des Sœurs
de la Charité de Saint-Louis, à Saint-
Gildas de Rhuys.

   13 Octobre. Séné.

1890. — *13 Avril.* Sarzeau.

   13 Juillet. Le Faouët.

   6 Octobre. Salle d'Asile, Sarzeau.

   8 Décembre. Kervignac (2)

   23 Décembre. Bignan.

1894. — *27 Juin.* Belz.

   28 Juin. Etel.

CÉRÉMONIES DIVERSES

1872. — *9 Mai.* Translation des reliques de sainte
Victoire dans la chapelle de l'Action de
Grâces, à Mauron.

1873. — *17 Août.* Pèlerinage à Notre-Dame-de-Larmor,
Plœmeur.

   7 Septembre. Pèlerinage de Vannes et de
12 paroisses voisines au tombeau de saint
Vincent Ferrier.

1874. — *19 Décembre.* Cinquantième anniversaire d'ordination de M. Charil, curé-archiprêtre de
Lorient.

1878. — *15 Septembre*. Translation d'une relique de
sainte Reine d'Alise, à Beignon.

1880. — *8 Août*. Translation à l'abbaye de Langonnet
des reliques de saint Maurice, abbé de
Langonnet et de Carnoët.

1883. — *14 Septembre*. Noces d'argent de la Révérende Mère, Supérieure Générale des Fidèles compagnes de Jésus, à Sainte-Anne.

1884. — *20 Juin*. Obsèques de Monseigneur Ridel.

27 Novembre. Profession des premières religieuses de l'Action de Grâces, Mauron.

1886. — *7 Octobre*. Noces d'argent et noces d'or du
R. F. Cyprien, supérieur général des Frères
de l'Instruction chrétienne de Ploërmel.

1887. — *1er Septembre*. Noces d'or de M. Régent, vicaire
général.

7 Septembre. Noces d'or de M. Chefdor, recteur
de Pleugriffet.

15 Septembre. Noces d'or de M. Perrin, recteur de Guilliers.

4 Octobre. Noces d'or de M. le Goff, curé de
Plœmeur.

27 Décembre. Obsèques du R. P. abbé de Thymadeuc.

1888. — *17 Juin*. Bénédiction du R. P. Dom Bernard,
Abbé de Tymadeuc.

Septembre. Cinquantaine de rectorat de M. Ker-
saho, recteur de Locoal-Mendon.

1889. — *24 Mars*. Inauguration de la chaire de la
cathédrale.

7 Juillet. Quatrième centenaire de la fondation
de la chapelle de Sainte-Barbe, le Faouët.

25 Juillet. Cinquantième anniversaire de l'ordination de M. Ollivier, curé-doyen de
Guémené-sur-Scorff.

1889. — *30 Octobre.* Cinquantième anniversaire de l'entrée en religion de la mère Marie-Philomène, religieuse Augustine hospitalière à l'Hôtel-Dieu d'Auray.

1890. — *13 Février.* Obsèques de la mère Sainte-Aurélie, Ursuline de Ploërmel.

1er Avril. 50e anniversaire de l'entrée en religion de la supérieure des Sœurs de Saint-Vincent-de-Paul, la Garenne Vannes.

1895. — *31 Mars.* Obsèques de la R. Mère de Bussy, supérieure générale des Fidèles compagnes de Jésus, à Sainte-Anne.

28 Avril. Jubilé de la sœur Séraphine, à Guégon.

29 Août. Jubilé de la Révérende Mère Marie Fidèle, supérieure générale des Sœurs de la Charité de Saint-Louis, Vannes.

1er Octobre. Jubilé de M. le chanoine Le Vulgos Vannes.

LETTRES PASTORALES POUR LE CARÊME.

1867. — Sur la présence de Dieu.

1868. — Portant promulgation de l'encyclique du 17 octobre 1867.

1869. — Sur l'intervention indispensable de Jésus-Christ dans l'ordre religieux et social.

1870. — Sur la Prudence chrétienne.

1871. — En réponse à l'appel aux catholiques.

1872. — Sur la Présence réelle.

1873. — Sur la guerre faite à la Vérité qui vaincra par le glaive de la parole de Dieu.

1874. — Sur la Force chrétienne, portant publication de l'encyclique « Etsi multa luctuosa ».

1875. — Sur le Jubilé de l'Année Sainte.

1876. — Sur deux grands devoirs que les catholiques
        ont à remplir de nos jours.
1877. — Sur l'instruction de l'enfance et de la jeunesse.
1878. — Sur l'ignorance en matière de religion.
1879. — Portant communication de l'encyclique « Quod
        apostolici muneris ».
1880. — Sur l'enseignement chrétien, portant commu-
        nication de l'encylique « Æterni Patris ».
1881. — Sur les dangers qui menacent la Foi, portant
        communication de l'encyclique « Sancta Dei
        civitas ».
1882. — Sur le sacerdoce catholique, et mandement
        pour le sacre de Mgr Trégaro.
1883. — Sur le Pape.
1884. — Sur la Prière.
1885. — Sur le culte des Saints, portant publication des
        lettres apostoliques « Deus omnipotens ».
1886. — Au sujet des derniers enseignements du Sou-
        verain Pontife et mandement pour le Jubilé.
1887. — Sur la conservation de la Foi.
1888. — Sur Léon XIII.
1889. — Sur les enseignements de l'encyclique « Exeunte
        jam anno ».
1890. — Portant publication de la lettre apostolique
        « Catholicæ Ecclesiæ ».
1891. — Portant publication de l'encyclique sur l'abo-
        lition de l'esclavage.
1892. — Les droits de Dieu.
1893. — La famille.
1894. — L'ignorance en matière de religion.
1895. — La Propagation de la foi.
1896. — L'Eglise.
1897. — Le prix du temps.

II

LES SAINTS BRETONS

(Voir p. 276)

Bretons, n'avons-nous pas le Pégase breton,
Sur lequel, chevauchant sans selle ni bridon,
Parti de Rome un soir, Tudual en Bretagne
Le lendemain matin — dans la brune campagne
Quand les coqs s'éveillaient — à Tréguer débarqua ?
Et son cheval céleste au ciel bleu remonta.
Mais, pour les saints bretons, aux doux feux de l'aurore,
Pour la gloire de Breiz, il peut descendre encore...
Sur son dos souple, un jour, oui je m'élancerai ;
Dans l'azur clair, porté pas lui, j'entonnerai
Un chant vibrant et fort, de douceur infinie,
Qui, tombant de l'éther en ondes d'harmonie,
Comme une hymne épanchée au son des harpes d'or,
Embaumera les monts, les bois, les prés d'Armor.
Et ce sera le chant de Dieu, de la Patrie,
Célébrant la Bretagne et sa race qui prie,
Qui devant le Seigneur s'incline à deux genoux,
Mais qui crie aux tyrans : Je ne vous crains pas, vous !

Là, sous leur barbe blanche, et le cantique aux lèvres,
Les vieux moines bretons vêtus de peaux de chèvres,
Les évêques-abbés, portant en main la croix
Qui planta l'Evangile et défricha nos bois,
Tous nos saints, assemblés — brillante théorie —
Revivront dans ce chant,et leur dextre bénie
Bénira de nouveau le peuple armoricain.
Auprès d'eux l'on verra, casque au front, lance en main,
Teignant de leur sang bleu leurs longs habits de mailles,
Blessés mais fiers, droits sur leurs coursiers de batailles,
Nos héros, dont le bras fort et le cœur ardent
De Breiz sut maintenir le sol indépendant.
Héros et saints, unis d'une amour fraternelle,
Et la main dans la main, phalange solennelle,
Sur la terre d'Armor — en mon chant — descendront.

En tête, l'or au col, les bardes au cœur prompt,
Taliésin, Liwarch, et Merlin dans sa gloire,
Sonnant leurs plus beaux airs sur leurs harpes d'ivoire.
Puis, les « soutiens » de Breiz, joyeux, s'avanceront.
Ceux de Vannes : Patern, l'huile sacrée au front,
Servi par Caradauc dans son œuvre divine,
Le grand Gildas, Ninnoc, et la douce Trifine,
Armel et Gonéri sous la forêt cachés,
Waroch par qui les Franks, sur l'Out, furent hachés !
— Les hommes du Léon et de la Cornouaille ;
Gradlon, roi de Quimper, qui faucha comme paille
Les pirates Saxons ; Gwennolé, Corentin,
Saint Pol, Withur-le-Comte, Hervé, Ronan, Golvin ;
— Tous ceux dont s'illustra l'immense Domnonée :
Brioc, Efflam, Riwal et sa belle lignée,
Maudez de Gweldenès, Tudual de Trécor,
Samson de Dol, vainqueur du tyran Conomor,
Malo qui rebâtit Aleth, cité déserte ;
Et les grands défricheurs de la broussaille verte,

Saint Lunaire, saint Méen — qui reçut dans Gaël
Pour moine, un soir, le roi-héros Judicaël.
— De la marche bretonne autres bandes brillantes,
Sous Melaine de Renne et sous Félix de Nantes,
Viendront aussi se joindre au chœur des saints d'Armor,
Et leurs chants s'uniront en un céleste accord.

Mais voici les héros de la suprême lutte
Où, deux fois, à la mort Bretagne fut en butte.
(L'ennemi s'appelait d'abord Karle le Grand ;
Puis, ô honte ! ce fut le pirate normand).
O glorieux vaincus, tombés dans la bataille,
Wiomarc'h de Léon, Morvan de Cornouaille,
Voici votre vengeur, Nominoë le fier,
Exterminant les Franks par la flamme et le fer,
Et, pour glorifier la liberté bretonne,
Imposant à son chef la royale couronne ;
Barbetorte, Gurvant, Ar Bras (1), soyez bénis,
Vous dont l'acier sans peur fit un affreux salmis
Des vils vautours normands acharnés sur leur proie,
La rongeant sans pitié jusqu'à l'os, jusqu'au foie,
Et dans son cœur buvant gloutonnement son sang.
Radieux, ces héros viendront tous prendre rang,
Avec les saints, dans la solennelle phalange
Des protecteurs de Breiz.
                            Alors, merveille étrange !
Ceux-là qui, dans le triste siècle où nous vivons,
Ont défendu la langue et la foi des Bretons
Courront faire cortège aux héros de leur race.
Les nommer tous ici serait trop long, la place
Manquerait ; bornons-nous aux plus zélés d'entre eux,
Aux initiateurs — Villemarqué, Brizeux —
Dont les chants d'or, dictés par la Muse celtique,
Ont pris d'assaut le cœur de la foule sceptique.

(1) Alain le Grand ou Alain ar Bras, comte de Vannes.

Et depuis lors l'autel d'Armor, trop délaissé,
Des bardes, des savants est toujours encensé.
Nommons aussi les doux pontifes de Bretagne,
Pour nos vieux saints toujours prêts à faire campagne :
Deux surtout, vrais Bretons pleins de sève et d'ardeur,
Et que tous connaîtront sans peine à leur grand cœur,
Quand ils verront venir, de Tréguer et de Vanne,
L'Evêque de *saint Yve* et celui de *sainte Anne !*

(*Inédit.*)   ARTHUR DE LA BORDERIE

III

LES DONS DU SAINT-ESPRIT

Air : « *Je suis chrétien, voilà ma gloire* »

(voir p. 275).

REFRAIN :

Enfant chrétien, né pour la gloire,
Le Ciel, ton guide et ton soutien,
Pour te conduire à la victoire,
Vient te chercher, enfant chrétien.

1.

Le Saint-Esprit, plein de largesse,
Daigne t'offrir, en ce beau jour,
Tous les trésors de la SAGESSE ;
Accueille-les avec amour.

2.

Dans la prière et le silence,
Empresse-toi de recevoir
Le riche don d'INTELLIGENCE,
Pour mieux comprendre ton devoir.

3.

Le Saint-Esprit, ouvrant son aile,
Sera pour toi jusqu'au trépas
Le CONSEILLER sage et fidèle
Qu'il faut à notre âme ici-bas.

4.

Le don de FORCE à ta faiblesse
Prêtera son puissant secours :
Au souvenir de ta noblesse,
Tu resteras debout toujours.

5.

Pour éclairer ta conscience
Et t'enseigner toute la loi,
Tu recevras une SCIENCE
Qui, seule, peut donner la foi.

6.

Tu sentiras l'ardente flamme
Qu'allume en nous la PIÉTÉ
Te pénétrer au fond de l'âme
D'une céleste charité.

7.

Enfant chrétien, avec courage
Fais ton devoir : CRAINS le Seigneur,
Brave l'Enfer rempli de rage :
C'est le moyen d'être vainqueur.

IV

LETTRE AUX SÉMINARISTES-SOLDATS

(Extraits. — Voir p. 229)

Vos chefs vous trouveront attentifs à leur commandement, dociles à exécuter leurs ordres, respectueux de l'autorité, toujours disposés à leur rendre de plein gré l'honneur qui leur est dû, à leur accorder la confiance qu'ils mériteront ; en un mot, non seulement empressés d'observer strictement la discipline militaire, mais désireux d'obtenir leur approbation et leurs éloges, par votre bonne conduite, votre fidélité au devoir, l'aménité de votre caractère, votre tenue exemplaire.

Je m'estime heureux, mes chers enfants, d'avoir occasion de rendre justice devant vous aux officiers de terre et de mer. Depuis un quart de siècle que je suis en rapports officiels avec eux, ils m'ont témoigné une grande bienveillance et des égards dont je me sens aussi honoré que reconnaissant.

Quelle attitude devrez-vous prendre vis-à-vis de vos camarades ? Grave question ! Pour la résoudre avantageusement vous aurez à déployer, en temps et lieu, toutes les qualités d'esprit, de cœur et de caractère que vous possédez, grâce à Dieu, à vos parents et à vos maîtres.

Vous aurez affaire à des jeunes gens qui différeront par leur origine, leur éducation, leur savoir, leurs habitudes, leurs tendances.

Polis et charitables envers tous, gardez une réserve prudente, et choisissez ceux qui vous sembleront dignes de faire société avec vous. Jamais de familiarité. Ce qui engendre le mépris, selon la remarque de l'auteur du livre de l'*Imitation*. En pareil milieu surtout, il en arriverait ainsi. Vous auriez mauvaise grâce à vous prévaloir de vos petits mérites et des avantages d'une situation exceptionnelle. La dignité n'est point de la morgue. Il y a loin d'une humble circonspection à d'orgueilleuses prétentions. Selon la parole de saint Paul, vous devrez vous faire *tout à tous*. Aussi bien vous devrez à tous l'édification. Non pas que j'entende vous exhorter à *prêcher* vos camarades. *Prêchez d'exemple*, avec bonté, sans fausse timidité, comme sans arrogance. En temps opportun, dites une bonne parole, que personne ne sera surpris de voir tomber de vos lèvres.

Voilà que les sectaires qui criaient si fort : *Les Curés, sac au dos !* commencent à craindre que la campagne entreprise par eux, au préjudice de l'Église et sans profit pour l'État, ne produise pas les résultats qu'ils se proposaient. Un de leurs principaux organes s'exprimait ainsi l'autre jour : « Les séminaristes suivront sans doute les conseils de leur évêque. Nous croyons qu'à la caserne ils se montreront soumis et ne chercheront pas à faire les fortes têtes. Que dirait Monseigneur, si l'on revenait avec un livret chargé de punitions ? Il ne faut pas se faire, d'ailleurs, illusion sur le bénéfice de cette loi, qui n'est qu'*une satisfaction sentimentale* donnée à l'opinion démocratique. Les séminaristes resteront, sous la tunique et le képi, des séminaristes. Il y en aura bien quelques-uns, par-ci par-là, qui suivront leurs camarades en des endroits joyeux. Mais ce seront des exceptions... »

Sous l'empire de je ne sais quelle hallucination, l'écrivain radical, qui rêve de *Cléricalisme*, voit déjà l'école de Saint-Maixent se recruter dans les Séminaires et l'Armée française composée de soldats chrétiens.

Il serait à souhaiter, mes chers enfants, que les soldats de *la Fille ainée de l'Église* s'inspirassent tous des principes et des pratiques qui sont les vôtres. Ils n'en seraient que plus intrépides et mieux disposés à tout sacrifice. Mais vous n'abuserez point, grâce au Ciel, d'une supériorité relative pour faire concurrence aux aspirants à l'épaulette. On a raison de croire que *vous conserverez vos pratiques du Séminaire.* Nos adversaires les appellent *vicieuses.* N'est-il pas naturel que la vertu soit pour eux le vice ? Que nul de vous ne leur donne la satisfaction de le voir expérimenter le dur esclavage de leurs mœurs licencieuses !

Vous aurez à chercher dans vos relations un juste milieu, qui demande beaucoup de tact, de sagesse, de patience et de fermeté. Vous glorifiant d'une loyauté à toute épreuve, abstenez-vous des discussions politiques. A l'ombre du drapeau, vous resterez les soldats de la France. Vous n'aurez jamais à vous repentir de conformer vos discours et vos actes à cet axiome bien connu : *in necessariis unitas, in dubiis libertas, in omnibus caritas.*

S'il arrivait que quelque mal-appris vous cherchât querelle et s'oubliât à vous honorer de ses quolibets de mauvais goût, vous auriez la générosité de lui pardonner ses attaques, à l'exemple de Celui *qui se taisait* devant ses persécuteurs. Ne vous posez pas en redresseurs de torts ; en même temps, ne pactisez ni avec l'erreur ni avec le vice ; ne vous laissez point entraîner, par faiblesse, à des propos grossiers, à des conversations malsaines, à des lectures dangereuses, à des intempérances, de quelque nature qu'elles soient.

Ainsi, forcément éloignés de votre laborieuse mais paisible solitude, vous *serez en spectacle aux anges et aux hommes.* Oui, mes chers enfants, les anges du sanctuaire, où vous aspirez à servir le Dieu vivant, prendront grand intérêt à vos luttes et à vos efforts. Quelle désolation, s'ils vous voyaient faiblir et succomber aux tentations qui ne vous seront point épargnées ! Ne serez-vous pas, en effet, exposés à perdre votre vocation ou à contracter des habitudes inconciliables avec les obligations sacerdotales ?

Pensez-y bien ! Les hommes qui auraient causé vos défaillances et vos chutes, deviendraient d'impitoyables censeurs ! Leur joie satanique irait jusqu'à s'en prendre au sacerdoce, qu'ils condamneraient injustement dans votre personne. *Ab uno disce omnes*, s'écrieraient-ils triomphalement ! Les complices n'ont-ils pas de bons motifs pour se juger mutuellement avec sévérité et connaissance de cause ? Les plus pervers sont généralement sans miséricorde.

De telle sorte, mes chers enfants, que votre déchéance rejaillirait jusque sur l'Église elle-même, par suite de la malveillance et de l'injustice qui courent le monde.

Veillez donc sur toutes vos démarches. *Estote prudentes sicut serpentes et simplices sicut columbæ*. Courage et confiance ! *Estote fortes in bello*. Il ne s'agit pas d'un champ de bataille où vous auriez à défendre le drapeau national et à combattre jusqu'au sang pour la patrie terrestre. La valeur à laquelle je vous convie, aura pour objectif la préservation de votre vertu, la glorification du sacerdoce, l'honneur et le triomphe de la religion. En donnant, s'il y avait lieu, la mesure de votre patriotisme, vous auriez à cœur en même temps de faire rendre hommage à votre mère l'Église, de prouver que les *soldats du Christ* ne le cèdent à personne, pas plus en honnêteté qu'en vaillance, et que leur commune devise est celle de notre catholique Bretagne : « Potius mori quam fœdari ! »

V

LETTRE A UN NOUVEAU RECTEUR (1)

Hæc meditare (Saint Paul)

Mon cher Recteur, en prenant possession de la paroisse dont je vous confie l'administration, considérez les diverses obligations de votre charge, au double point de vue temporel et spirituel.

Aussi bien, vous aurez à compter avec Dieu et avec les hommes ; ceux-ci se montreront quelquefois exigeants à l'excès. Lorsque votre conscience bien informée refusera de souscrire à leurs prétentions, opposez une résistance calme mais inflexible. Jamais d'emportement ni de vaines récriminations. *Vince in bono malum.* Gardez-vous surtout de vous laisser aller en public à des personnalités blessantes. *Argue, obsecra… in omni patientia et doctrina.* L'amour-propre offensé pardonne difficilement. Saint-François de Sales avait raison de dire que « l'on prend plus de mouches avec une once de miel qu'avec un tonneau de vinaigre ».

Dans vos rapports officiels avec l'autorité communale ou autre, ne vous départez jamais de la dignité, de la politesse, de la modération qui conviennent à notre caractère sacré et à nos sublimes fonctions. De la fermeté, s'il y a lieu ; pas de rudesse. Envers tous justice et cha-

(1) Dans les dernières années de sa vie, Mgr Bécel composa et fit autographier plusieurs lettres, qu'il adressait aux recteurs, aux aumôniers, aux vicaires nouvellement nommés. A notre avis, ces lettres, vraiment paternelles, de direction, peuvent compter parmi les meilleures de ses œuvres.

rité. Sans perdre de vue nos droits de toutes sortes, réso-
lus à les défendre et à en user, le cas échéant, préoccu-
pons-nous particulièrement de nos devoirs et ne mêlons
point la politique à *l'exercice* du saint ministère. Il y a
des questions mixtes qu'il est dangereux d'aborder en
chaire. C'est bien le cas de mettre en pratique ce précepte
de notre divin Maître : *Estote prudentes sicut serpentes*.

Avant de prendre une mesure, pesez-en les conséquences. Ne vous pressez pas d'opérer des réformes. Il
importe que vous commenciez par une étude sérieuse de
la situation paroissiale, de manière à ne pas faire de
fausses démarches. Au besoin, recourez, en temps opportun, aux conseils et à la protection de vos supérieurs
ecclésiastiques.

Efforcez-vous de vivre en bonne intelligence avec tous
vos paroissiens. Les plus nécessiteux, à tous égards, auront des droits particuliers à votre compassion et à votre
assistance. Vous trouverez dans l'Evangile la règle de
conduite à suivre envers les justes et les pécheurs, les
riches et les pauvres, les savants et les ignorants.

Traitez vos confrères, particulièrement vos commensaux
avec cordialité et franchise. En cas de mésintelligence,
expliquez-vous fraternellement. Si vous ne parveniez pas
à vous entendre, vous porteriez *loyalement* le litige devant l'autorité compétente. Votre table devra être frugale
mais convenable, et votre maison, bien tenue, sans recherche ni négligence. *Si quis domui suæ præesse nescit,
quomodo eccelsiæ Dei diligentiam habebit ?*

Vous veillerez à ce que tout soit décent dans la maison
de Dieu. Que les offices religieux se fassent d'une manière
édifiante, *à heure fixe* ; qu'ils ne soient ni trop longs ni
trop courts ; que les fidèles prennent part aux chants liturgiques. Les vases sacrés — à cause du malheur des
temps, il y a des précautions à prendre pour éviter de
nouveaux sacrilèges — la lampe du sanctuaire, les orne-

ments, le linge, tous les objets servant au culte appellent votre attention.

Puissiez-vous développer de plus en plus l'esprit paroissial ! Votre sollicitude pastorale devra s'exercer sur l'administration des sacrements, la célébration des saints mystères, la prédication, l'enseignement chrétien dans la famille et à l'école, les œuvres catholiques, diocésaines et paroissiales, — les secours à porter aux malades et aux infirmes, le culte des morts...

Ce sera à vous de recourir, selon les circonstances, à toutes les industries du zèle sacerdotal, de l'exemple, de la régularité et de la fidélité à vos devoirs.

Au nombre de vos livres d'étude habituels, mettez les *Statuts diocésains*, le *Cérémonial romain* du R. P. Le Vavasseur, un traité de l'administration temporelle des paroisses.

Il est plus important que jamais de tenir en ordre les comptes de fabrique conformément aux lois, décrets et ordonnances sur la matière, d'adresser à qui de droit, dans le plus bref délai possible, le budget et le compte-rendu. Le coffre à trois clefs est de rigueur. Il sert à conserver les valeurs de la fabrique, les titres de fondation et autres papiers...

A ce propos, je vous recommande de mettre en lieu sûr les documents épiscopaux et autres, qui doivent être transmis à vos successeurs. — Il serait avantageux de noter, en quelques mots, sur un registre spécial les principaux événements intéressant la paroisse.

En dehors des prédications ordinaires, que les prêtres d'une paroisse doivent se partager et préparer d'après un plan d'ensemble, il faut prévoir les Retraites et les Missions périodiques.

Un bon pasteur a pour les communautés de sa paroisse des égards et des soins spéciaux, dont il retire d'ailleurs de sérieux avantages ; *se faire tout à tous*, telle doit être sa résolution. Il s'exerce lui-même à la piété, *utile à tout*, et à cette fin, il observera fidèlement son règlement de vie.

Je n'ai point entrepris, mon cher Recteur, de vous parler ici des exercices spirituels dont vous avez contracté la salutaire habitude. Depuis votre sortie du séminaire, vous en avez entendu rappeler l'excellence et la nécessité, à toutes les Retraites pastorales. Que Dieu vous fasse la grâce de bénéficier régulièrement de ces réunions solennelles, où le clergé diocésain répare ses forces et assure, par un sérieux retour vers le passé, le succès de son apostolat pour l'avenir ! Votre exactitude en ce point, comme sous tous les autres rapports, édifiera vos jeunes confrères, à qui je vous demande de donner conseil et de prêter appui. Avertissez-les, s'il y a lieu, des périls auxquels les exposerait leur imprudence ; ayez, à cet égard, le courage de vos obligations, nettement formulées dans l'Evangile de Saint-Mathieu, XVIII, 15, 16, 17. En retour du respect et de la soumission de vos subordonnés, témoignez-leur estime et bienveillance. Réjouissez-vous de tout le bien que vous les verrez faire, de la confiance qui leur sera accordée ; initiez-les aux secrets d'une bonne vie sacerdotale. Qu'ils s'associent à vos joies, à vos peines, à vos préoccupations. N'ayez les uns et les autres qu'un cœur et qu'une âme, que vous mettrez au service de Dieu et du prochain. A ce prix, vous goûterez sous le même toit les douceurs ainsi chantées par le Roi-prophète : *Quam bonum et quam jucundum habitare fratres in unum !*

Je vous bénis paternellement, mon cher Recteur, ainsi que vos paroissiens. Priez tous pour votre et bien dévoué.

TABLE DES MATIÈRES

AVANT L'ÉPISCOPAT

I. — PREMIÈRES ANNÉES
1825-1838

II. — JUSQU'AU SACERDOCE
1838-1851

III. — AMBOISE ET PARIS
1851-1858.

IV. — A SAINT-LOUIS D'ANTIN ET A LA TRINITÉ
1858-1860.

V. — L'APOSTOLAT DU VICAIRE
1860-1865.

VI. — « ASCENDE SUPERIUS »
1865-1866.

VII. — AVANT LE SACRE
1866.

L'ÉVÊQUE

I. — LE DÉBUT
1866.

II. — LES ŒUVRES

III. — LE CARÈME AUX TUILERIES
1868.

IV. — DEUX COURONNEMENTS
1868-1869.

DERNIÈRES ANNÉES

V. — LE SIÈGE D'UNE AME
1895-1896

VI. — LES DERNIERS JOURS
1897

APPENDICE

Vannes. — Imprimerie LAEOLYE Frères.